다문화사회 교수방법론

Teaching Methodology of Multicultural Society

이기용 · 안병환

KNOWLEDGE COMMUNITY 공동체

어느덧 2018년 초판을 출간한 지가 벌써 6년이 지나가고 있다는 생각을 하니, 시간의 흐름이 매우 빠르다는 것을 실감나게 한다. 한국사회도 다양한 국적, 인종 및 민족의 사람들이 함께 살아가고 있다. 이러한 다문화사회는 우리 사회에 거주하고 있는 소수집단인 국제결혼, 배움을 위한 유학생, 이주 외국 근로자 유입 등의 증가로 인해 다문화가족 및 그 자녀 수가 점차 늘어나고 있는 상황이 발생하고 있는 현상을 의미한다.

행정안전부 발표 자료에 의하면, 2023년(2022. 11. 1. 기준) 국내 외국인 주민 수가 2,258,248명(총인구 대비 4.4%)으로 2006년 536,627명(총인구 대비 1.1%)에 비해서 420.8%가 증가하였으며, 외국인 주민 자녀 18세 이하의 학생 282,077명 중에서 6세 이하 유아는 105,451명으로 37.4%, 7세 이상에서 12세 이하 초등학생은 102,897명으로 36.5%, 13세 이상에서 18세 이하 중·고등학생은 73,729명으로 26.1% 등을 차지하고 있다. 이와 같이 국내 거주 외국인 주민 수와 자녀 수도 점차 증가하고 있으며, 이로 인하여 교육현장에서는 다문화가정 학생들의 상호 의사소통의 어려움, 학교시험 성적에 대한 부담, 부적응 및 스트레스 등의 다양한 문제들이 나타나고 있다.

이러한 다양한 문제들을 해결한다는 차원에서 다문화교육을 직접 수행하고 있는 교수자들에게 필요한 다문화사회의 교수방법론에 대해 집필하게 되었다. 이 책은 총 12장으로 구성되어 있으며, 제1장 다문화와 다문화사회의 이해, 제2장 다문화교육의 이해, 제3장 다문화 역량과 다문화 교수 역량, 제4장 다문화 교육과정 개발 및 운영, 제5장 다문화 교육과정 개발의 모형, 제6장 다문화 교수·학습방법의 이해, 제7장 다문화 교육평가의 이해, 제8~12장 다문화 관련 교수학습지도안 등이다.

이 교과목은 다문화사회전문가 양성과정의 필수 교과목으로서 다문화 교수방법과 관련된 내용을 중심으로 저술하였으며, 실제 이 책을 출간하는 과정에서 많은 아쉬움이 남는다. 하지만 앞으로도 지속적인 수정·보완을 통해 다문화사회에서 요구되는 교수·학습방법을 체계적으로 담으려고 노력할 것이다. 또한 이 책이 다문화사회전문가들이 실제 현장에서 학생들을 가르치는 데 미력하나마 도움이 되기를 바라며, 앞으로도 독자 여러분들의 많은 관심과 조언이 있기를 기대한다.

끝으로, 이 책의 제2판 집필에 적극적으로 참여한 안병환 교수 및 다문화사회전문가 과정을 운영하는 대학교 교수님과 학생들에게 감사드리며, 기꺼이 제2판을 출판해 주신 공동체 김동훈 사장님과 좀 더 좋은 책을 출판하기 위해 노력하시는 공동체 가족 여러분들께 진심으로 감사드린다.

2024년 8월

안동 논골에서 이기용 올림

최근 들어, 우리나라는 다문화시대라는 말이 어울릴 정도로 다양한 나라의 사람들이 함께 공존하고 있다. 다문화사회는 우리 사회에 거주하고 있는 소수민족이 다양해지고, 국제결혼의 증가로 다문화가족 자녀들이 많이 출생되고, 한국에서 공부하기 위해 많은 유학생들이 입국하여 거주하는 상황이 나타나는 현상을 의미한다.

행정안전부 발표 자료에 의하면, 2016년(11월 1일) 국내 외국인 주민 수가 1,764,664명(총인구 대비 3.4%)으로 2006년 536,627명(총인구 대비 1.1%)에 비해서 228.8%가 증가하였으며, 외국인 주민 자녀 만 18세 이하의 학생 201,333명 중에서 만 6세 이하 유아는 113,506명으로 56.4%, 만 7세 이상에서 12세 이하 초등학생은 56,768명으로 28.2%, 만 13세 이상에서 만 18세 이하 중·고등학생은 31,059명으로 15.4% 등을 차지하고 있다. 이와 같이 국내 거주 외국인 주민 수와 자녀 수도 점차 증가하고 있으며, 이로 인하여 학교현장에서는 다문화가정 학생들의 의사소통의 어려움, 시험성적에 대한 부담, 학교 부적응 및 스트레스 등의 다양한 문제점들이 발생하고 있다.

이러한 다양한 문제점들을 해결한다는 차원에서 다문화교육을 직접 수행하는 교수자들에게 필요한 다문화사회의 교수방법에 대해서 집필하게 되었다. 이 책은 총 12장으로 구성되어 있으며, 제1장 다문화와 다문화사회의 이해, 제2장 다문화 교육의 이해, 제3장 다문화 역량과 다문화 교수 역량, 제4장 다문화 교육과정 개발 및 운영, 제5장 다문화 교육과정 개발의 모형, 제6장 다문화 교수·학습방법의 이해, 제7장 다문화 교육평가의 이해, 제8~12장 다문화 관련 교수학습지도안 등이다.

이 책을 준비하는 과정에서, 다문화사회전문가 양성과정의 필수 교과목으로서 교수방법과 관련된 영역을 설정하는 데 다소 어려움이 있었으며, 막상 이 책을 출간하려고 하니 처음 의도했던 것과 차이가 있어서 아쉬움이 많이 남는다. 하지만 앞으로 계속 수정・보완하여 다문화사회에서 요구되는 교수・학습방법을 지속적으로 담도록 노력할 것이다. 이 책이 다문화사회전문가들이 가르치는 데 조금이나마 도움이 되기를 바라며, 독자 여러분의 관심 어린 조언이 있기를 바란다.

끝으로, 이 책을 집필할 수 있도록 기회를 준 중원대학교에 감사드리며, 기꺼이 출판해 주신 공동체 김동훈 사장님과 보다 좋은 책을 출판하기 위해 노력하시는 공동체 가족 여러분께 진심으로 감사드린다.

2018년 6월

괴산에서 이기용 올림

차 례

제05장 다문화 교육과정 개발의 모형

제06장 다문화 교수 · 학습방법의 이해

제07장 다문화 교육평가의 이해

제08장 다양성 관련 교수학습지도안

제09장 문화 관련 교수학습지도안

제 01 장

다문화와 다문화사회의 이해

1. 글로벌사회의 의미 및 특징
2. 문화 및 다문화의 의미
3. 다문화 이론
4. 다문화사회의 의미 및 특징
5. 다문화사회의 전망 및 과제

제 01 장 다문화와 다문화사회의 이해

1. 글로벌사회의 의미 및 특징

오늘날 세계인들은 여행, 비즈니스, 방문, 교류, 학업, 연구 등의 목적으로 국가 간 이동이 급속도로 증가하고 있다. 과거에는 한 국가 내나 한 사회 내에서 주로 이루어지던 생활이 이제 하나의 국가라는 울타리를 뛰어넘어 전 세계 속에서 이루어지고 있다. 이러한 관점에서 글로벌화는 국제화(internationalization)나 세계화(globalization)라는 용어와 함께 많이 사용되고 있다.

글로벌화는 자본, 기술, 정보 및 국경을 초월한 사람들의 통합으로 어떤 점에서 단일 글로벌 시장 및 지구촌(global village)을 의미한다. 이러한 글로벌화는 중요한 문화적 · 사회적 · 환경적 · 정치적 영향을 미치게 된다(NCATE, 2006). 또한 글로벌화는 그동안 서로 다른 사회가 전 세계적으로 상호작용하며 서로 밀접한 관계를 갖게 되는 과정을 말하며, 글로벌화는 초기에 시장 가치의 중시, 경제적 세계체제의 등장, 경제적 측면의 통합 등과 같이 경제적인 관계를 일컫는 경우가 많았다. 하지만 오늘날 글로벌화는 경제 · 정치 · 문화 · 환경 등 모두가 하나의 지구적 울타리 안으로 통합되어 가는 현상을 의미한다. 이는 다양한 통신수단의 발달, 다국적 기업의 활동 및 대중문화 확산 등에 의해 많은 영향을 받았다고 볼 수 있다. 국제화가 국가들이 명확하게 구획된 경계를 지닌 개별적 민족국가를 단위로 본다면, 글로벌화는 국제와 국내의 구분이 모호해지는 과정이라 할 수 있다(박성인, 2012).

이러한 글로벌화는 국가 간의 적극적인 교류를 통해 상호 부족한 점을 보충하고, 선의의 경쟁을 통해 상호 발전이라는 시너지효과를 극대화시킨다는 긍정적인 측면도 지니고 있다. 하지만 많은 사람들은 글로벌화를 동질적인 대중문화의 확산을 통하여 지역문화를 압도할 것으로 우려하고 있다. 또한 문화적 다원주의로 인해 우리의 국가적 정체성을 잃게 할 것이며, 자유무역협정이 지역의 일자리를 잃게 만들 것이라는 우려도 있다. 그럼에도 불구하고 글로벌사회에서의 국가는 더 이상 단일 경제적·정치적 단위가 아니다. 가령 국가의 역할이 변화하고 있는 증거로는 EU의 경우를 들 수 있다(Myers, 2006).

이 글로벌화의 특징은 다음과 같다(박재윤, 2008; 이기용·안병환, 2021). 첫째, 글로벌화는 지역적·정치적 '경계의 붕괴(deterritorialization)' 혹은 탈영토화와 관련되어 있다. 이 의미는 사회적 활동이 참여자의 지역적 위치에 관계없이 일어난다는 것이다. 지구적 사건들은 텔레커뮤니케이션, 컴퓨터, 시청각 자료 등을 통해서 동시적으로 일어난다.

둘째, 글로벌화는 지역적·정치적 경계를 넘어서는 '사회적 상호연계(social interconnectedness)'가 증가한다. 즉, 먼 지역의 사건이 다른 지역에 영향을 주는 점에서 상호연계된다고 볼 수 있다.

셋째, 글로벌화는 사회적 활동의 '속도와 회전률(speed and velocity)'의 증가와 관련되어 있다. 경계 붕괴 및 상호연계가 공간과 관련된 것이라면 속도와 회전률은 시간에 관련된 것이다.

넷째, 글로벌화는 비교적 장기간에 걸친 과정이다(long-term process).

다섯째, 글로벌화는 '여러 갈래(multi-pronged)'의 과정으로 이해되어야 한다. 이러한 경계 붕괴, 상호연계, 속도 증가 등은 서로 연관되어 있기는 하지만, 어느 정도 자율성도 지니면서 전개된다.

따라서 글로벌사회에 적응하기 위해서는 글로벌 마인드를 가지는 것이 중요하다. 글로벌 마인드는 다양한 사회·문화·제도적 환경에 처한 개인이 보유하고 있는 타인이나 집단, 조직에 영향을 미치는 일련의 태도를 의미한다. 또한 글로벌 마인드는 지적 자본, 심리적 자본, 사회적 자본으로 구성될 수 있다. 즉, 지적 자본(intellectual capital)에는 글로벌 사업 상식, 세계시민주의 세계관, 인지적 복합성이 포함될 수 있으며, 심리적 자본(psychological capital)에는 다양성에 대한 호기심, 모험 탐구, 자신감이, 사회적 자본(social capital)에는 다문화에 대한 공감, 대인관계 영향력, 사교력 등이 포함된다(이기용·안병환, 2021).

이상과 같이 글로벌화는 크게 보면, 글로벌 마케팅과 지구촌이라는 특징을 지닌다. 따라서 글로벌교육은 상호의존, 글로벌 인식 체계의 향상, 국경을 넘어선 쟁점들의 학습, 지구촌 사회에서의 생존능력 함양, 연결성 등을 들 수 있다. 특히 환경적·문화적·정치적·경제적·기술적 체계의 연결성을 학습하여 더불어 살아갈 수 있는 시민성을 기르는 것이라 정의할 수 있다. 또한 글로벌교육은 학생들이 자신의 지역, 국가, 국가공동체 내에서 다른 관점을 이해하도록 하기 위하여 글로벌 공동체 내에 인간의 관점(perspective)을 강조하며, 글로벌 시민의 개념은 글로벌교육의 핵심이다. 이러한 관점에서 볼 때, 글로벌 사회의 글로벌 시민성 함양을 위해서는 그 무엇보다도 다른 나라의 문화를 이해하는 것이 매우 중요하다고 볼 수 있다.

2. 문화 및 다문화의 의미

일상생활에서 우리는 문화란 말을 많이 사용하고 있다. 하지만 일상적으로 사용하고 있는 경우와 학문적으로 사용하는 의미는 다소 차이가 있다. 또한 학자들 간에도 견해 차이가 있으므로, Apte(1994)는 문화에 대해서 수많은 정의가 이루어져 왔지만, 이들 중에 합의는 거의 이루어지지 않고 있다고 하였다.

먼저 문화의 어원을 알아보기로 하자. 문화라는 말은 농업(agriculture)에서의 경작(cultivation)에서 유래되었다. agriculture란 어원을 보면, 라틴어의 agri는 들판이나 땅(field 또는 land)을 의미하고, culture는 cultura, 즉 경작(cultivation)의 의미를 지니고 있다. 이렇게 보면, 문화란 땅을 갈아 씨앗을 뿌려서 곡식이나 채소 등을 기르는 것을 의미한다. 이처럼 우리는 땅을 경작하여 삶을 풍요롭게 하듯이, 사람들은 마음을 가꾸어서 삶의 질을 향상하려는 노력을 하고 있는 것이다. 이러한 과정은 곧 문화형성의 과정으로 볼 수 있다.

그런데 초기에는 문화란 오페라, 문학 또는 여타 예술, 즉 이른바 고급문화(high culture)를 지칭하기도 하였다. 다시 말하면, 한 사회구성원들 중 단지 일부 또는 특정 집단만이 문화를 가지고 있는 것으로 생각하는 경향이 있었다. 하지만 사회학적 측면에서 문화란 일부 사회구성원들만이 가지는 것이 아니라 모든 사회구성원들은 문화를 가지고 있다는 것이다(Schfaer, 2010; Thio, 2007). 즉, 여기서 문화란 학습되고 사회적으로 전달되는 지식, 관습 및 행동 등 모두를 말한다.

문화의 개념은 인류학, 사회학 및 심리학 등에서 다양하게 다루고 있다. 인류학적 측면에서 최초의 문화의 정의는 1871년 영국의 인류학자 Tylor에 의해 이루어졌다. Taylor(1871)는 문화란 사회구성원으로서의 인간이 획득한 지식, 신념, 예술, 도덕, 법률, 관습 및 기타 다양한 능력과 습관 등을 포함하는 복합적 총체(complex whole)라고 하였다. 이 정의에는 모든 사람이 문화를 가지고 있으며, 문화란 인간이 창조한 모든 것(everything)을 말하는 것으로 볼 수 있다.

사회학적 측면에서도, 문화란 학습되고 사회적으로 전달되는 지식, 관습 및 행동의 모두를 의미한다(Schfaer, 2010; Thio, 2007). Giddens 등(2015)은 사회학적 측면에서 문화란 한 사회의 구성원들이 가지고 있는 가치, 언어, 상징, 규범, 그들이 만든 물질적 재화(goods) 등으로 이루어져 있는 전체적인 생활양식을 말한다고 하였다.

이와 같이 문화는 오랜 세월 동안 인간이 만들어 낸 지식과 기술 및 태도의 총체이며, 세대 간 전수되어 온 것으로 자연환경에 비해서 다소 인공적인 것이라 볼 수 있다. 이러한 이유로 문화는 광범위하고 복합적이다(Prichard & Buxton, 1973). Greertz(1973)에 의하면, 문화는 '역사적으로 전달된 상징에 의해 채택된 의미의 형태, 사람들의 소통과 교류의 도구로 쓰인 상징의 형태 안에 표현되어 계승된 개념, 영속되고 발전된 그들의 삶에 대한 지식과 태도'라는 것이다.

Spencer-Oatey 등(2008)에 의하면, 문화란 사람들이 공유하고 있는 기본적 가정, 가치, 삶에 대한 지향성(orientations to life), 신념, 정책절차 및 관습으로서, 이것은 각 구성원들의 행동에 영향을 미치게 된다.

이를 종합해 보면, 문화란 한 사회의 구성원들이 학습을 통하여 획득한 지식, 기술, 태도, 행동, 가치, 신념 등의 복합체라 할 수 있다. 더 간단히 표현하면, 문화란 한 사회에서 축적되어 온 구성원들의 행동유형 또는 삶의 방식이라 할 수 있다. 이러한 한 사회구성원들이 가지고 있는 행동유형이나 삶의 방식은 나라마다 유사한 측면도 있고 다른 측면들도 있다. 즉, 나라마다 문화 차이가 있을 수 있다는 의미이다. 따라서 세계 많은 나라에서는 그들만이 가지고 있는 다양한 문화가 있기 때문에 글로벌사회에서의 다문화 이해는 필수적이라 할 것이다.

우리는 문화를 논할 때 사회, 사회구성원 및 문화 등을 관련 지어 설명한다. 따라서 사회와 문화의 관계를 알아보기로 하자. 사회란 동일한 영토의 거주자로서 서로 상호작용하는 사람들로 구성되어 있다. 즉, 사회는 공동의 유산과 문화를 공유하는 사람들로 구성되어 있는데, 모든 사회구성원들은 문화를 학습하고, 또한 세대에서 다음 세대로 문화를 전달하고 있다. 물론 문화와 사회는 상호 관련되어 있기 때문에 그 범위를 한정하기 어렵지만, 사회의 구성요소는 사회구성원으로서의 인간집단, 영토 및 문화라고 볼 때 사회를 더 넓은 의미로도 볼 수 있다(Schfaer, 2010; Thio, 2007). 따라서 한국사회의 한국문화, 미국사회의 미국문화 등으로 부를 수 있다.

한 사회의 문화는 그 사회의 모든 구성원들이 일반적으로 공유하는 주류문화와 사회구성원 중 일부만 가지는 하위문화로 구분할 수 있다. 즉, 어느 특정 사회를 형성하고 있는 구성원 중 일부분이 그들만 향유하는 문화를 가지고 있을 때, 이러한 문화를 하위문화 또는 부분문화(sub-culture)라 칭할 수 있으며, 그 문화의 실례가 한국의 다문화라 볼 수 있다. 이에 반해 주류문화는 이 하위문화가 속해 있는 사회 전체가 향유하는 문화를 의미하며, 하위문화의 구성원들이 반드시 주류문화를 거부하는 것은 아니지만 그들은 자신들의 문화를 타당하고 중요한 것으로 받아들인다(송병순 외, 2007).

이상에서 볼 때, 문화는 한 사회의 개인 및 인간집단이 자연과 사회를 변화시켜 온 물질적·정신적 과정의 모든 산물이며, 이러한 문화는 주류문화와 하위문화로 구분할 수 있다.

주류문화의 하위문화로 볼 수 있는 다문화(multiculture)는 인종, 민족, 언어, 종교, 성, 장애 등을 포괄하는 용어이며, 여러 유형의 이질적인 문화가 하나의 제도권 안에서 상호교류를 통해 형성되는 것을 의미한다. 이러한 다문화라는 용어는 1941년 미국의 『Herald Tribune』 7월호의 서평에서 사용된 '다문화적 생활양식(a multicultural way of life)'이라는 표현의 등장과 더불어 대중성을 가지게 되었다. 본래 문화의 다양성을 의미하는 다문화는 이후 이질적인 문화에 대한 인정과 존중이라는 의미를 내포하게 되면서 민족주의에 근거한 편견과 행동을 지양해야 한다는 의도를 표명할 때 사용되었다(이경윤, 2012).

이러한 다문화가 형성된 사회는 미국과 캐나다처럼 태생부터 다양한 민족과 문화를 공유하며 국가를 이루거나, 영국, 프랑스 및 독일 등과 같이 근대화와 세계화로 인해 부족해진 노동력을 외국인 근로자로 대체하여 유입되면서 다문화사회가 형성되었다. 특히 후자에 속하는 한국의 다문화사회는 서구 유럽국가와 마찬가지로 외국 노동력의 유입으로 인한 이주근로자와 1990년대 이후 결혼이민자의 증가로 인하여 형성되었다(서종남, 2012). 또한 2000년대 이후에 들어서면서 한국사회도 전 지구화와 함께 진행된 국제이주의 물결이 거세게 밀려들며 인적 구성에 급격한 변화를 초래하였다. 이주 노동자와 국제결혼 이주여성의 증가로 인하여 한국사회의 기본성격은 다문화사회로 규정되었으며, 학계나 시민사회뿐만 아니라 정부가 앞장서서 다문화사회로 이행하는 데 필요한 각종 정책을 입안하여 추진하였다(한경구, 2008).

이처럼 전 세계적으로 부각된 다문화는 다양한 인종, 민족, 종교, 언어, 성 등이 공존하는 문화라고 볼 수 있다. Baker(1994)에 의하면, 다문화는 개인차, 인종, 민족, 성별, 사회 · 경제적 수준, 연령, 능력, 신체적 조건 등에 있어서 다른 개인과 여러 집단 간의 다양성까지 모두 포함하는 넓은 개념으로 제안하였으며, 한석실(2008)은 다문화를 '세계화로 인해 서로 다른 문화가 부딪치고 영향을 주고받는 기회가 증가되면서 각 문화를 연결시키고 조화롭게 적용하고자 하는 사회적 필요성에 의해 생겨난 것'이라 하였다. 또한 장영희(1997)는 다문화를 문화 간에 생기는 여러 유형의 문제를 조화롭게 극복하고자 하는 의도에서 만들어진 용어로서, 세계화를 맞이하여 각 나라의 문화를 연결시키고 반영하며 적용하는 것으로서, 근본적으로는 각 문화의 차별화를 강조하고 문화의 다양성을 추구하는 것이라 제시하였다.

다문화에 대한 몇 가지 의미를 살펴보면 다음과 같다. 첫째, 다문화는 기술적 개념으로 다양한 성격의 집단이 존재한다는 현실을 반영하며(김미윤, 2004), 민족적·문화적 다양성의 존재 자체를 의미한다(전숙자 외, 2009). 둘째, 다양한 집단의 다양성이 존중되어야 한다는 이상의 표현이기도 하고, 다양성의 존중에 있어서 차이로 인한 갈등을 적절하게 조정하고 화해하며 공존을 모색하는 방법의 차원에서 쓰이는 용어이기도 하다(김미윤, 2004). 셋째, 다문화는 정치적 지향성의 의미를 가지며, 국가 혹은 사회 내의 정치적 이데올로기와 제도적 장치 등과 결부되기도 한다(김유경 외, 2008).

이상에서 볼 때, 다문화는 문화 중 비주류 내지는 하위문화로서 인식되는 개념이며, 이러한 다문화는 여러 문화들이 함께 공존한다는 차원에서의 다양한 문화일 것이다. 즉, 다문화는 다양한 민족, 인종, 성, 언어 종교, 예술 등이 공존하는 문화이며, 다양성 존중, 다양한 집단의 존재, 정치적 이데올로기 등이 포함된 사회적·국가적 필요성에 의해서 생겨난 문화라고 정의할 수 있다.

3. 다문화 이론

1) 용광로 이론

다양한 문화를 가진 사람들이 서로 빈번한 접촉을 하게 되면 한쪽에서만 다른 문화의 영향을 받거나 양쪽 모두 서로 다른 문화의 영향을 받을 수 있다. 이처럼 두 문화의 접촉으로 인해 일어나는 문화변화 현상을 문화접변(acculturation)이라 한다. 일반적으로 소수집단의 문화가 지배문화의 영향을 많이 받는 경향이 있다.

문화접변에 대한 접근방법은 두 가지로 구분해 볼 수 있다. 바로 용광로(melting pot)와 샐러드 볼(salad bowl) 접근이다. 용광로 접근법은 하나의 국가정체성이나 하나의 문화를 지향하는 접근방법이다. 즉, 다양한 문화를 녹여서 하나의 단일문화로 만드는 정책이다. 이러한 단일문화적 접근은 19세기와 20세기에 미국을 비롯한 전통적인 유럽국가의 국가정체성 구축방법이었다(Wagener, 2009). 이것은 소수집단이 다른 집단, 가령 문화적으로, 경제적으로, 정치적으로 지배집단의 관습, 태도, 문화 및 구조적 특성을 채택하는 과정이다.

용광로 이론을 지지하는 학자들은 이민자들이 특정 사회의 정책에 의해 변화될 수 있다는 입장이다. 용광로 이론은 미국사회의 자유로운 비전의 상징이 되었다. 어떤 점에서 인종, 종교, 국가의 기원이 사회이동의 장애물이 되지 말아야 하며, 기회의 땅으로서 미국이 이데올로기를 강화·정당화하는 데 정치적 상징이 되었다. 용광로 이론은 뜨거운 열을 가해 금속을 녹이는 것처럼 여러 가지 문화들을 함께 녹여서 거대한 강점과 다양한 이점들을 가진 미국인이라는 새로운 인종으로 변화해 간다는 의미이다(Maddern, 2013). 이를 통해서 보면 용광로 이론은 다양한 문화, 가령 남미, 아프리카 등의 문화를 용광로에 녹여 미국문화에 적응하도록 하는 것이다. 이 이론은 미국을 새로운 세계로 묘사하는 데 흔히 사용되었다. 이러한 이유로 용광로 이론은 미국화(Americanization)의 과정과 동일한 말로 인식되었다.

용광로 이론은 동화주의 입장에서 이민자들을 주류문화에 흡수시키려는 통합정책으로 비판을 받기도 한다. 그러나 가령 미국의 경우, 용광로는 미국인으로 되어 가는 과정으로서 이주자의 기원을 완전히 부정하는 것은 아니라는 주장을 펴기도 한다. 즉, 그것은 미국을 중요하게 생각하도록 하는 것이라는 입장이다.

이상과 같은 용광로 이론은 우리 사회에 시사하는 점도 크다. 특히 교과서 정책이나 교육과정 구성의 방향을 동화주의에 입각한 단문화주의에 초점을 둘 것인가, 다원주의에 입각한 다문화주의 입장에서 실행해 나갈 것인가 하는 점이다.

2) 모자이크 이론

동화주의 이상은 다양한 문화를 하나로 융합하려는 방법인데, 용광로 이론에서 이 동화주의는 다문화주의 지지자들에 의해 도전을 받고 있다. 이에 그 대안으로 등장한 또 하나의 이론이 문화적 모자이크(cultural mosaic) 이론이다. 문화적 모자이크라는 말은 다문화주의에 대한 캐나다의 사회적 이데올로기이다. 문화적 유산을 혼합하여 포기하게 하는 용광로 이론과는 달리, 모자이크 이론은 문화적 집단이 자신의 독특한 문화적 유산을 유지하면서 함께 살아가는 방식이다. 문화적 모자이크란 구성원들이 독특한 문화유산, 가치 및 실제를 상호 인식・수용함으로써 효율적인 집단활동을 하려는 것이다(Brodt et al., 2010).

약 50여 년 전 캐나다 정부는 문화적 모자이크(cultural mosaic)라는 말을 세계 각국에서 온 이민자들로 구성된 캐나다사회의 다문화적 성격을 설명하기 위해 사용하였다. 정부는 동화주의와는 다른 다원주의를 인정하는 다문화주의에 대한 공식 정책을 채택하였다. 다원주의 사회에서는 다양한 문화적 배경을 지닌 사람들과 함께 살아가면서 다양한 사회를 유지하고 있다(Brodt et al., 2010).

캐나다의 사회철학으로서 문화적 모자이크 이론에 의하면, 다양한 문화유산은 인식・존중・축하・유지되어야 한다는 신념으로서 다양한 인구들 사이에서 사회적 결속력과 평등한 지위를 촉진한다. 이것의 주요 특징은 작업집단 속에서의 대인관계에 초점을 두고 있는데, 구성원들은 작업집단 내에서 또는 지배문화로 동화시키려는 압력을 느끼지 않는다. 모자이크는 다양한 문화적 집단구성원들 사이에서 상호작용에 반영됨으로써 자신의 태도와 행동을 어떻게 집단 속에서 조화를 이루며, 또 집단은 문화적으로 다양한 구성원들의 이질적인 지식과 경험을 어떻게 활용할 것인지에 관심을 가지고 있다.

모자이크는 여러 색상의 조각들이나 미니어처 사진(miniature photograph)들로 구성된 합성사진을 말한다. 즉, 다양한 색상 조각들을 통해 전체적인 그림이 구성된다. 따라서 개인의 문화를 문화적 모자이크로 간주하면, 그림 전체를 보느냐 혹은 부분을 보느냐에 따라 글로벌문화와 지역별 문화를 동시에 볼 수 있다. 여기서 우리는 문화적 모자이크를 민족성과 성별과 같은 특정 조각을 선택하기보다는 민족성과 성별과 같은 조각의 배합과 유형을 그린다는 입장이다.

문화적 모자이크는 크게 세 가지 범주로 나누어 볼 수 있다. 첫째, 인구적 변인은 일반적으로 부모와 조상으로부터 물려받은 연령, 젠더, 인종, 민족성과 같은 변인이다.

둘째, 지리적 변인은 지역의 특징으로서 기후, 해안－내륙, 도시－농촌, 지역－국가 간 차이 등이다. 셋째, 문화적 모자이크의 변인은 집단의 관계에 관련된 것으로 개인의 가족, 종교, 직업, 정책, 고용주에 관련된 공식·비공식 집단을 말한다. 이것은 일종의 소속감의 욕구로서 사람들은 즐겁고, 안정적인 대인관계를 형성하고 유지하기를 요구한다. 물론 이러한 조각은 분리된 별개의 것이 아니라 전체적으로 상호 관련되어 있다. 문화적 모자이크의 특징을 분류해 보면 <표 1－1>과 같다(Chao & Moon, 2005).

<표 1-1> 문화적 모자이크 분류

주요 영역	정 의	조각의 예
인구(demographic)	부모와 조상으로부터 물려받은 신체적 특징과 사회적 정체성	연령 민족성 젠더 인종
지리(geographic)	집단정체성을 형성할 수 있는 자연적 또는 인공적인 지역의 특성	기후 온도 해안/ 네륙 도시/ 농촌 지역/ 국가
관계(associative)	개인이 타인과의 관계형성을 위한 공식·비공식 집단	가족 종교 고용주 정책 직업

1960년대 이후 미국, 캐나다 및 기타 서구 국가에서 많은 인구이동으로 인한 사회변화가 일어났다. 즉, 노동력 이동의 증대와 다국적 기업의 증대는 광범한 민족적·국가적·문화적 배경을 지닌 조직과 작업집단 형성에 영향을 미치게 되었다. 따라서 조직관리와 기업경영이라는 측면에서 문화적으로 다양한 구성원들을 어떻게 통합할 것인지에 대한 시사점도 던져주고 있다.

3) 샐러드 볼 이론

미국의 다문화주의에 대한 새로운 비전은 샐러드 볼(salad bowl)과 유사하다. 샐러드 볼 이론은 용광로 이론에 비해 다문화주의를 지향하고 있다. 샐러드 볼 이론은 사람들이 자신의 문화유산과 자신의 문화적 정체성을 유지하면서 다른 문화를 통합할 수 있는 방법을 은유적으로 사용한 말이다(Berray, 2019; Wagner, 2009). 즉, 각 문화의 고유한 문화는 유지하면서 사회통합을 가져오려는 방법이다. 여기서 샐러드 볼이란 그릇 속에 여러 가지 야채들을 잘 섞어서 각 재료의 특성을 살려 요리해 먹는 방법이다. 이를 통해서 볼 때 문화에 대한 샐러드 볼 이론적 접근은 이민자들이 가지고 있는 다양한 문화의 특성을 살리면서 거대한 사회라는 그릇 속에서 어떻게 다양성을 조화롭게 유지해 나가느냐 하는 것이다.

샐러드 볼 이론은 개인의 독특한 정체성을 유지하는 것이다. 샐러드 볼 이론의 직접적인 이점은 각 집단의 정체성과 다문화사회의 문화적 차이점을 인정하는 것이다. 이 이론은 민족집단이 개별성과 독립성이 유지되고 각 민족집단의 존재가 지배집단의 문화와 나란히 가는 것을 허용한다. 이것은 용광로 이론에서 동질적 정체성을 만들려는 압력에서 벗어나게 한다. 샐러드 볼 이론은 용광로보다는 더욱 통합적 가능성을 제공하고 있다. 용광로 이론에 대한 비판은 지배집단과 소수민족집단이 선택과 행동에 영향을 미치는 지역적 맥락을 간과하고 있다는 점이다. 샐러드 볼 이론은 교육과정과 교과서 정책을 어떻게 펼쳐나갈 것인지에 대해 큰 시사점을 주고 있다. 샐러드 볼 이론은 캐나다에서 문화적 모자이크로 더 잘 알려져 있다.

이상과 같은 샐러드 볼 이론은 우리 사회에도 시사점이 크다. 급속도로 다문화사회 과정을 거치면서 다문화교육 제도와 정책방향은 물론이고 학교 교육과정 구성에도 시사점이 크다고 볼 수 있다.

4. 다문화사회의 의미 및 특징

다문화사회는 한국사회에 거주하고 있는 소수민족이 다양해지고, 외국 노동력의 유입 및 국제결혼의 증가로 다문화가족 자녀들이 많이 출생하며, 한국에서 공부하기 위해 많은 유학생들이 입국하여 거주하는 사회상황이 나타나는 현상을 의미한다. 그리고 이러한 다문화가족으로 인해 증가하는 사회문제를 예방하기 위해 법과 제도를 만들고, 그들을 위해 제공하는 시설이 마련되는 사회를 의미한다(김범수 외, 2010). 또한 다문화사회는 문화의 다양성 수용과 세계 공동체를 위한 각기 다른 역할 수행, 즉 다양한 문화적 가치와 태도를 형성하고 구성원의 공통점과 고유한 특성을 인식함과 동시에 공존과 협력을 강조하고 있다(김영옥 외, 2008).

한편 다문화사회는 다양한 문화가 공존하며 차별성이 인정되는 사회이며, 한국사회도 1990년대부터 종래의 외국인 소속 국가 및 규모, 이주 사유 등에 있어서 큰 차이를 보이는 외국인을 맞게 되었다. 1980년대 후반부터 산업현장의 노동력 부족으로 외국인 노동자들이 개별적으로 입국하였으며, 1992년 문민정부의 세계화 추진 이후에는 제도화되어 외국인 노동자들이 대거 입국하기 시작하였다. 이는 저출산 및 고령화로 인한 노동인구의 감소와 소위 3D 업종에 대한 한국인의 기피에 기인한 것으로, 크게 보면 세계화의 물결이 한국에서도 나타나는 경향을 보였다(서범석, 2010).

최근 행정자치부 발표 자료에 의하면, 2022년 11월 1일 기준 국내 외국인 주민 수가 2,258,248명(총인구 대비 4.4%)으로 2006년 536,627명(총인구 대비 1.1%)에 비해서 420.8%가 증가하였으며, 외국인 주민 자녀 18세 이하의 학생 282,077명 중에서 6세 이하 유아는 105,451명으로 37.4%, 7세 이상에서 12세 이하 초등학생은 102,897명으로 36.5%, 13세 이상에서 18세 이하 중·고등학생은 73,729명으로 26.1% 등을 차지하고 있다(행정안전부, 2023). 이와 같이 국내 거주 외국인 주민 수와 자녀 수도 급격히 증가하고 있으며, 이로 인하여 교육현장에서는 다문화가정 학생들의 상호 의사소통의 어려움, 학교시험 성적에 대한 부담, 부적응 및 스트레스 등의 다양한 문제들이 나타나고 있다.

또한 우리 사회가 다문화사회로 가고 있음을 알 수 있는 구체적인 자료를 제시하면 다음과 같다. 먼저 총인구는 조사시점(2022. 11. 1.) 기준, 대한민국 영토 내에 상주하는 내국인과 외국인을 합산한 인구로 주민등록인구와 달랐다. 이에 대한 내용은 <표 1-2>와 같다.

<표 1-2> 총인구 구성 (단위 : 명)

총인구(①+②) (2022. 11. 1.)	내국인(①) (한국국적)	외국인(②) (외국국적)
51,692,272	49,434,024	2,258,248

출처 : 행정안전부(2023). 2022년 지방자치단체 외국인주민 현황 조사결과 발표(2022. 11. 1. 인구주택 총조사 기준).

2022년 11월 1일 기준 외국인 주민 수는 2,258,248명으로, 2021년 2,134,569명에 비해 123,679명(5.8%) 증가하였다. 성별로는 남자가 1,159,287명, 여자가 1,098,961명으로, 2021년에 비해 남자는 69,214명(6.3%), 여자는 54,465명(5.2%) 증가하였다. 구체적인 외국인 주민 수에 대한 증가 추이를 제시하면 |그림 1-1|과 같다.

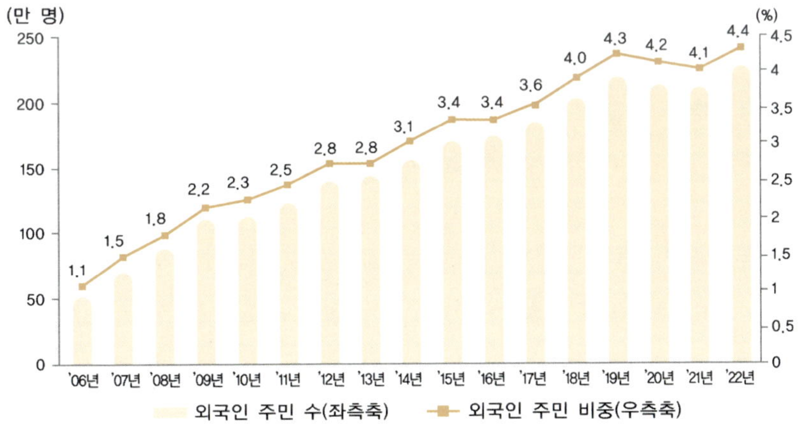

|그림 1-1| 외국인 주민 증가 추이

외국인 주민을 유형별로 살펴보면, 한국국적을 가지지 않은 자(외국인 근로자, 외국국적 동포, 결혼이민자, 유학생 등)가 1,752,346명(77.6%), 한국국적 취득자가 223,825명(9.9%), 외국인 주민 자녀(출생)가 282,077명(12.5%) 등으로 나타났다. 또한 한국국적을 가지지 않은 자 중 기타 외국인(26.0%), 외국인 근로자(17.9%), 외국국적 동포(17.6%), 유학생(8.4%), 결혼이민자(7.8%) 등의 순으로 나타났다. 이에 대한 구체적인 내용은 <표 1-3>과 같다.

<표 1-3> 외국인 주민 유형별 현황 (단위 : 명)

구분	외국인 주민 합계			한국국적을 가지지 않은 자						한국국적 취득자	외국인 주민 자녀(출생)
	계	남	여	계	외국인 근로자	결혼 이민자	유학생	외국국적 동포	기타 외국인		
'22년	**2,258,248**	1,159,287	1,098,961	1,752,346	403,139	175,756	189,397	397,581	586,473	223,825	282,077
	전체 외국인 주민 대비 구성비	51.3%	48.7%	77.6%	17.9%	7.8%	8.4%	17.6%	26.0%	9.9%	12.5%
'21년	2,134,569	1,090,073	1,044,496	1,649,967	395,175	174,632	156,607	368,581	554,972	210,880	273,722
	전체 외국인 주민 대비 구성비	51.1%	48.9%	77.3%	18.5%	8.2%	7.3%	17.3%	26.0%	9.9%	12.8%
증감	123,679	69,214	54,465	102,379	7,964	1,124	32,790	29,000	31,501	12,945	8,355
	5.8%	6.3%	5.2%	6.2%	2.0%	0.6%	20.9%	7.9%	5.7%	6.1%	3.1%

출처 : 행정안전부(2023). 2022년 지방자치단체 외국인주민 현황 조사결과 발표(2022. 11. 1. 인구주택 총조사 기준).

거주 지역별로 보면, 경기도 751,507명(5.5%), 서울특별시 442,289명(4.7%), 인천광역시 146,885명(4.9%), 충청남도 136,006명(6.2%), 경상남도 128,701명(3.9%) 등의 순으로 외국인 주민이 많이 거주하고 있으며, 수도권(서울·경기·인천)에 59.4%가 집중 거주하고 있는 것으로 나타났다. 또한 시·군·구 별로는 경기도 안산시(101,850명)에 가장 많은 외국인 주민이 거주하며, 경기도 수원시(68,633명), 경기도 시흥시(68,482명), 경기도 화성시(66,955명) 등의 순으로 집계되었다. 외국인 주민이 1만 명 이상 또는 인구 대비 5% 이상 거주하는 '외국인 주민 집중거주지역'은 지난해 대비 11개 지역이 늘어난 97

개이며, 시·도별로 경기도 23개, 서울특별시 17개, 경상북도 9개, 경상남도 9개, 충청남도 8개 지역 등이다. 이에 대한 구체적인 내용은 |그림 1-2|와 같다.

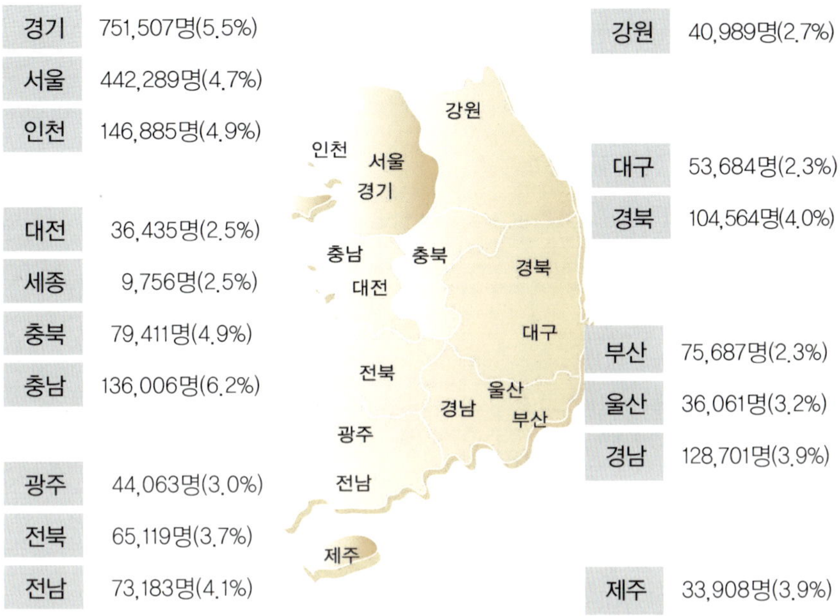

|그림 1-2| 거주 지역별 외국인 주민 수 및 비율

한국국적을 가지지 않은 외국인 1,752,346명 중 1,571,260명(89.7%)이 아시아 출신이었으며, 유럽 75,543명(4.3%), 북미 74,165명(4.2%), 아프리카 18,335명(1.0%), 오세아니아 8,072명(0.5%), 중남미 4,779명(0.3%), 기타 192명(0.0%) 등의 순이었다.

국내 거주 외국인을 주요 국적별로 살펴보면, 이 중에서 691,764명(48.9%)이 중국 출신이었으며, 이 중국 출신 691,764명 중에서 중국(한국계) 490,000명(34.7%), 중국 201,764명(14.3%)이 국내 거주 중이다. 그 다음으로 베트남 133,106명(9.4%), 태국 82,225명(5.8%), 미국 51,875명(3.7%), 필리핀 51,808명(3.7%), 우즈베키스탄 45,670명(3.2%), 캄보디아 44,358명(3.1%), 인도네시아 41,656명(2.9%), 네팔 32,413명(2.3%) 등의 순이었다.

또한 한국국적을 취득한 자(2022. 11. 1. 기준)는 223,825명으로 2021년 210,880명에 비해 12,945명(6.1%) 증가하였다.

한국국적을 취득한 자의 출신국가를 보면, 한국계 중국, 베트남, 중국 출신이 귀화자의 85.1%를 차지하였다. 이에 대한 구체적인 내용은 <표 1-4> 및 |그림 1-3|과 같다.

<표 1-4> 한국국적을 취득한 자의 출신국가 (단위 : 명, %)

계	중국(한국계)	베트남	중 국	필리핀	캄보디아
223,825	98,477	50,660	41,413	10,295	4,946
구성비	44.0	22.6	18.5	4.6	2.2

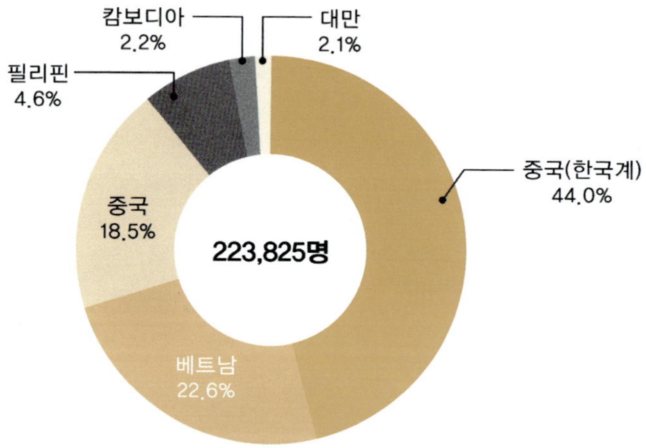

|그림 1-3| 한국국적을 취득한 자의 출신국가별 현황

외국인 주민 자녀 수는 282,077명으로서, 전년 273,722명 대비 8,355명 증가 및 3.1%가 증가하였다. 구체적인 외국인 주민 자녀 현황은 <표 1-5>와 같다.

<표 1-5> 외국인 주민 자녀 현황 (단위 : 명, %)

구 분	미취학 아동	초등학생	중·고등학생	계
자녀 수	105,451	102,897	73,729	282,077
비율	37.4	36.5	26.1	100.0

외국인 주민 자녀의 연령대는 미취학 아동(6세 이하) 37.4%(105,451명), 초등학생(7~12세) 36.5%(102,897명), 중·고등학생(13~18세) 26.1%(73,729명)이었다. 이처럼 국내 거주 외국인 주민 수와 자녀 수도 점차 증가하고 있으며, 이로 인해 학교교육 현장에서는 다문화가정 학생들의 한국어 관련 의사소통의 어려움, 다양한 스트레스 및 학교생활 부적응, 시험 성적에 대한 부담 등의 많은 문제점이 부각되고 있는 실정이다.

이상에서 볼 때, 그동안 우리나라의 외국인은 지속적으로 증가하였으며, 다문화사회로의 급격한 변화를 가져왔다. 이러한 특징 중 두드러진 점은 국제결혼의 증가, 노동력 부족으로 인한 이주 노동자의 유입 및 유학생의 증가 등이 주된 원인이었으며, 외국인들이 한국사회에 정착하면서 한국문화의 급격한 변화에 지대한 영향을 미쳤음을 알 수 있다.

이러한 우리나라의 외국인 주민 현황을 고려한 다문화사회의 특징을 제시하면 다음과 같다.

첫째, 우리나라 다문화사회의 주요 특징 중의 하나는 주류문화가 혈연적으로 단일민족이라는 점이며, 사실 유럽이나 미국계통의 외국인이 함께하는 다문화사회가 아니다. 즉, 그동안의 한국국적을 취득한 자의 출신국가로 중국(한국계), 중국, 베트남, 필리핀, 대만, 캄보디아 등의 아시아계통의 출신들이 주류를 이루었으며, 이러한 사실은 아시아라는 동질적인 문화가 하위문화로 유입되면서 우리나라 사회에 동화주의적 측면에서 다문화사회가 형성되었다는 점이다.

둘째, 우리나라 다문화사회는 다양성과 특수성이 양립하는 특징을 갖는다. 이 다문화사회는 시민이나 국민으로서 누릴 수 있는 사회적·경제적 및 문화적 권리를 취득하고 향유하는 데 있어서 인종이나 민족이 차별의 근거가 되지 않는 사회이다(김혜순, 2008). 다문화사회는 이민자, 이주민 등 다양한 인종이 유입됨으로써 다양한 민족, 인종, 문화가 존재할 뿐만 아니라, 가족 형태, 학교교육, 지역사회, 직장, 성, 연령, 신체 등에 있어서도 다양성과 특수성이 존재한다는 점이다(신재한 외, 2014). 즉, 우리나라 다문화사회는 한국이라는 특수한 민족적 특성을 바탕으로 글로벌사회의 국제적 교류 증가로 나타난 다양한 나라 사람들의 문화가 복합된 특수성과 다양성이 양립하는 특성을 갖는다.

셋째, 국제결혼의 증가 및 외국인 근로자들의 유입, 외국 유학생의 증가, 한류열풍 등으로 인하여, 우리나라 다문화정책 및 다문화사회에 대한 정체성 형성이 진행되고 있다는 점이다. 실제 다문화사회에서 나타나는 기존의 유입집단에 의해 새로 유입되는 집단에 대한 고정관념이 형성되고 존재한다는 점, 문화적 차이로 인한 갈등, 외국인 근로자들의 대우, 국제결혼의 증가로 인한 문화적 갈등 등이 부각되어 왔다. 하지만 우리나라에서는 국가적·사회적 및 개인적 차원에서 다양한 해결방안을 모색하여 적용하고 있으며, 시간이 지남에 따라 우리의 문화만을 강조하는 것이 아니라 다른 나라의 문화도 존중하려는 국민적 의식의 변화도 일어나고 있다. 향후 이러한 노력으로 우리나라 사회에서는 다문화가 함께 공존하는 방향으로 그 정체성을 형성해 나갈 것이라 기대해 볼 수 있다.

5. 다문화사회의 전망 및 과제

그동안 고찰한 내용을 토대로 하여 향후 다문화사회에 대한 전망 및 과제를 제시하면 다음과 같다.

첫째, 우리나라 사회가 점차 경제적 및 사회적 발전이 가속화됨에 따라 새로운 산업인력 충원이 필요하며, 이 필요한 부분을 충원하기 위해서는 아시아, 아프리카, 유럽 등의 나라에서 다양한 사람들이 우리나라로 유입되는 것은 자명한 사실이다. 이러한 유입으로 인하여 우리나라 다문화사회는 점점 더 다양해질 것이며, 특수한 상황들이 나타날 것이다. 이에 우리나라에서는 범국가적 차원에서 다문화사회에서 나타날 수 있는 제반 문제점들을 분석한 후, 그에 대한 해결방안을 수립하여야 하며, 정부 관련 부처별(기획재정부, 교육부, 고용노동부, 여성가족부, 법무부 등) 다문화사회 대응 관련 기획, 운영, 평가 등의 체제를 갖추어야 할 것이다.

둘째, 다문화사회에 잘 적응할 수 있도록 다양한 교육기관에서 다문화교육을 체계적으로 운영할 필요가 있으며, 다문화사회에서 발생하는 다양한 문제점을 해결한다는 차원에서 다문화정책을 체계적으로 수립하여 시행해야 할 것이다. 먼저 교육부 차원에서의 다문화교육은 유치원 및 초·중등학교에서 다문화 관련 교육을 잘 실현할 수 있도록 다양한 시범학교인 다문화교육중점학교, 다문화예비학교, 다문화교육거점학교, 다문화교육연구학교 등을 체계적으로 운영할 필요가 있으며, 여성가족부 및 고용노동부 차원에서는 이주여성 및 다문화가족에 대한 다문화교육 및 일 배움 연계 교육, 국비 직업훈련교육 등에 초점을 두어야 할 것이다. 또한 법무부 차원에서는 이주 노동자 및 여성에 대한 다문화교육뿐만 아니라 생활적응, 직업교육 등에 초점을 두어야 하며, 기획재정부는 다문화 관련 정책 및 사업에 대한 체계적인 분석을 통하여 예산의 분배 및 운영의 효율화, 효과성에 초점을 두어야 할 것이다.

셋째, 다문화교육의 내용적인 측면에서 보면, 교육현장에서 차이, 다름, 평등, 존중 및 배려 등에 대한 내용을 체계적으로 반영하려는 노력이 필요하다. Bennett(2011)은 다문화교육의 개념으로 교육과정 개혁, 평등교육, 다문화적 역량, 사회정의를 향한 교육 등을 제안하였으며, Banks(2008)는 다문화교육의 개념적 특성으로 내용통합, 지식구성, 평등교육, 편견감소, 자발적 학교문화 형성 등을 제안하였다. 이처럼 다문화교육의 내용에 평등교육, 다문화 역량, 편견 및 차이, 사회정의 실현, 교육과정 개혁 등을 포함하여 다양한 차원에서 다문화교육을 수행할 필요가 있다.

넷째, 현재 우리나라에서는 이주근로자, 결혼이민자, 유학생의 증가 등으로 인하여 파생되는 인권이나 자녀교육 문제 등으로 이주민과 우리 국민 간의 갈등이 고조되고 있으며, 사회 부적응 이주민들 중에서 우울증에 시달리고 있는 사람들이 많이 생겨나고 있는 실정이다. 이에 우리나라 정부에서 사회통합을 이끌어 내기 위해서는 이민정책과 교육정책을 보다 보완할 필요가 있으며, 인권이 보호될 수 있도록 법적 및 제도적 장치를 마련해야 할 것이다. 또한 다문화사회로의 이행은 소수 이주자들의 권리를 위한 집단적 노력, 국가의 정책적 지원, 정부와 NGO 간의 역할 분담 및 공조체제의 확립이 이루어져야 할 것이다.

이상에서 볼 때, 이제는 다문화사회, 글로벌사회 등의 용어들은 우리가 자주 사용하는 용어이며, 많은 부분에서 일반화되어 있기도 하다. 이제 우리가 한국에서 살 수도 있고, 다른 나라에서도 살 수 있다고 가정한다면, 우리나라에 어느 누가 와서 살더라도 그들이 편안하게 생활할 수 있도록 사회체제를 구축해야 할 것이다. 우리 정부 및 국민들이 새로운 관점에서 새롭게 시작할 수 있도록 국가적 차원에서 새로운 교육 및 운동이라는 슬로건으로 다문화사회를 준비하고 실행하여야 할 시점이라고 볼 수 있다.

제 2 장

다문화교육의 이해

1. 다문화교육의 의미
2. 다문화교육의 필요성 및 주요 쟁점
3. 다문화교육의 영역 및 유형
4. 다문화교육의 운영 현황

제02장

다문화교육의 이해

1. 다문화교육의 의미

다문화(multiculture)라는 용어는 다양한 문화가 서로 밀접한 관계를 맺는 가운데 하위 문화 간 또는 주류문화와 하위문화 간에 충돌이 가시화되면서 문화 간에 발생하는 여러 유형의 문제들을 조화롭게 극복하고자 하는 관점에서 만들어진 용어이다(장영희, 1997). 우리 사회가 다문화사회로 급속하게 변화함에 따라 교육현장에서 나타나는 여러 가지 문제점들을 해결하기 위하여 다문화교육을 실시해야 한다는 필요성이 지속적으로 증가하고 있다. 이러한 다문화교육(multicultural education)은 학자들에 따라 다양하게 정의될 수 있다.

Banks(2008)에 의하면, 다문화교육이란 하나의 교육개혁운동으로서 다문화교육의 목표는 교육과정과 교육제도를 재구조화함으로써 다양한 사회계층, 인종적 · 민족적 집단의 학생들이 평등한 교육기회를 경험하도록 하는 것이다. 또한 다문화교육은 교수 · 학습에 관한 복합적인 접근방법으로, 학교와 교실에서의 평등을 향한 운동, 교육과정의 변형, 다문화적으로 유능하게 되는 과정, 사회정의 등을 포함할 수 있다(Bennett, 2011).

한편 다문화교육은 다양한 문화적 배경을 가진 학생들이 다른 특성이나 가치를 인정하고 존중하며, 인종, 민족, 성, 종교, 계층 등과 같은 다양한 요인의 복합체로 이루어진 다문화사회에 대한 이해를 바탕으로 다문화 관련 포괄적인 내용이 제공되어야 할 것이다(오유미, 2014). 다문화교육은 한 사회 내 문화적 소수민족의 평등 문제에 관심을 갖고 특정 지역에서 서로 공존하는 여러 문화권 사람들이 조화롭게 살아가기 위한 교육이다

(김범수 외, 2010). 또한 다문화교육은 다양한 문화를 존중하고 학생 스스로 자아정체성 형성, 사회적 관계 형성 등의 과정에서 자신들의 문화뿐만 아니라 다양한 문화의 필요성에 대한 인식에서 출발한다(김선미, 2000). 이러한 관점에서 다문화교육은 각기 다른 인종과 성, 언어, 계층 등을 이해하고 존중하도록 유도하여 다양한 문화의 세계에서 공동의 목표를 지향하며, 다른 문화를 가진 사람들과 의사소통할 수 있는 지식, 기술, 태도를 준비하는 교육이다(김영옥, 2002).

<표 2-1> 다문화교육에 대한 개념

연구자(연도)	다문화교육의 개념
김범수 외(2010)	한 사회 내 문화적 소수민족의 평등 문제에 관심을 갖고 특정 지역에서 서로 공존하는 여러 문화권 사람들이 조화롭게 살아가기 위한 교육
김영옥(2002)	다른 인종과 성, 언어, 계층 등을 이해하고 존중하도록 유도하여 다양한 문화의 세계에서 공동의 목표를 지향하며, 다른 문화를 가진 사람들과 의사소통할 수 있는 지식, 기술, 태도를 준비하는 교육
이기용(2014)	다양한 사회계층, 인종적·민족적 집단의 학생들에 대한 평등교육, 교육과정 및 교육제도 개혁, 사회정의 실현 등의 핵심요소를 포함하며, 다양한 민족 및 인종집단의 언어, 성, 계층, 대화습관 등을 이해하고 상호 존중하며, 의사소통할 수 있도록 도와주는 교육
장영희(1997)	문화적 다양성을 가치 있는 자원으로써 지원하고 확장하는 교육으로, 서로의 차이점을 뛰어넘어 서로의 가치를 존중하고 공정하게 대할 수 있는 교육
조원탁 외(2014)	주류사회의 중요성을 강조하기보다는 다양한 문화가 평등하게 공존할 수 있음을 강조함
Banks(2008)	학생교육에 중대한 변화를 추구하는 하나의 교육개혁운동이며, 실천적 교육
Bennett(2011)	교수·학습에 관한 복합적인 접근방법으로, 학교와 교실에서의 평등을 향한 운동, 교육과정의 변형, 다문화적으로 유능하게 되는 과정, 그리고 사회정의 등의 교육
Campbell(2004)	문화적 및 인종적 배경이 다양한 청소년들이 서로 문화적 전통을 이해하며, 존중함으로써 인간 존엄성, 인간 성장의 가능성, 모든 인간의 평등 증진을 위한 교육, 문화 민주주의 차원에서 수행되는 교육
Gollnick & Chinn(2006)	학교 안에서 발생하는 문화적 다양성을 통합하고 사회적 정의와 평등성을 제공하는 교육적 전략
Sleeter & Grant (2009)	다양한 문화적 배경을 가지고 있는 학생들이 서로 의사소통할 수 있고 서로 어울릴 수 있으며, 또한 그들 스스로를 긍정적으로 생각하도록 돕는 교육

이상에서 볼 때, 다문화교육의 개념은 학자마다 다양하게 정의되고 있지만, 다양한 사회계층, 인종적 · 민족적 집단의 학생들에 대한 평등교육, 교육과정 및 교육제도 개혁, 사회정의 실현 등을 핵심요소로 볼 수 있으며, 다양한 민족 및 인종집단의 언어, 대화습관, 성, 계층 등을 이해하고 상호 존중하며, 의사소통할 수 있도록 준비하는 교육이다(이기용, 2014). 또한 다문화교육은 한 사회의 문화 내 소수민족의 평등성 문제에 관심을 가지며, 특정 지역에서 서로 공존하는 여러 문화권의 사람들이 조화롭게 함께 살아갈 수 있도록 다문화 지식, 다문화 기술 및 다문화 태도 등의 다문화 역량을 함양하는 교육이라 정의할 수 있다.

2. 다문화교육의 필요성 및 주요 쟁점

1) 다문화교육의 필요성

21세기 글로벌 시대에는 다양성의 가치가 존중되는 사회이며, 사회 및 조직구성원들의 다양성과 차이를 인정하고 다른 인종 및 문화를 편견 없이 받아들일 수 있는 다문화적 역량을 갖춘 사람이 필요한 시대이다. 하지만 단일민족을 긍지와 자부심으로 여겨왔던 한국사회는 그동안 다문화사회를 맞을 준비나 대비가 거의 없었다고 볼 수 있다(조원탁 외, 2014). 모경환(2009)은 우리 사회의 문화적 다양성의 심화에 따라 대두되고 있는 교육적 과제를 두 과제 측면에서 제안하였는데, 그 내용은 첫째, 교육 소외층의 배려이며, 둘째, 민주시민의 양성 등이다. 즉, 우리 사회의 새로운 교육 소외계층으로 떠오르고 있는 다문화가정 자녀들의 적응문제를 해결하는 데 초점을 두고 있으며, 기존의 다수집단의 학생들을 위한 시민교육도 균형 있게 실시해야 함을 제안하였다.

또한 교육이 급격한 변화 속에서 사회에 기여하기 위해서는 새로운 사회문제에 대한 인식을 촉진하고, 다양한 구성원의 사회정의를 실현하기 위한 해법을 개발하는 것이 필요하다(송성실, 2008). 현대사회의 다문화적 상황을 합리적으로 인식하고 이에 대처할 수 있는 태도를 취할 수 있도록 다문화교육을 실시하고 있으며, 다문화교육을 통하여 자신이 속한 집단의 문화는 물론 다양한 하위집단의 문화를 비판적으로 성찰하고 재조명할 수 있는 능력을 배양하기 위해 노력하고 있다(차윤경, 2008).

차이와 다름을 존중하고 개인의 다문화 역량을 강화하기 위해서는 체계적인 다문화교육이 실현되어야 하며, 이 다문화교육의 필요성에 대해 좀 더 구체적으로 분류하여 제시하면 다음과 같다(권순희 외, 2010; 이형하 외, 2015).

첫째, 다문화교육은 다문화사회의 도래에 대응하기 위해 필요하다. Banks 등(2001)에 의하면, 다문화사회에서 소수문화 집단에 속한 개인이 느끼는 인식의 과정과 주류문화 집단에 속한 개인이 느끼는 인식의 과정은 다문화적 상황에 노출된 처음 시기에서 차이가 나타나지만, 시간이 지날수록 다문화적 공존의 상황을 인식하는 방향으로 변화하고 있음을 지적하였다. 또한 한 사회가 다문화사회로 되어가는 과정에서 문화적인 공존과 세계 보편적인 가치에 도달하는 과정으로 나아가는 길은 결코 쉽지 않다. 따라서 다문화사회의 도래에 대한 충분한 이해를 바탕으로 초기에 주류문화와 소수문화가 충돌하거나 갈등을 일으키는 과정에 문화 간 이해나 문화에서의 주류문화와 소수문화에 대한 편견 등을 교육내용으로 다룰 수 있는 다문화교육이 필요하다고 볼 수 있다.

둘째, 다문화교육은 소수집단과 인권의 보장을 위해 필요하다. 소수집단에 대해 신체적으로나 문화적 특징으로 인하여 사회의 주류집단 구성원들에게 차별을 받으며, 스스로 차별받는 집단 속에 있다는 의식을 가진 사람들로 규정하고, 소수집단의 어려움과 이들에 대한 인권의 측면에서 다문화교육이 필요하다(박경태, 2008). 특히 다문화사회에서는 외국인 및 그 사회의 소수집단 사람들까지 그 대상을 확대시킬 뿐만 아니라 그들에 대한 인권보장의 관점에서 다문화교육이 절실히 필요할 것이다.

셋째, 다문화교육은 사회적 갈등해결을 위해 필요하다. 다문화사회가 가속화될수록 다양한 사회적 문제와 갈등을 해결하기 위해서는 사회적 비용 또한 증가하게 된다. 문화적 충돌이나 갈등 양상은 다문화사회 진입 초기 단계에서 강하게 나타나며, 다문화사회 초기 단계에서 정부는 다문화정책이나 교육을 통해 다양하게 전개되는 상황에 대처해 가는데, 이 시기에는 다문화교육의 필요성은 인식하지만, 다문화교육이 구체적으로 지향하는 바에 대해서는 사회적 합의를 이루기 어려워서 다문화교육의 방향을 설정하기가 어렵다. 따라서 다문화교육은 소수집단과 주류집단 모두에 대한 문화적 편견에서 벗어나 다양한 내용이 함께 다루어지고, 교육대상이 전 사회구성원으로 확대되어 문화 간의 차이를 넘어 공존으로 나아갈 수 있도록 구성되어야 한다.

넷째, 다문화교육은 세계시민성의 형성을 위해 필요하다. 세계화 및 지구촌 시대라 불리고 있는 오늘날에는 국가, 인종 및 민족 등의 틀을 벗어나 전 지구적이고 세계적인 관점에서 함께 문제를 해결하고 공유할 수 있는 세계시민성 함양이 요청된다. 또한 오늘날의 사회는 개별 국가만이 해결할 수 없고 인류 공동의 관심과 협력에 의해서만 해결 가능한 문제들의 조속한 해결의 필요성이 더욱 부각되고 있다. 오늘날 우리들에게 지구 사회의 구성원으로서 필요한 것은 전 지구적 문제해결과 관련하여 능동적인 시민, 참여하는 시민, 적극적인 행동을 보이는 시민일 것이다. 즉, 다문화교육은 이러한 세계시민성의 형성을 통해 세계의 다양한 문제해결에 기여하고 인류 평화에 공헌하는 데 매우 중요한 계기 및 기회가 될 것이다.

이상과 같은 내용을 바탕으로 다문화교육은 국가 및 사회, 개인요인의 변화 등에 의해 꼭 필요한 교육의 형태로 발전하고 있다. 지금까지 제안한 다문화교육의 필요성을 정리하여 제시하면 |그림 2-1|과 같다.

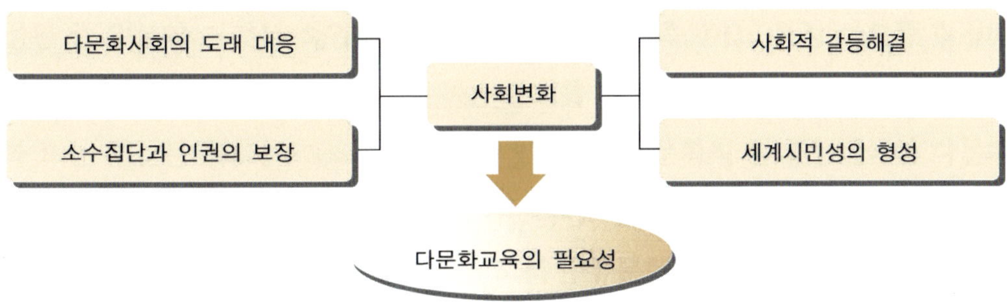

|그림 2-1| 다문화교육의 필요성

2) 다문화교육의 주요 쟁점

현재 논의되고 있는 다문화교육에서의 주요 쟁점 및 과제는 다문화교육이 지향해야 할 철학과 방향, 범위와 대상, 교수전략 및 효과 등이며, 이러한 다문화교육의 주요 쟁점을 제시하면 다음과 같다(박윤경, 2008; Araboglou, 1996).

첫째, 다문화교육의 철학과 방향에 대한 논쟁이다. 다문화교육의 철학은 용광로 철학과는 반대되는가, 다문화교육은 국가 고립 혹은 세계시민성을 증진시켜야 하는가 등과 관련된 논쟁이다. 또한 다문화교육과 관련하여 이념적 지향 논쟁이 있으며, 이는 동화주의와 문화다원주의 간에 첨예한 논쟁이 일어나고 있다. 둘째, 다문화교육의 대상과 범위에 대한 논쟁이다. 다문화교육의 대상에 대한 논쟁은 다문화교육이 소수자만을 위해 마련되어야 하는가, 다문화교육은 다종족 및 이중 언어교육으로 한정되어야 하는가 등이다. 다문화교육의 범위에 대한 논쟁은 다문화교육이 학교 교육과정에 포함되어야 하는가, 다문화교육은 교육과정 전반에 반영되어야 하는가, 다문화교육은 잠재적 교육과정과의 관련 속에서 논의되어야 하는가 등에 대한 논쟁이다. 셋째, 다문화교육의 전략과 효과에 대한 논쟁이다. 이는 교사들이 다문화교육에 적합한 특정 교수법을 사용해야 하는가, 다문화교육의 교육내용 및 목표상의 초점은 무엇인가, 다문화교육은 학생들의 학업성취에 효과적인가 등에 대한 논쟁이다. 넷째, 소수집단 학생들의 학업실패 원인에 대한 논쟁이다. 이는 학업실패의 원인이 문화결핍의 결과인가, 학업실패의 원인이 문화 차이의 결과인가 등에 대한 논쟁이다.

3. 다문화교육의 영역 및 유형

다문화교육의 주요 요소로는 첫째, 미국 민주주의 이상인 정의, 평등, 인권의 실현 관련 이데올로기이며, 둘째, 모든 학생들에게 동등한 교육기회를 제공하는 것을 목적으로 하는 교육개혁운동이며, 셋째, 민주주의적 이상, 학교 및 사회적 실제 간의 불일치에 대한 지속적인 개혁의 과정이다(Banks, 2008). Bennett(2011)은 다문화교육에 대한

개념을 좀 더 구체화하기 위한 노력의 일환으로 다문화교육의 개념에 입각한 영역을 제안하였다. 이에 대한 구체적인 내용을 제시하면 |그림 2-2|와 같다.

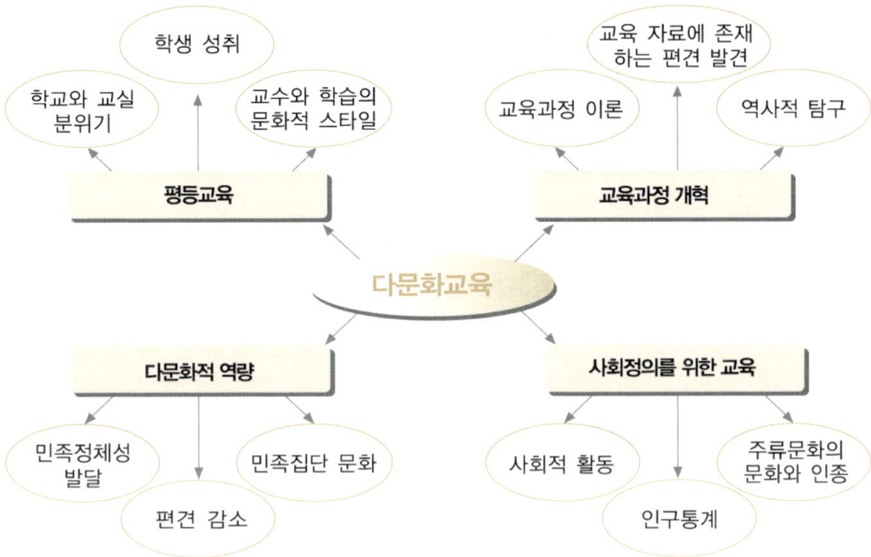

|그림 2-2| 다문화교육의 개념에 따른 영역

|그림 2-2|에서와 같이, 다문화교육의 개념적 틀에 나타난 다문화교육의 내용 및 영역으로는 평등교육, 교육과정 개혁, 다문화적 역량, 사회정의를 위한 교육 등의 네 가지로 구분할 수 있다. 이에 대한 구체적인 내용 및 영역을 살펴보면 다음과 같다.

첫째, 평등교육은 교사들이 긍정적인 교실을 만들고, 학생들의 학업성취를 위하여 문화적 스타일(cultural style)을 고려하도록 하는 것이다. 평등교육은 모든 국가의 아동과 청소년, 특히 소수민족집단과 경제적으로 어려운 상황에 놓여 있는 학생들을 위해 공정하고 균등한 교육기회 제공을 목적으로 하고 있다. 평등교육은 전체적인 학교환경, 특히 학생들의 학습뿐만 아니라 능력별 집단화, 수업전략 및 교육실천 과정에서 학생들에 대한 교사의 기대에서 잠재적 교육과정을 개혁하려는 것을 시도한다. 또한 매년 수많은 학생들이 학교에 가지만 언어 사용의 한계로 학교생활에 어려움을 겪고 있다. 이는 이주민이나 이민자 자녀들에게 언어교육 지원책이 요청됨을 의미한다. 평등교육의 하위요소로는 학교와 교실분위기, 학생 성취 및 교수·학습의 문화적 스타일 등을

들 수 있다.

둘째, 교육과정 개혁은 교육과정 연구를 통하여 전통적인 교육과정을 개혁해야 할 것을 강조하고 있다. 교육과정 개혁은 다양한 민족적 관점과 글로벌 관점을 포함시켜 전통적인 교육내용을 더 확대하려는 것이다. 이를 위해서는 능동적인 탐구자세로 국가와 민족집단의 문화적 차이와 역사 등에 대한 새로운 지식과 이해력을 높일 필요가 있다. 교육과정 개혁의 하위요소로는 교육과정 이론, 교재, 매체 및 교육 자료에 포함된 편견 찾기 등을 들 수 있다.

셋째, 다문화적 역량이란 인종적으로나 문화적으로 자신과는 다른 학생, 가족 및 교사들과 편안한 마음으로 상호작용을 잘할 수 있는 능력을 말한다. 여기서 중요한 것은 국가 간, 국가 내, 그리고 학급 내의 문화적 다양성과 상호작용하기 위하여 이해하고 학습하는 것이다. 가령, 다문화적 역량을 갖춘 사람은 인지적·정의적·행동적 특성이 어떠한 하나의 문화를 뛰어넘어서 성장하고자 하는 사람이다. 따라서 다문화 역량을 개발하는 이러한 과정이 다문화교육의 주요 목적이다. 이것은 학생들이 자신의 문화적 정체성을 유지하도록 하는 것이다. 다문화적 역량의 하위요소로는 민족정체성 발달, 편견 감소 및 민족집단 문화 등을 들 수 있다.

넷째, 사회정의를 위한 교육은 불평등한 사회구조, 인종에 대한 이미지·문화·계급·젠더, 그리고 지역적으로, 글로벌적으로 더 큰 사회적 평등을 가져오는 사회적 행동에 관심을 갖는 것이다. 사회정의에 대해 가르친다는 것은 인종차별주의, 성차별주의 및 계급차별주의에 저항하고 적절한 이해, 태도와 사회적 행동 기술을 발달시키려는 것이다. 사회정의 교육은 인종, 문화와 젠더뿐만 아니라 다른 정체성 집단과 관련된 고정관념을 없애려는 것이다. 사회정의 교육의 하위요소로는 사회적 행동, 인구통계 및 대중문화 속의 문화와 인종 등을 들 수 있다.

이상에서 볼 때, 다문화교육의 영역은 평등교육, 교육과정 개혁, 다문화적 역량, 사회정의를 위한 교육 등이며, 이 다문화교육은 교육철학이면서 교육개혁운동으로서 평등교육의 목표를 달성하기 위해 교육과정 개혁을 통한 학교 및 사회개혁을 실현하려는 교육이다. 지금까지 살펴본 다문화교육의 영역에 대한 구체적인 내용을 정리하여 제시하면 <표 2-2>와 같다.

<표 2-2> 다문화교육의 영역에 대한 구체적인 내용

영 역	하위영역	구체적인 내용
평등교육	학교와 교실 분위기	• 학생에게 긍정적 및 부정적 영향력을 미치는 학교나 교실의 조건 • 보호·존중·신뢰·촉진적 학습에 기초한 긍정적인 교사-학생(학생-학생) 관계
	학생 성취	• 역사적으로 학교에서 결핍된 조건을 가진 아동을 성공시킨 교사 • 문화 혹은 언어가 다른 학생이나 가정과 상호작용하는 교사의 의사소통 과정
	교수와 학습의 문화적 스타일	• 교사가 이해해야 하는 민족성의 양상/ 특성을 탐구하는 것 • 언어적/ 비언어적 상호작용, 참여 분위기, 시공간·사회적 가치, 가치 있는 지식의 유형, 선호하는 학습 유형 등
교육과정 개혁	교육과정 이론	• 개념 및 원리와 관련된 다문화교육의 본질과 다문화교육 프로그램에 대한 분석
	교육 자료에 존재하는 편견 발견	• 교육과정과 교재의 편견 및 오류 • 교재에 대한 내용분석, 이주국가 관련 문학에 대한 조명
	역사적 탐구	• 인종, 민족성, 문화, 계층, 성 등을 통해 학문/ 원리의 역사를 다양한 관점에서 재인식하는 것 • 학문적 지식에 대한 변형
다문화적 역량	민족정체성 발달	• 민족정체성-자신이 속한 문화집단과 연계된 개인적 감정의 수준 • 다른 인종 혹은 문화집단에 대한 편견이나 개방성의 상대적 수준 • 문화적 및 인종적으로 다양한 교실에서의 교수·학습에 시사점 제공
	편견 감소	• 모든 타입의 편견(인종적·문화적 내용 포함) 감소/ 제거 • 편견 : 근거 없는 혹은 잘못된 정보에 기초한 무의식적인 판단이나 믿음에 기초한 태도
	민족집단 문화	• 자신의 문화에 대한 의식 발달에 도움이 되는 다른 문화권의 유물, 행동의 기준, 세계관, 사회적 가치, 신뢰체제에 대한 변동성 있는 체제 • 인류학 연구(가족사에 대한 지식), 삶에 대한 연구
사회 정의를 위한 교육	사회적 활동	• 집, 학교, 공동체, 주, 국가, 세계적 맥락에서 불공정성과 불법(부정)을 시정하여 변화를 가능케 하는 개인 혹은 집단적 노력
	인구통계	• 대중 트렌드(통계적 프로파일, 성·민족집단·사회경제적 지위에 의해 계층화된 교육/ 사회경제적 성취의 트렌드) • 고등학교 졸업률/ 퇴학률, 교과별 학교성취도, 대학 입학 및 졸업률, 학교 인종차별 트렌드 및 취업률, 가정의 사용 언어, 건강지원 시설, 결혼/ 이혼 / 출생률
	주류문화의 문화와 인종	• 주류문화(대중문화) 연구와 사회활동 교육과정 등의 사회적인 초점을 갖고 있음(고정관념, 의도적 생략, 불공정성을 탐지할 수 있는 내용분석)

출처 : 장인실 외(2013). 다문화교육의 이해와 실천.

그 다음으로 다문화교육의 영역을 고려한 유형을 제시하면, 먼저 Gibson의 유형으로서, Gibson(1996)은 다문화교육의 유형을 소수집단 학생교육, 문화 차이 이해교육, 문화다원주의 교육, 두 문화교육, 일상적인 인간 경험으로서의 다문화교육 등의 다섯 가지를 제안하였다. 이에 대한 구체적인 내용을 정리하여 제시하면 <표 2-3>과 같다(신재한 외, 2014).

<표 2-3> Gibson이 제안한 다문화교육의 유형 및 주요 내용

유 형	주요 내용
소수집단 학생교육	• 소수집단 학생들에게 동등한 학습기회 제공 • 소수집단 학생들이 주류집단의 문화가 지배하는 학교에서 겪는 어려움에 관심 • 소수집단 학생들과 가정을 변화시키기보다 학교문화 개선에 초점 • 소수집단 학생들의 학업성취 향상
문화 차이 이해교육	• 모든 학생들에게 문화 차이와 다양성의 가치교육 • 주류집단으로의 동화와 소수집단의 분리에 반대 • 인종차별, 편견 감소 및 사회정의 증진에 기여 • 다수집단과 소수집단에 속한 모든 학생 대상 • 문화 차이 이해, 다양성 존중, 차별과 편견 감소
문화다원주의 교육	• 소수집단 학생들의 권한 강화 및 문화다원주의 보존, 확장 • 한 사회 내에서 문화 다양성을 유지하는 것은 특정 소수집단의 생존을 위해 필수 • 소수집단의 문화보호 및 권한증대 • 주류집단 구성원 권한의 약화 및 변화
두 문화교육	• 학생들이 두 문화 속에서 성공적으로 생활하도록 교육 • 동화 및 융합의 관점에 반대 • 소수집단 학생과 주류집단 학생에게 적용 • 모든 학생들을 대상으로 자신이 속한 문화와 그 외의 문화 속에서 성공적으로 살아갈 수 있는 능력 배양
일상적인 인간 경험으로서의 다문화교육	• 모든 사회구성원들에게 한 사회의 다양한 문화를 충분히 누릴 수 있는 역량강화 • 종족 정체성에 따라 획일화하지 않고 다른 종족집단 학생들 사이의 차이점과 유사성 탐색 • 소수문화와 주류문화의 이분화된 도식에 반대 • 모든 학생들이 자신이 발휘할 수 있는 문화적 역량의 범위인식 및 문화 다양성을 충분히 누릴 수 있도록 돕기

또 다른 다문화교육의 유형은 Sleeter와 Grant의 유형으로서, Sleeter와 Grant(2007)는 다문화교육의 유형을 소수집단 학생들을 위한 교육, 인간관계 접근법, 단일집단 접근법, 다문화교육, 다문화사회 정의교육 등의 다섯 가지로 제안하였다. 이에 대한 구체적인 내용을 정리하여 제시하면 <표 2-4>와 같다.

<표 2-4> Sleeter와 Grant의 다문화교육의 유형 및 주요 내용

유 형	주요 내용
소수집단 학생들을 위한 교육	• 능력 및 인종, 종족 특성이 다른 소수집단 학생들이 주류사회에서 효과적으로 성공할 수 있도록 돕기 • 소수집단 학생들이 가정문화와 학교문화 차이로 인해 학교에서 어려움을 겪고 있기 때문에 학교가 문화적 차이를 수용 • 소수집단 학생들에게 주류집단 학생들과 동일한 인지적 기능과 지식 교육 • 소수집단 학생들의 문화적 차이를 반영한 교수방법 사용
인간관계 접근법	• 모든 학생들을 대상으로 소수집단에 대한 편견과 고정관념을 감소시키고 이질집단 학생들 사이의 긍정적 감정 증진 • 모든 학생들에 대한 긍정적인 감정, 집단 정체성 증진, 소수집단 학생들의 자부심, 고정관념 감소, 편견과 차별의 제거와 관련된 교육활동에 초점 • 개인 간 차이와 유사성, 다양한 집단의 사회적 기여, 소수집단에 대한 정확한 정보 등 교육 • 타자에 대한 수용을 돕기 위한 협동학습, 역할놀이, 직접 및 간접경험을 활용하여 정의적 영역의 변화 강조
단일집단 접근법	• 소수집단 학생들이 자신의 집단을 존중하고 사회적 지위를 향상시키는 데 필요한 지식과 신념 획득 • 소수집단을 다수집단에 적응시키기보다 주류사회 변화 강조 • 토론 및 자기성찰의 방법을 통해 주류집단의 시각과 다른 소수집단의 관점에서 현상을 인식할 기회 제공
다문화교육	• 학교가 다양성을 수용하고 학생들에게 동등한 교육기회 제공 • 인종, 언어, 문화, 성, 장애, 사회계층 등과 관련된 교육 • 억압받는 집단에 대한 편견과 차별 감소, 모든 집단의 동등한 기회 보장, 사회정의를 위한 행동, 집단 간 동등한 권력 분배, 모든 학생들에게 도움이 되는 방향으로 학교 교육과정 개선 • 학교교육 전반에 있어서 다양성 반영
다문화사회 정의교육	• 학생들이 인종, 계층, 성, 능력 등에서 소수집단에 속한 사람들의 이익을 위해 사회적 행동에 참여하도록 준비 • 억압 및 사회 구조적 불평등에 대한 문제를 직접적인 교육내용으로 교육 • 다문화교육 접근법을 사회적 행동의 차원으로 확장

또한 Banks(2008)는 다문화교육의 범위 및 유형에 대해 관련 저서를 분석하여 크게 다섯 가지로 제안하였으며, 그 내용은 내용 통합, 지식구성 과정, 편견 감소, 평등교육, 학교문화와 조직 등이다. 구체적인 내용은 다음과 같다. 첫째, 내용 통합(content integration)으로서, 내용 통합은 교사들이 자신의 교과에 나오는 주요 내용을 가르치기 위해서 다양한 문화 및 집단에서 자료와 정보를 가져와 활용하는 정도를 의미한다. 둘째, 지식구성 과정(knowledge construction process)으로서, 지식구성 과정이란 학자들이 지식을 창조하는 절차를 의미하며, 특정 학문 영역의 암묵적인 문화적 가정, 준거 틀, 관점, 편견 등이 해당 학문 분야에서 지식이 형성되는 과정에 어떠한 영향을 미치는지에 대한 내용을 의미한다. 셋째, 편견 감소(prejudge reduction)로서, 편견 감소란 학생들이 보다 긍정적인 인종적·민족적 태도를 습득할 수 있도록 하는 데 활용될 수 있는 전략을 의미한다. 이는 1960년대부터 미국의 사회과학자들이 학생들의 인종적 태도가 어떻게 형성되며, 교사들은 학생들이 타 인종집단에 대하여 보다 긍정적이고 관용적인 감정을 지닐 수 있도록 하는 교육적 장치를 어떻게 설계할 것인가에 대해서 연구를 수행해 왔다. 넷째, 평등교육(equity pedagogy)으로서, 평등교육 차원의 공평한 교수법이란 교사가 다양한 인종, 사회계층 집단 학생들의 학업성취도를 향상시키기 위하여 사용하는 기법과 교수법을 통칭한 것이다. 다섯째, 학교문화와 조직(empowering school culture)으로서, 학교문화와 조직이란 다양한 인종, 민족, 언어, 사회계층 집단 학생들이 교육적 평등을 경험하도록 학교의 문화와 구조를 재구성하는 과정이라 볼 수 있다.

4. 다문화교육의 운영 현황

1990년대 이후 국제결혼 이주자, 외국인 근로자, 유학생 등이 증가하면서 단일민족이라 여기던 우리나라 사회도 인구 구성이 다양해지고 다양한 문화가 공존하게 되었다. 특히 국제결혼으로 인한 자녀의 출산으로 초등학교에서 다문화가정의 학생 수가 증가하고 있는 추세이다. 국제결혼이 빈번한 농촌지역뿐만 아니라 대도시의 학교에서도 다문화가정의 학생을 볼 수 있다. 위와 같은 사회・환경적 변화에 발맞추어 학교에서도 다양한 인종과 문화가 공존하는 사회 속에서 살아가야 하는 학생들을 위해 다문화교육의 필요성이 대두되고 있다(신재한 외, 2014).

다문화교육은 다양한 인종뿐만 아니라 민족, 사회적 지위, 언어, 성별, 종교 등과 같이 서로 다른 집단의 문화를 존중하여 가치롭게 인식하고, 학생들이 자신이 속해 있지 않은 다른 문화를 올바르게 이해하도록 하기 위한 지식, 태도, 가치교육 등을 제공하는 것이다(장인실, 2006).

교육과학기술부는 다문화교육의 지속적인 운영을 위해 2006년 5월 '다문화가정 자녀 교육지원 대책'을 수립하였고, 이를 계기로 학교에서 다문화교육이 이루어질 수 있도록 '교사용 지도 보완자료'를 발간・배포하고 시범학교를 운영하였다. 또한 시・도 교육청과 함께 그동안의 정책연구를 바탕으로 "다문화가정 학생 교육 지원방안(교육과학기술부, 2008)"을 마련하였다.

시대적 상황에서 점차 강조되고 있는 다문화교육은 제7차 교육과정을 수정・보완한 2007년 개정 교육과정에서는 35개에 이르는 범교과 학습주제 중 하나로 제시되어 있다(교육인적자원부, 2007). 아울러 교과서도 다문화 인권을 강조하는 교과서로 개정하는 방안을 제시하였고, 다문화 이해교육의 강화를 위해 사회, 도덕 등의 교과와 개정 교육과정에서 타문화 이해와 존중, 편견극복 및 관용을 위한 성취목표가 반영(2007년 2월 고시)되었다.

하지만 초등학교의 즐거운 생활 과목에서 다문화교육과 관련한 지도 중점으로 '다문화가정의 다양한 놀이와 춤, 활동을 제시하여 소외된 학생들의 사기를 진작시킨다'를 제시하고 있다. 이는 여전히 학생들에게 다문화교육을 외국인 근로자나 국제결혼 자녀들에 대한 관용적 태도를 길러주기 위한 교육으로 인식하고 있음을 보여준다고 할 수 있다(양영자, 2008).

2009년 개정 교육과정에서 다문화교육 관련 내용은 2007년 개정 교육과정에 비해 다문화교육에 대한 관심의 폭이 커졌고 중요성도 강조하고 있지만 국내 다문화교육 관련 교육활동과 교육정책 등을 살펴보면, 다문화교육을 단순히 다문화가정 자녀를 대상으로 하는 한국어교육, 한국문화교육, 한국적응 교육에 바탕을 두고 행사 위주의 교육이 이루어지는 경향이 있다. 교과서 속에서도 다른 나라 미술작품 감상하기, 외국곡 익히기, 지구촌의 의미 알아보기, 외국 친구에게 편지쓰기 등 다른 나라의 문화를 소개하는 내용으로 구성되어 있다.

현재 각 시·도 교육청 홈페이지에는 다문화교육센터, 다문화교육, 다문화 홈페이지 등의 다양한 이름으로 다문화교육 관련 메뉴를 운영하거나 다문화 관련 홈페이지를 링크시켜 두고 있다. 대전광역시교육청의 경우, 지역 대학교와 연계해 다문화교육센터를 운영하고 있다. 이는 학교에서 다문화교육이 이루어지기 위한 긍정적인 현상으로 볼 수 있지만, 실제 운영되고 있는 사이트들은 다문화교육 관련 자료를 회원들이 탑재하여 공유하는 정보공유의 장으로 활용되고 있어 체계적인 관리와 운영이 필요할 것이다.

한편 다문화 연구학교와 일반학교의 교육과정 재구성 실태, 운영 사례 분석(문미숙·박창언, 2009; 박재의, 2009) 등 현재 다문화교육의 운영실태 파악을 위한 연구가 이루어지고 있다. 위 선행연구를 분석하여 현재 이루어지고 있는 다문화교육의 운영 현황을 개념, 대상 및 내용 측면에서 제시하면 다음과 같다.

1) 다문화교육의 개념

다문화교육과 유사한 개념들로 다양한 문화집단 간 이해교육, 국제이해교육, 다민족교육, 반편견교육 등이 있다. 이들은 서로 연관되어 있으면서도 강조점이 조금씩 다르다. 현재 연구학교에서는 다문화교육을 명확하게 개념화하지 못한 채, 위에서 제시한 유사한 여러 가지 개념을 혼합하여 사용하고 있다. 대부분의 연구학교에서는 다문화교육과 국제이해교육을 동일한 것으로 보고 있으며, 문화다원주의자 관점을 취하고 있다. 상대적으로 일반학교에서는 동화주의자 관점을 가지고 있다.

2) 다문화교육의 교육대상

2007년 교육인적자원부 초등학생용 '교과서 보완 지도자료'에서는 다문화사회를 위한 외국인 정책에서 질 높은 사회 통합을 위해 ① 다문화에 대한 이해 증진, ② 결혼이민자의 안정적 정착, ③ 이민자 2세의 건강한 성장환경 조성, ④ 동포의 역량발휘를 위한 환경 조성전략 비전 등을 제시하고 있다. 각 항목의 영역은 다문화교육의 대상을 결혼이민자, 이민자 2세, 일반 학생 등 다양하게 규정하고 있다.

실제 학교에서의 다문화 교육대상은 일반 학생과 다문화가정 자녀들, 다문화가정 자녀의 학부모 등을 모두 포함하고 있다. 연구학교에서는 국제결혼자와 그 자녀 및 외국인 근로자 자녀를 우선적으로 고려하고 있으며, 일반학교에서도 다문화가정 학생들을 대상으로 하는 교육이 주를 이루고 있다(박재의, 2009). 이는 다문화교육의 대상을 다양하게 규정하고 있지만, 실제로는 국제결혼 자녀를 주요 교육대상으로 하고 있음을 알 수 있다.

3) 다문화교육의 교육내용

다문화교육 내용은 크게 소수자 적응교육, 소수자 정체성교육, 소수자 공동체교육, 다수자 대상의 소수자 이해교육 등의 네 가지 차원으로 구분할 수 있으며, 이에 대한 구체적인 내용은 <표 2-5>와 같다.

<표 2-5> 다문화교육 내용의 차원 및 주요 내용

차 원	주요 내용
소수자 적응교육	• 동화주의자 관점에 기초함 • 소수자의 주류사회로의 동화에 초점을 둠 • 기초학습능력, 한글능력 향상, 한국문화 이해에 관심
소수자 정체성교육	• 다문화주의자의 관점에 기초함 • 소수자의 정체성 함양에 초점을 둠 • 소수자의 고유한 특성을 인정함
소수자 공동체교육	• 소수자의 정서적 지지를 위한 정서적 지원망 확보에 초점을 둠 • 소수인종 문화집단 간, 소수집단 내의 갈등발생 시 갈등을 경감, 사고의 지평 확대에 초점을 둠
다수자 대상의 소수자 이해교육	• 다수자를 대상으로 소수자에 대한 차별과 편견의식을 극복하는 데 초점을 둠

(1) 소수자 적응교육

소수자 적응교육은 주류사회가 새로운 이주자를 받아들이는 첫 단계에서 사회통합을 위해 보편적으로 행해지는 교육으로 학교에서 가장 많이 행해지는 교육 모델이다. 결혼이민자, 국제결혼 자녀와 같이 소수자들이 한국문화에 잘 적응하도록 하여 사회적 통합성을 유지하도록 하기 위한 내용을 포함하고 있다. 일반적인 교육내용은 기초학습능력, 한글능력 향상, 한국 전통음식 요리, 한국 예절, 한국 전통문화 등에 관한 내용 및 학교생활 적응 방안이다.

(2) 소수자 정체성교육

소수자 정체성교육은 소수자의 정체성 함양에 초점을 둔다. 언어를 정체성 형성의 중요한 요소로 보며, 소수자들을 새로운 가능성을 지닌 존재로 평가하여 한국에 적응하도록 강요하기보다는 한국어와 소수자 출신국가 언어를 모두 가르치는 이중 언어 교육을 장려한다. 또한 소수자 출신국가의 문화를 가르치는 것도 주요 교육내용으로 한다.

(3) 소수자 공동체교육

소수자 공동체교육은 문화적 소수자와 다수자 사이의 바람직한 관계 형성에 초점을 둔다. 이는 소수자와 다수자뿐만 아니라 다양한 문화적 소수자들 간의 관계맺음을 위해서도 매우 중요하다. 따라서 한국사회라는 공통적인 공간에서 더불어 살아가는 소수자 공동체들 간에도 타문화를 문화상대주의적 태도로 바라보며 상호 존중하고 인정할 수 있도록 하는 것을 주요 교육내용으로 한다.

(4) 다수자 대상의 소수자 이해교육

다수자를 대상으로 하는 소수자 이해교육은 소수자에 대한 차별과 편견의식을 극복하고 인종, 계층, 성, 종교, 언어, 거주지 등의 다양성을 존중하는 교육을 하는 데 초점을 둔다. 다문화사회에서 함께 어울려 살아가기 위해서는 다수자나 소수자 어느 한쪽의 노력만으로 되는 것은 아니다. 소수자는 소수자로서 적응과 통합을 위해 노력해야 하고, 다수자는 다수자로서 인정과 포용을 위해 노력해야 한다. 즉, 다문화사회에서의 교육은 소수자에게만 필요한 것이 아니라 다수자에게도 중요하다.

제 3 장

다문화 역량과 다문화 교수 역량

1. 다문화 역량의 의미 및 구성요소
2. 다문화 교수 역량의 의미 및 구성요소
3. 다문화교육과 다문화 교수 역량

제 03 장

다문화 역량과 다문화 교수 역량

1. 다문화 역량의 의미 및 구성요소

사전적인 의미에서의 역량은 '적절하거나 뛰어난 자격을 갖추거나 일을 해낼 수 있는 능력'을 의미하며, ability, capacity, capability, competence, competency 등 다양한 단어로 사용되고 있다(네이버지식백과사전, 2024). 하지만 본 교재에서는 역량을 전체적인 관점에서 조직성과를 효율적으로 달성하는 데 필요한 개인의 능력에 초점을 두고 있는 competency라고 정의하였다.

White(1959)는 역량이란 환경과 효과적으로 상호작용할 수 있는 능력이라고 정의함으로써 역량의 개념을 처음 사용하였다. 이후 McClelland(1973)는 지능보다는 역량을 위한 측정을 강조함으로써 역량의 개념을 더욱 발전시켰다. 즉, 효과적인 직무수행을 위해서는 개인의 행동특성이 전통적인 지식과 적성검사보다 더 유용하다고 주장하였다. 이를 토대로 역량이란 사람들의 생활에서 성과와 관련된 심리적 혹은 행동특성이라 하였다. OECD(2003)의 DeSeCo 프로젝트에 의하면, 미래사회의 사람들이 갖추어야 할 핵심역량으로서 도구의 상호작용적 활용 능력, 이질집단에서의 상호작용 및 자율적 행동을 들었다. 또한 Spencer와 Spencer(1993)는 "역량이란 특정한 상황이나 직무에서 준거에 따라 효과적이고 우수하게 수행할 수 있는 개인 내적인 특성으로 지식과 기술, 자기개념, 특질과 동기 등을 의미한다"라고 제안하였다.

이와 같이 역량이란 자신이 수행하는 업무에 대해 탁월하고 뛰어난 결과를 내는 전문적 특성을 가지고 효과적으로 아동과 의사소통하는 지식, 기술, 태도 등과 관련된 능력을 의미한다. 더 나아가 이러한 역량은 조직의 변화를 지원하고 상황에 잘 대응하며,

많은 성과에 초점을 두고, 지속적인 육성 및 개발이 되는 동시에 관찰과 측정이 가능하도록 하는 능력이다.

이러한 역량을 바탕으로 다문화사회에서 요구하는 문화적 역량이란 문화적 차이를 받아들이고 존중하고, 문화에 대해 지속적으로 자가 진단하며, 차이의 역동성에 관심을 가지고, 소수 개체집단의 필요를 충족시킬 수 있는 융통성, 자원, 문화지식을 지속적으로 개발하는 것이다(Cross et al., 1989). 또한 Brach와 Fraser(2000)는 다문화적 상황에서 다른 문화적 관점을 존중하고 문화적 지식을 가지기 위한 문화적 자각과 문화적 민감성을 넘어서 확장된 개념으로 보았으며, Lynch(2000)는 문화적 역량을 승인하고 존중하는 방식으로 생각하고 느끼고 행동할 수 있는 능력이라고 제안하였다.

이러한 관점에서의 다문화 역량은 다양한 문화적 배경의 사람들과 효과적인 상호작용을 가능하게 하는 역량이며, 열린 마음으로 이해하기 위한 기술과 태도를 포함하는 능력이다(이병준 외, 2009). 한현우와 이병준(2011)은 다문화 역량을 "일반적으로 문화적 차이에 대해 이성적이고 정서적으로 이해와 공감하는 능력"으로 정의하였으며, 그 다문화 역량의 하위영역인 생애핵심역량으로서 다문화 역량, 직업기초역량으로서 다문화 역량, 문화적 역량으로서 다문화 역량 등을 제안하였다.

다문화 역량이란 무엇인가에 대한 답을 구하기 위해서 여러 학자들이 제시하는 여러 분야에서의 다문화 역량의 하위요인을 살펴보면, 김정효(2011) 및 윤갑정과 김미정(2010)은 다문화 역량의 하위요인으로 다문화 지식, 태도, 기술 등을 제안하였으며, 박명희와 김경식(2012)은 다문화 기술, 인식, 태도 등으로, 이상희(2013)는 초등교사의 다문화교육역량지표 개발 연구에서 다문화 역량의 하위요인으로 다문화 지식, 기술, 태도 등으로 제안하였다. 또한 Bacote(1998)는 다문화 역량의 하위요인으로 문화적 욕구, 문화적 만남, 문화적 지식, 문화적 자각 등으로, Brown(2004)은 지식, 태도, 이해 등으로, McPhatter(1997)는 고양된 의식, 근거에 기반한 지식, 경험적 기술 전문성 등의 세 가지로 제안하였다. 이상과 같은 중등학교 교사의 다문화 역량의 하위요인을 비교·분석하여 제시하면 <표 3-1>과 같다.

<표 3-1> 다문화 역량의 하위요인 추출

연구자 \ 하위요인	기술	만남	욕구	이해	인식	자각	지식	태도	효능감
김정효(2011)	○						○	○	
모경환(2009)					○				○
박명희・김경식(2012)	○				○			○	
박미경(2012)	○						○	○	
박정희(2014)	○				○		○		
원진숙(2012)	○				○		○		
윤갑정・김미정(2010)	○						○	○	
이경선(2012)	○						○	○	
이병준 외(2009)	○							○	
이상희(2013)	○						○	○	
정성진(2012)	○						○	○	
최현정(2011)	○						○	○	
Bacote(1998)		○	○			○	○		
Brown(2004)				○			○	○	
Gordon(2001)	○				○		○		
McPhatter(1997)	○				○		○		
Milner(2006)	○						○	○	
Mushi(2004)	○						○	○	
Saldana(2001)	○						○	○	
Spanierman 외(2011)					○		○		
Sue(2001)	○				○		○		
계	17	1	1	1	8	1	18	13	1

출처 : 이기용(2015). 중등학교 교사의 다문화 역량 척도 개발에 관한 연구를 수정・보완하였음.

<표 3-1>에서와 같이, 많은 연구자들이 활용한 다문화 역량의 하위요인은 적어도 10개 이상인 하위요인을 선정하였다. 이상에서 볼 때, 중등학교 교사가 갖추어야 할 다문화 역량은 다양한 문화적 배경을 가진 사람들을 공감하고 이해하는 능력이며, 이는 다양한 인종적·민족적 배경을 가진 사람들과 상호작용하기 위한 지식, 기술 및 태도 등이 포함된 능력이다. 이러한 다문화 역량을 구성하는 하위요인들은 다문화 지식(multicultural knowledge), 다문화 기술(multicultural skills), 다문화 태도(multicultural attitudes) 등이다.

다문화 역량의 구성요소 내지는 하위요인으로 다문화 지식, 기술, 태도 등과 관련된 하위내용을 보면, 먼저 이경선(2012)은 델파이 조사를 통한 유아교사의 다문화 역량의 중요도 연구를 수행하였는데, 이 연구에서 다문화 역량의 하위요인으로 다문화 지식, 기술, 태도 등을 제시하였다. 구체적인 하위요인별 구성요소를 보면, 다문화 지식에는 다문화가정의 상황에 대한 지식, 다문화가정의 문화적 환경에 대한 지식, 다문화의 개념 및 다문화교육의 가치에 대한 지식, 다문화교육 내용에 대한 이해, 다문화정책 및 제도에 관한 지식, 한국문화 관련 지식, 아동인권 관련 지식 등이 있고, 다문화 기술에는 다문화가정 부모와의 의사소통 기술, 다문화가정 유아에게 정서적 지원하기, 다문화가정 부모교육 및 부모참여 유도 기술, 다문화가정 부모와의 상담 능력, 갈등해결 능력, 지역사회와 다문화가정 부모를 연결하는 허브 역할, 다문화교육을 위한 교수 기술 등이 있으며, 다문화 태도에는 다문화가정 부모와 협력관계 형성하기, 타문화에 대한 존중과 수용적 태도, 다문화가정 유아에 대한 이해, 인권에 대한 감수성, 편견에 대한 자기반성과 자기성찰, 새로운 문화에 대해 배울 의지 등이 있다.

또한 이상희(2013)는 초등교사의 다문화교육역량지표 개발 및 타당화 연구에서 다문화 역량의 하위요인으로 다문화 지식, 기술, 태도 등을 제시하였으며, 전문가 집단을 활용한 델파이조사를 수행하여 다문화교육역량의 우선순위를 설정하였다. 그 결과로서 다문화 지식의 구성요인은 다문화 학생과 관련한 교육정책 지식, 다문화교육의 이론과 목표체계 지식, 다양한 민족집단의 역사와 문화 지식, 다문화 관련 지원, 다문화 학생들의 특성과 문화적 배경, 소수집단의 경험이 학습에 미치는 영향, 다양한 의사소통 양식 이해 지식 등이고, 다문화 기술의 구성요소는 다문화 학생을 위한 특별교육과정 운영, 소수집단의 문화적 경험 인식에 대한 교실활동 계획, 고정관념 및 편견 타파 상호 이해 기술, 문화적 특징에 맞는 수업방법 사용, 다문화 환경을 고려한 수업내용 선정, 다문화적 체험이나 활동 활용, 다문화 학생을 위한 대안적 평가방법 활용, 한국어 프로그램 운영 등이며, 다문화 태도의 구성요소는 다문화교육을 위한 전문가 의견 수렴이다.

윤갑정과 김미정(2010)의 연구에서는 다문화시대 교사에게 요구되는 다문화적 역량의 구성요소를 도출하기 위하여 다문화가정 학생을 교육한 경험이 있는 교사와 관련 전문가들을 대상으로 심층 면담한 결과를 제시하였는데, 그 내용은 다음과 같다. 첫째, 다문화교육을 실시하기 전 교사들은 다문화교육의 개념과 그 필요성에 대한 지식을 가질 필요가 있다. 둘째, 다문화가정 자녀를 이해하기 위해서는 국내 다문화가정 이주에 대한 역사적 지식과 각 나라 문화적 특성에 대한 지식이 있어야 한다. 셋째, 문화적으로 역량 있는 교사는 다문화가정 자녀를 다른 문화적 배경을 가진 존재로 접근하기보다 한국 학생들과 동일한 권리와 목소리를 가진 존재로 볼 수 있어야 한다. 넷째, 교사의 문화적 역량의 지식, 태도, 기술 중 가장 중요한 것은 태도이며, 이것은 인간에 대한 감수성이며 나아가 타문화에 대한 포용력과 수용적 태도이다. 다섯째, 교사는 문화적으로 역량 있게 되기 위해 끊임없는 반성과 자기성찰이 필요하며, 동시에 새로운 문화를 배울 용기를 가지고 있어야 한다. 여섯째, 교사는 다문화가정 아동을 보다 잘 이해하기 위해 이들과의 긍정적인 의사소통을 할 수 있는 기술이 필요하며, 이것은 반영적 경청과 공감이 될 수 있다. 일곱째, 부모들과의 협력관계 형성을 위해 교사는 이들의 입장에서 이해하고 부모와의 의사소통 및 부모교육과 상담을 할 수 있는 기술이 요구된다. 여덟째, 지역사회와 부모를 연결할 수 있는 허브 역할을 담당하는 교사가 문화적으로 역량 있는 교사이다. 마지막으로, 다문화교육을 위해 교사 자신이 가진 지식과 경험뿐만 아니라 다문화가정 아동의 문화적 특성을 교수활동에 적용하는 실천적 능력이 요구된다.

이 연구에서 다문화 역량의 하위영역으로 다문화 지식, 기술, 태도 등을 제시하였다. 즉, 다문화 지식에는 다문화의 개념 및 다문화교육의 가치에 대한 지식, 국내 다문화가정의 이주에 대한 역사적 지식, 다문화가정의 문화적 환경에 대한 지식, 한국문화에 대한 지식, 아동인권에 대한 지식 등이 포함되고, 다문화 기술에는 아동에게 정서적 지원하기, 부모와의 의사소통 기술, 부모교육 및 부모참여 유도 기술, 지역사회와 부모를 연결하는 허브 역할 하기, 다문화교육을 위한 교수 기술 등이 포함되며, 다문화 태도에는 포용력과 수용적 태도, 인권에 대한 감수성, 자기반성과 자기성찰, 새로운 문화에 대해 배울 용기, 부모와 협력관계 형성하기 등이 포함된다(윤갑정 · 김미정, 2010).

이와 같이, 윤갑정과 김미정(2010), 이경선(2012) 및 이상희(2013) 등이 제시한 하위요인별 구성요소를 비교 · 분석한 후, 다문화 역량의 하위요인 및 구성요인별에 따른 설문문항의 구성요소를 추출하였다. 이에 대한 구체적인 내용을 제시하면 <표 3-2>와 같다.

<표 3-2> 다문화 역량의 하위요인별 구성요소 추출

하위요인	하위요인별 구성요소			설문문항의 구성요소
	윤갑정 · 김미정(2010)	이경선(2012)	이상희(2013)	
지 식	• 다문화의 개념 및 다문화교육의 가치에 대한 지식 • 국내 다문화가정의 이주에 대한 역사적 지식 • 다문화가정의 문화적 환경에 대한 지식 • 한국문화에 대한 지식 • 아동인권에 대한 지식	• 다문화가정의 상황에 대한 지식 • 다문화가정의 문화적 환경에 대한 지식 • 다문화의 개념 및 다문화교육의 가치에 대한 지식 • 다문화교육 내용에 대한 이해 • 다문화정책 및 제도에 관한 지식 • 한국문화 관련 지식 • 아동인권 관련 지식	• 다문화 학생과 관련한 교육정책 지식 • 다문화교육의 이론과 목표체계 지식 • 다양한 민족집단의 역사와 문화 지식 • 다문화 관련 지원 • 다문화 학생들의 특성과 문화적 배경 • 소수집단의 경험이 학습에 미치는 영향 • 다양한 의사소통 양식 이해 지식	• 다문화에 대한 지식 • 다문화사회에 대한 지식 • 다문화교육의 가치(목적) 관련 지식 • 다문화가정의 이해 • 다문화가정의 문화적 환경 관련 지식 • 다문화사회에서의 의사소통 관련 지식 • 아동인권 관련 지식
기 술	• 아동에게 정서적 지원하기 • 부모와의 의사소통 기술 • 부모교육 및 부모참여 유도 기술 • 지역사회와 부모를 연결하는 허브 역할 하기	• 다문화가정 부모와의 의사소통 기술 • 다문화가정 유아에게 정서적 지원하기 • 다문화가정 부모교육 및 부모참여 유도 기술	• 다문화 학생을 위한 특별교육과정 운영 • 소수집단의 문화적 경험 인식에 대한 교실 활동 계획 • 고정관념 및 편견 타파 상호 이해 기술	• 다문화 학생의 정서적 지원 기술 • 다문화 학생 관련 의사소통 기술 • 다문화 학생에 대한 평가 기술

	• 다문화교육을 위한 교수 기술	• 다문화가정 부모와의 상담 능력 • 갈등해결 능력 • 지역사회와 다문화가정 부모를 연결하는 허브 역할 • 다문화교육을 위한 교수 기술	• 문화적 특징에 맞는 수업방법 사용 • 다문화 환경을 고려한 수업내용 선정 • 다문화적 체험이나 활동 활용 • 다문화 학생을 위한 대안적 평가방법 활용 • 한국어 프로그램 운영	• 다문화가정 부모교육 및 참여유도 기술 • 다문화가정 부모와의 의사소통 기술 • 다문화가정 부모와 지역사회 연결 기술 • 다문화교육을 위한 교수·학습방법 • 다문화가정과 일반가정과의 상호 이해 기술
태 도	• 포용력과 수용적 태도 • 인권에 대한 감수성 • 자기반성과 자기성찰 • 새로운 문화에 대해 배울 용기 • 부모와 협력관계 형성하기	• 다문화가정 부모와 협력관계 형성하기 • 타문화에 대한 존중과 수용적 태도 • 다문화가정 유아에 대한 이해 • 인권에 대한 감수성 • 편견에 대한 자기반성과 자기성찰 • 새로운 문화에 대해 배울 의지	• 다문화교육을 위한 전문가 의견 수렴	• 다문화에 대한 포용력과 수용적 태도 • 자기반성과 자기성찰 • 다문화 학생을 가르치려는 의지 • 부모와 협력관계 형성하기 • 아동인권에 대한 감수성 • 새로운 문화 학습태도

출처 : 이기용(2015). 중등학교 교사의 다문화 역량 척도 개발에 관한 연구를 수정·보완하였음.

<표 3-2>에서와 같이, 중등학교 교사의 다문화 역량을 측정하기 위한 하위요인별 구성요소를 추출하였다. 먼저 다문화 지식의 구성요소는 다문화에 대한 지식, 다문화사회에 대한 지식, 다문화교육의 가치(목적) 관련 지식, 다문화가정의 이해, 다문화가정의 문화적 환경 관련 지식, 다문화사회에서의 의사소통 관련 지식, 아동인권 관련 지식 등이고, 다문화 기술의 구성요소는 다문화 학생의 정서적 지원 기술, 다문화 학생 관련 의사소통 기술, 다문화 학생에 대한 평가 기술, 다문화가정 부모교육 및 참여유도 기술, 다문화가정 부모와의 의사소통 기술, 다문화가정 부모와 지역사회 연결 기술, 다문화교육을 위한 교수·학습방법, 다문화가정과 일반가정과의 상호 이해 기술 등이며, 다문화 태도의 구성요소는 다문화에 대한 포용력과 수용적 태도, 자기반성과 자기성찰, 다문화 학생을 가르치려는 의지, 부모와 협력관계 형성하기, 아동인권에 대한 감수성, 새로운 문화 학습태도 등이다.

이러한 다문화 역량의 하위요인별 구성요소를 토대로 하여 중등학교 교사의 다문화 역량 척도의 조사도구에 대한 설문문항 요소를 제안하면 <표 3-3>과 같다.

<표 3-3> 다문화 역량 척도의 하위요인 및 구성요소에 따른 설문문항 요소 추출

하위요인	구성요소	설문문항 요소
지 식	1. 다문화에 대한 지식	• 다문화 문화의 이해, 한국의 문화적 특성
	2. 다문화사회에 대한 지식	• 한국이 다문화사회로의 변화, 다문화사회의 특성
	3. 다문화교육의 가치(목적) 관련 지식	• 다문화교육의 기본방향, 다문화교육의 가치와 목표, 다문화교육의 필요성, 다문화교육의 중요성
	4. 다문화가정의 이해	• 다문화가정 학생 관련 교육정책의 이해, 관련 법의 이해, 다문화 학생의 특성 이해, 다문화 학부모의 특성 이해, 다문화가정의 전반적인 특성, 다문화가정의 실태 및 현황의 이해, 학생의 발달 특성
	5. 다문화가정의 문화적 환경 관련 지식	• 다문화가정의 문화적 환경 및 구성의 이해, 다양한 문화적 특성 이해
	6. 다문화사회에서의 의사소통 관련 지식	• 다문화가정 학생의 대화습관의 이해, 다양한 언어의 이해, 다양한 의사소통 유형의 이해
	7. 아동인권 관련 지식	• 다문화가정 학생의 권리에 대한 이해, 학생의 비차별 및 반편견 관련 지식
기 술	1. 다문화 학생의 정서적 지원 기술	• 다문화를 고려한 교실환경 계획, 다문화가정 학생의 이해를 위한 다양한 방법 개발, 적용, 허용적인 학급 분위기 조성, 갈등중재 방법
	2. 다문화 학생 관련 의사소통 기술	• 다문화가정 학생과의 의사소통 능력, 다문화가정 학생 대상 상담 능력, 다문화적 체험활동 프로그램 개발, 수업 진행
	3. 다문화 학생에 대한 평가 기술	• 다문화적 요소를 고려한 양적 평가 수행, 다문화적 요소를 고려한 질적 평가 수행
	4. 다문화가정 부모교육 및 참여유도 기술	• 다문화가정 학부모 교육 수행 능력, 다문화가정 학부모 참여유도 기술
	5. 다문화가정 부모와의 의사소통 기술	• 다문화가정 학부모와의 의사소통 능력, 다문화가정 학부모 대상 상담 능력, 학부모와 친근감 형성기술
	6. 다문화가정 부모와 지역사회 연결 기술	• 다문화가정과 지역사회 연계 방법, 지역사회 연계기관 발굴 방법
	7. 다문화교육을 위한 교수·학습방법	• 다문화 교수·학습 자료 개발, 교수·학습방법 적용, 교육과정 및 교재의 재구성 방법, 다문화교육에 적합한 수업방법 적용
	8. 다문화가정과 일반가정과의 상호 이해 기술	• 다문화가정과 일반가정과의 상호 이해 기술, 다문화가정 학생과 학부모의 연계 고리 역할 수행

태 도	1. 다문화에 대한 포용력과 수용적 태도	• 학생들을 이해하기 위한 적극적인 태도, 다양한 문화 적극 수용, 다문화에 대한 수용적 태도, 다양한 언어의 사용
	2. 자기반성과 자기성찰	• 다른 문화권 사람들에 대한 관심, 나의 문화에 대한 자긍심, 소수집단 학생의 요구나 어려움 해결
	3. 다문화 학생을 가르치려는 의지	• 다문화 학생을 가르치려는 태도, 다문화 학생들을 가르치려는 의지, 학업향상을 위한 노력, 다른 문화 홍보를 위한 교육과정 적용
	4. 부모와 협력관계 형성하기	• 학부모와의 유대관계 및 파트너십 형성, 다문화가정 학부모와의 어울림
	5. 아동인권에 대한 감수성	• 공평한 교육적 기회 제공, 고정관념이나 편견 없애기, 자긍심 심어주기, 아동인권 보호
	6. 새로운 문화 학습태도	• 새로운 문화를 배우려는 용기, 의지, 교사역할의 변화, 새로운 다문화 경험 기회

출처 : 이기용(2015). 중등학교 교사의 다문화 역량 척도 개발에 관한 연구를 수정·보완하였음.

<표 3−3>에서와 같이, 중등학교 교사의 다문화 역량 척도의 하위요인별 설정한 구성요소 및 설문문항 요소를 제시하며, 다문화 지식은 7개 구성요소와 22개 설문문항 요소를, 다문화 기술은 8개 구성요소와 24개 설문문항 요소를, 다문화 태도는 6개 구성요소와 22개 설문문항 요소를 추출하였다.

이상과 같이, 선행연구 분석을 통해 중등학교 교사의 다문화 역량 척도 개발을 위하여 다문화 역량의 하위요인, 구성요소, 설문문항 요소 등을 설정하여 1차 예비 설문문항 68개를 제작하였다. 이 예비문항을 전문가 6명(다문화 관련 전공 교수 4명 및 척도 개발 전문가 2명)의 검토과정을 통하여 다문화 역량의 하위요인인 다문화 지식 20개 문항, 다문화 기술 22개 문항, 다문화 태도 20개 문항 등 3개 하위요인의 총 62개 설문문항을 선정하였다. 또한 중등학교 교사 대상 설문조사 실시를 통한 탐색적 요인분석 및 신뢰도 분석 결과를 반영하여 확인적 요인분석을 실시하였으며, 그 결과 중등학교 교사의 다문화 역량 척도 모델의 경로계수 및 적합도 지수를 산출하였다.

이러한 연구과정을 통하여 얻은 최종 중등학교 교사용 다문화 역량 척도를 제시하면 <표 3−4>와 같다.

<표 3-4> 중등학교 교사용 다문화 역량 척도의 하위요인 및 설문문항

하위 요인	설문 문항
다문화 기술	1. 나는 인종적 편견을 줄일 수 있는 교육과정 및 교재의 재구성 방법을 안다. 2. 나는 효율적인 교수·학습을 위한 다문화 교수·학습 자료를 개발할 수 있다. 3. 나는 학급에서 효율적인 수업을 진행하기 위해 다문화를 고려한 교실환경을 계획할 수 있다. 4. 나는 다양한 학생집단의 욕구를 충족하기 위한 교수·학습방법을 적용할 수 있다. 5. 나는 다문화적 요소를 고려한 양적 평가를 수행할 수 있다. 6. 나는 다문화교육에 적합한 수업방법을 적용할 수 있다. 7. 나는 다문화가정 학부모 교육을 수행할 수 있다. 8. 나는 다문화가정과 지역사회를 연계하는 방법을 안다. 9. 나는 다문화적 체험활동 수업을 진행할 수 있다.
다문화 태도	10. 나는 다문화사례의 이해를 통해 다문화에 대한 수용적 태도를 가질 필요가 있다고 생각한다. 11. 나는 다문화사회에 적응하기 위해서 교사역할이 변화되어야 한다고 생각한다. 12. 나는 새로운 문화를 배우겠다는 용기나 의지를 갖는다. 13. 나는 학급에서 다양한 인종적·민족적 편견이나 고정관념을 없애기 위해서 노력한다. 14. 나는 차별적인 관습을 개선하여 모든 학생들에게 공평한 교육적 기회를 제공한다. 15. 나는 다른 문화권 학생들에게 자긍심을 심어주기 위해서 노력한다. 16. 나는 다문화가정 학생을 잘 이해하기 위해서 나 자신이 더 적극적인 태도를 가져야 한다고 생각한다. 17. 나는 다문화가정 학부모와 유대관계 및 파트너십을 형성하기 위해 노력한다. 18. 나는 소수집단 학생의 요구나 어려움을 해결하려고 노력한다.
다문화 지식	19. 나는 다문화교육의 가치와 목표에 대해 알고 있다. 20. 나는 다문화교육의 기본방향에 대해 이해하고 있다. 21. 나는 다문화가정 학생의 특성을 알고 있다. 22. 나는 다문화가정 학부모의 특성을 알고 있다. 23. 나는 다문화 학생 관련 교육정책을 이해하고 있다. 24. 나는 우리나라 다문화가정의 실태 및 현황을 알고 있다.

2. 다문화 교수 역량의 의미 및 구성요소

다문화 교수 역량을 이해하기 위하여 우선적으로 교수 역량에 대해 살펴볼 필요가 있다. 이 교수 역량은 교수·학습 지도가 일어나는 상황에서 형성되는 복잡한 활동과 관련되어 있으며, 교육을 통하여 계발되고 개선될 수 있는 지식, 기술, 태도의 총체를 의미한다(노혜란 · 최미나, 2004). 또한 교수 역량은 교수와 학습자 사이에서 이루어지는 교수활동을 안정성 있게 수행하고 교수 상황의 변화에 대응할 수 있게 하는 지식, 기술, 태도에 관한 모든 능력을 의미하며(김종우 · 이용환, 2009), 교과교육을 성공적으로 수행하기 위해 필요한 지식, 기술, 태도의 총체라고 정의할 수 있다(Smith & Simpson, 1995). 따라서 중등학교 교사에게 요구되는 교수 역량은 학교에서 학생의 학습활동을 돕기 위해서 교사가 교수활동을 안정성 있게 수행하고 복잡한 학습상황에 적절히 대응할 수 있도록 갖추어야 할 지식, 기술, 태도 등과 관련된 전문적인 능력이다.

이와 더불어, 다문화 역량은 개개인이 가진 관점, 편견, 그리고 가치 등에 대한 인식, 다른 사람들의 관점에 대한 이해, 다양한 문화적 집단에 대한 정보 등을 포함하는 다문화적 인식, 지식, 기술이라 볼 수 있다(Pope et al., 2004). 또한 다문화 역량은 다양한 문화적 배경의 사람들과 상호작용을 가능하게 하는 역량이며, 열린 마음으로 이해하기 위한 기술과 태도를 포함하는 능력이다(이병준 외, 2009). 따라서 다문화 역량은 다양한 문화적 배경의 사람들과 서로 이해하고 상호작용을 가능하게 하는 다문화 지식, 기술, 태도 등으로 정의할 수 있다.

이러한 관점에서 다문화 역량과 교수 역량을 포괄하는 다문화 교수 역량(multicultural teaching competency)은 다양한 문화적 배경을 가진 사람들을 가르치는 능력이며, 그들과 상호작용하기 위한 인식, 지식, 기술, 태도 등을 포함하는 능력이다(Ephraim, 2001; Vassallo, 2012). 그동안 수행되어 온 다문화 역량 및 다문화 교수 역량과 관련된 선행연구를 분석하여 본 연구와의 관계성 및 시사점을 제안하면 다음과 같다.

먼저 오유미(2014)의 연구에서는 다문화 역량의 구성요소로서 다문화 지식, 다문화 기술, 다문화 태도를 제안하였으며, 이 연구에서 탐색적 요인분석을 한 결과, KMO =.84, $\chi^2(861, N=105)=3276.38$, $p<.001$으로서, 다문화 역량의 하위요인 및 설문문항이 다문화 지식 13문항, 다문화 기술 20문항, 다문화 태도 8문항 등 총 41개 문항을 제안하였다.

또한 초 · 중등학교 교사들이 지각하는 다문화 교수 역량의 인식 연구를 수행한 Vassallo(2012)는 다문화 교수 역량의 구성요소로 다문화 인식, 지식, 기술, 태도를 제안하였다. 이 연구를 통해 초·중등학교 교사들은 다문화 인식(M=4.17)에 가장 높은 지각을 보였으며, 그 다음으로 다문화 지식(M=3.92), 다문화 태도(M=3.88), 다문화 기술(M=3.63) 순으로 나타났다. 이는 다문화 교육을 실제로 수행하는 데 있어서 교사들은 다문화 기술 영역에는 다소 낮은 지각을 하고 있음을 의미한다. 하지만 이 연구에서 제안한 다문화 교수 역량의 구성요소는 다문화 지식, 다문화 기술, 다문화 태도뿐만 아니라 다문화 인식을 포함한다는 점에서 연구의 의의가 있다고 볼 수 있다.

한편 초등학교 교사의 다문화 교수 역량 척도 개발을 수행한 이기용과 이건남(2013)의 연구에서 확인적 요인분석 경로계수는 잠재변인과 측정변인 간에 모든 경로계수가 p=.000 수준에서 유의하게 나타났으며, C.R. 값도 모두 1.965 이상으로 적합하였다. 다문화 교수 역량 척도의 확인적 요인분석 모형의 적합도 결과에서는 증분적합지수인 IFI(.920), TLI (.908), CFI(.919)에서 양호의 기준인 .90 이상의 값이 나와 모형이 적합하였다. 이 연구에서는 초등학교 교사의 다문화 교수 역량의 구성요소로 다문화 지식, 다문화 기술, 다문화 태도 등을 제안하였다.

이상과 같이, 여러 선행연구인 오유미(2014), 이기용(2013), 이기용·이건남(2013), 이상희(2013), Ephraim(2001), Vassallo(2012) 등의 연구에서 제안하는 하위요인을 토대로 하여 다문화 교수 역량의 하위요인으로 다문화 교수·학습 관련 기술, 다문화 편견·관계 관련 태도, 다문화 인식·존중 관련 지식을 설정하였다. 이러한 과정을 통해 이기용(2014)의 연구에서 개발한 중등학교 교사용 다문화 교수 역량의 하위요인 및 설문문항을 제시하면 <표 3-5>와 같다.

<표 3-5> 중등학교 교사용 다문화 교수 역량 척도의 하위요인 및 설문문항

하위요인	설문문항
다문화 교수·학습 관련 기술	1. 나는 다른 민족집단에 대한 통념을 타파하는 교수·학습방법을 개발할 수 있다. 2. 나는 다양한 문화 간의 응집력을 촉진하는 교수·학습방법을 개발할 수 있다. 3. 나는 다문화집단 학생들의 자신감을 증가시키는 교수·학습활동을 개발할 수 있다. 4. 나는 학생들이 인종대립에 대처할 수 있는 전략을 만들도록 돕는 교수활동을 제공할 수 있다. 5. 나는 다양한 학습방법을 허용하는 학습환경을 만들어 낼 수 있다. 6. 나는 문화적 다양성으로 인해 일어날 수 있는 문제들에 대한 해결책을 찾을 수 있다. 7. 나는 다른 문화집단들에 대해 편견을 감소시키는 교수활동을 계획할 수 있다.
다문화 편견·관계 관련 태도	8. 나는 일반 학생 및 다문화가정 학생 모두가 학습능력을 가지고 있다고 생각한다. 9. 나는 다른 문화 출신의 학생들이 함께 놀이하도록 할 수 있다. 10. 나는 다른 문화 출신의 학생들이 함께 작업하도록 할 수 있다. 11. 나는 빈곤한 지역에 사는 학생들의 집을 방문할 수 있다. 12. 나는 학생들이 나타내는 편견들에 잘 대처할 수 있다. 13. 나는 학생들이 고정관념적인 태도로부터 발생하는 문제상황을 헤쳐 나가도록 도울 수 있다.
다문화 인식·존중 관련 지식	14. 나는 수업시간에 사용하는 교과서에서 문화적 편견을 찾아낼 수 있다. 15. 나는 우리 사회에서 다문화집단에 대한 기본적인 존중 지식을 설명할 수 있다. 16. 나는 다른 문화들로부터 온 언어, 음식, 의복 등에 대한 내용을 잘 설명할 수 있다.

3. 다문화교육과 다문화 교수 역량

다문화교육에서 교사 역할의 중요성에 대한 인식이 확산됨에 따라 학생의 문화적 다양성에 효과적으로 대응하기 위해 요청되는 교사의 자질이 무엇이며, 그것을 어떻게 함양할 수 있는지에 대한 연구도 증가하고 있다. 다문화교육을 효과적으로 수행하기 위해서는 교사의 다문화 역량 및 다문화 교수 역량을 잘 함양하는 데 초점을 두어야 할 것이다. 즉, 다문화 교수 역량을 잘 함양한다는 의미는 다문화교육을 잘 실현한다는 의미와 일맥상통한다.

이러한 다문화 교수 역량은 다문화 역량에서 더욱 세분화된 개념으로 볼 수 있으며, 다문화교육과 관련하여 가르치는 역량과 관련된 개념이다. 이 다문화 역량은 개개인이 가진 관점, 편견 및 가치 등에 대한 인식, 다른 사람들의 관점에 대한 이해, 다양한 문화적 집단에 대한 정보 등을 포함하는 다문화적 지식, 기술, 태도라 볼 수 있다. 또한 교수 역량은 교수와 학습자 사이에서 이루어지는 교수활동을 안정성 있게 수행하고 교수 상황의 변화에 대응할 수 있게 하는 지식, 기술, 태도에 관한 모든 능력이다. 즉, 다문화 역량과 교수 역량의 두 가지 개념이 포함되어 있는 다문화 교수 역량은 다문화 교육을 성공적으로 수행하기 위해 필요한 다문화 지식, 기술, 태도 등을 포함하는 복합적 의미이고, 이 역량은 다양한 문화적 배경을 가진 사람들을 가르치는 능력이며, 그들과 상호작용하기 위한 다문화 지식, 기술, 태도를 포함하는 능력이다. 즉, 현장교사의 다문화 교수 역량은 다문화사회에서 다양한 사람들을 가르칠 수 있는 능력 내지는 역량이며, 다문화 교수 역량 함양을 위한 다문화 지식, 다문화 교수·학습 기술, 다문화 관계 및 태도 등을 포함하는 능력이다.

다문화 교수 역량의 하위영역에 대한 내용을 구체적으로 제시하면(이기용, 2014; 이기용·이건남, 2013; Vassallo, 2012) 다음과 같다. 첫째, 다문화 인식·존중 관련 지식 영역은 교과서에 나타난 문화적 편견 지식, 다른 나라의 언어, 음식 등과 관련된 지식, 다문화집단에 대한 존중 지식 등이 포함된다. 둘째, 다문화 교수·학습 관련 기술 영역은 문화간 응집력을 촉진하는 교수방법 개발 능력, 다문화 학생들의 자신감 증진 교수학습 활동 개발 능력, 다민족 집단에 대한 통념 타파 교수방법 개발 능력 등이 포함된다. 셋째, 다문화 편견·관계 관련 태도 영역은 다문화 학생들이 함께 작업할 수 있도록 할 수 있는 것, 다문화 학생들이 함께 놀이할 수 있도록 할 수 있는 것, 학생들이 나타내는 편견을 잘 대처할 수 있는 것, 고정관념적 태도 관련 문제상황을 해결하는 것 등이 포함된다.

이상에서 볼 때, 다문화사회 다문화교육을 시행하기 위해서는 현장교사의 다문화 역량 및 다문화 교수 역량의 함양이 그 무엇보다 중요하며, 다문화 교수 역량의 중요한 하위영역은 다문화 인식·존중 관련 지식, 다문화 교수·학습 관련 기술, 다문화 편견·관계 관련 태도 등이 포함되어야 할 것이다.

제 4 장

다문화 교육과정 개발 및 운영

제 04 장

다문화 교육과정 개발 및 운영

1. 다문화 교육과정의 의미

교육과정은 교육활동을 의미하는 process와 교육내용을 뜻하는 curriculum으로 구분할 수 있다. 커리큘럼(curriculum)이라는 용어는 1856년 미국 Noah Webster사의 『American Dictionary of the English Language』에서 처음 사용되었으며, 교육과정의 어원은 라틴어 쿠레레(Currere)에서 기원하였다. 쿠레레는 말이 달리는 길로서 경기 코스, 수행해야 할 교수요목을 의미한다(서종남, 2012). 교육과정은 한 국가의 교육이 추구하는 이상적인 인간상을 구현하기 위해 학교현장의 특성에 따라 운영하는 것으로서, 국가·사회적 요구와 문화적 배경, 국민과 민족의 의식, 민주주의에 대한 이념 등을 토대로 가르치는 목적과 내용, 방법 등을 명문화하여 체계화해 놓은 것이다.

다문화 교육과정은 모든 학생을 대상으로 행해진다는 전제 아래, 교육과정의 개혁을 통한 학교 교육과정 개혁 과정으로 진행되어야 한다. Nieto(1992)에 의하면, 다문화교육은 모든 학생을 위한 기본교육과 종합적인 학교 개혁과정으로 정의하였다. Grant(1993)는 다문화교육을 학교와 다른 교육기관에서 발생하는 과정으로서 모든 교과와 교육과정과 관련이 있다고 주장하면서, 다문화교육에 있어서 교육과 교육과정의 중요성을 강조하였다.

이러한 측면에서 다문화 교육과정은 학자에 따라 다양하게 정의되지만, 일반적으로 교육기관에서 학생이 갖게 되는 공식적 혹은 비공식적 경험의 총체로 정의할 수 있다. Bennett(2007)에 의하면, 다문화 교육과정은 교사의 가치관과 기대, 학생의 또래집단 형성, 학교의 규칙 등과 밀접한 관계가 있으며, 학생이 가지고 있는 다양한 가치관, 문화적 스타일, 지식 및 견해 등과도 밀접하게 관련되어 있다. 하지만 다문화 교육과정의 한 가지 측면만을 강조한 것으로서 다문화 교육과정은 공식적 교육과정과 잠재적 교육과정이 모두 해당되며, 이러한 교육과정은 학생들에게 많은 영향을 미친다.

다문화교육은 교사의 가치관이나 기대, 학생의 태도, 학교의 분위기와 규칙 등의 잠재적 교육과정에 의해 주류집단과 소수집단 학생의 인식에 영향을 준다. 또한 다문화교육과 교육과정의 관계는 교육과정이 다문화교육을 실현하기 위한 핵심적 요소이며, 상호 교호적 관계라 볼 수 있다. 이러한 다문화교육은 특정 과목이나 시간에 구애되어 진행되는 것이 아니며, 공식적인 모든 교과뿐만 아니라 잠재적인 교육과정과도 연계되어 다문화가정 학생과 일반 학생에게 영향을 미친다. 따라서 진정한 의미의 다문화교육이 이루어지기 위해서는 교육과정 내용에 대한 교육과정 개혁이 필수적이라 볼 수 있다(장인실 외, 2013).

다문화사회에 진입한 한국의 교육과정도 다문화적 요소의 선정과 교육대상을 고려한 통합된 교육과정이 마련되어야 하며, 새로운 다문화 교육과정과 더불어 기존의 교육과정에서 다문화적 요소를 찾아내어 적용 및 발전시키는 것도 필요할 것이다. 따라서 향후 다문화시대에 적합하고, 다문화시대의 문화적 배경을 고려한 다문화 교육과정으로서의 개선이 필요하다.

2. 다문화 교육과정의 개발 방향

학교현장에서 이루어지고 있는 다문화교육은 학교 특색 사업으로 지정되어 공동체 의식 함양, 정체성 및 태도의 변화 등의 주제로 프로그램을 구성하여 운영하거나 재량활동의 한 영역으로 다양성, 정체성과 반편견 교육을 내용으로 편성 운영하고 있다. 또한 방과 후 학교 프로그램으로 개설되어 운영되기도 한다(박재의, 2009). 이제 한 걸음 더 나아가 일회적인 체험 프로그램에서 벗어나 각 교과 속에 다문화교육을 실시하기 위해 교과서에 다문화 관련 내용을 포함시키기 위한 노력이 이루어지고 있다. 하지만 다문화교육 내용을 개정 교육과정에 포함시키는 과정에서 다문화교육과 관련된 교육과정이나 교과서의 한계점들이 제시되었다. 예컨대, 학교 교육과정에서의 다문화적 감수성의 결여, 문화적 우위를 기준으로 한 편향된 내용 선정과 왜곡된 서술, 유럽과 중국 중심의 차별적이고 배타적인 시각, 한국사와 한국문화에 대한 자민족 중심주의적 접근 등이다.

현재와 같은 형태의 다문화교육으로는 진정한 다문화교육의 목적을 달성하기 어려울 것이다. 따라서 일회적 프로그램에서 탈피하여 다문화교육의 내실 있는 운영을 위해서는 체계적인 교육과정 편성이 필요할 것이다. 또한 교육목표, 교육내용, 교수·학습방법이 다문화교육에 맞도록 변화되어야 할 것이다. 즉, 다문화 교육과정은 이러한 다문화교육의 목표를 실현할 수 있는 가장 중요한 부분이다.

학교에서 이루어지고 있는 다문화교육은 연구시범학교를 중심으로 운영방법이나 프로그램이 개발되고 있다. 또한 각 시·도 교육청을 중심으로 다문화교육 우수사례가 발굴되어 장학자료의 형태로 보급되고 있다. 국가수준 교육과정에서도 범교과 주제의 형태로 제시하며, 교과 속에서도 다문화 관련 내용을 포함하여 제시하고 있다.

하지만 현재 이루어지고 있는 다문화교육의 내용은 다문화가정과 그 자녀를 대상으로 한국어교육, 기초학습, 지역문화체험, 한국 전통음식 만들기, 다문화가정과 일반가정의 결연활동, 국제결혼가정 학부모 만남의 날 추진 등 일회성 행사 위주의 프로그램이며, 교과서 속에서도 다른 문화를 소개하고 체험해 보는 정도의 내용으로 이루어져 있어 다문화 교육과정에 대한 심도 있는 연구는 미흡한 실정이다(민용성·최화숙, 2009; 황규호·양영자, 2008).

우리나라의 경우, 동질적인 문화를 가진 사회에 국제결혼 이주자, 외국인 근로자 등 다른 문화를 가진 사람과 함께 다른 문화들이 유입되어 다문화사회가 형성되고 있다. 미국과 달리 우리나라의 특수한 사회적 상황 속에서 다문화사회에 대한 인식이나 공감대가 형성되지 못한 채 다문화사회로 진입하고 있으며, 학교현장에서도 다문화교육에 대한 대비가 거의 이루어지지 못하였다. 즉, 서로를 이해하고 포용할 충분한 준비가 되지 않은 상태에서 일회성 프로그램만으로는 나와 다른 사람 및 다른 집단의 문화를 존중하고 올바르게 이해할 수 있는 능력을 기르는 실질적인 다문화교육이 이루어지기 어렵다. 따라서 체계적이고 실질적인 다문화교육을 위해서 지금까지와는 다른 교육적 방향의 모색이 요구된다.

무엇보다 지속적이고 체계적인 다문화교육을 위해서는 다문화 교육과정 개발이 필요할 것이다. 교육과정을 개발할 때에는 교육목적을 어떻게 규정하느냐에 따라 교육의 방향, 교육내용, 교육방법이 결정된다. 따라서 다문화교육을 바라보는 다양한 학자들의 관점을 살펴보고 학교 나름의 다문화 교육과정 목적을 설정할 필요가 있다.

다문화교육을 바라보는 관점은 학자마다 다양하다. 박상철(2008)은 다문화사회에서의 다문화교육은 민족과 인종, 계층, 거주지, 연령, 능력 면에서의 특수성, 종교, 언어, 성별 등의 차이에도 차별 없이 교육받을 수 있도록 하는 활동 또는 그 차이에도 바람직한 문화적 정체성을 형성할 수 있도록 돕는 활동이어야 한다고 제안하였다.

Banks(2008)는 다문화교육은 인종뿐만 아니라 다양한 문화집단에 속해 있는 서로 다른 사람들의 상호 이해와 평등 관계를 중시하고 서로 다른 집단의 문화를 동등하게 가치로운 것으로 인식하며, 학생들이 자신이 속해 있지 않은 다른 문화에 대한 편견을 줄이고 다양한 문화를 올바로 이해시키기 위한 지식, 태도, 가치교육을 제공하는 것이라고 하였다. 장인실(2008)에 의하면, 다문화교육의 목적 중 하나는 평등교육으로 모든 학생이 지적·사회적·개인적 발달이 이루어질 수 있도록 그들의 잠재력을 최고조로 길러 주는 것이며, 자신이 속한 문화에 대한 긍정적인 정체성 확립을 기초로 서로 다른 집단의 문화를 동등하게 가치로운 것으로 인식하는 지식, 태도, 가치 교육을 해야 한다고 제안하였다.

이상에서 볼 때, 여러 학자들의 견해를 종합해 보면 다문화교육은 하나로 정의 내리기에는 어려움이 있지만 평등을 추구하는 철학적 개념이 교육과정 속에 적용되어야 한다는 시사점을 찾을 수 있다. 다문화 교육과정은 국제결혼 자녀, 외국인 근로자 자녀뿐만 아니라 함께 어울려 살아가야 하는 모든 학생을 위한 교육과정이어야 한다. 즉, 학교에서는 학교 구성원들과 충분한 협의를 통해 다문화 교육과정 목적을 설정하고 체계적이고 내실 있는 다문화 교육과정을 개발할 필요가 있다.

3. 다문화 교육과정의 교육목적, 교육내용 및 교육방법

1) 다문화 교육과정의 교육목적

Bennett(1990)은 국제 다문화 관점을 위한 모형의 핵심가치를 만들었다. 네 가지 주요 민주주의의 가치는 ① 문화 다양성 수용, ② 인간 존엄의 존중, ③ 국제 사회의 존중, ④ 지구의 존중 등이다. 이는 다문화교육의 목적 설정에 근간이 된다. 또한 다문화 교육과정의 교육목적은 학자들마다 다양하게 제안하고 있지만, 본 장에서의 교육목적을 정리하여 제시하면 <표 4-1>과 같다.

<표 4-1> 다문화 교육과정의 교육목적

학 자	다문화 교육과정의 교육목적
박재의(2009)	• 인류의 보편적 가치에 기반을 둔 차이의 인정과 다양성의 존중, 편견의 제거와 차별 철폐로 평등과 정의를 추구하는 다문화적 통합을 이루기 위한 지식, 기능, 태도를 기르는 것
차윤경(2008)	• 다문화 상황을 인식하고 수용할 수 있는 개방적 태도 및 감수성과 전 인류 차원의 보편적인 문화 원리에 비추어 다양한 하위집단의 문화를 비판적으로 성찰하고 재조명할 수 있는 능력 배양에 초점을 둠
Banks(2008)	• 개인이 다른 문화의 관점을 통해 자신의 문화를 바라보게 하여 자기 이해를 증진시키기 • 학생들에게 문화적·민족적·언어적 대안들을 가르치기 • 모든 학생들이 다문화사회에서 요구되는 지식과 기능, 태도를 습득하도록 돕기 • 소수민족집단이 겪는 고통과 차별을 감소시키기 • 학생들이 전 지구적 세계에서 살아가는 데 필요한 읽기, 쓰기, 수리적 능력의 습득을 돕기 • 학생들이 자신이 속한 공동체에서 제구실을 하는 데 필요한 지식, 태도, 기능을 습득하도록 하기
Banks & Banks (2004)	• 성, 사회적 계층, 인종적 또는 문화적 특성과 상관없이 학교에서 동등하게 배울 기회를 제공하기
Bennett(2007)	• 세계 공동체에 대한 책임, 지구에 대한 존중, 문화적 다양성 인정, 인간 존엄성과 보편적 인권을 핵심가치로 두고 핵심가치를 둘러싸고 있는 다양한 역사적 관점의 발달, 문화적 의식강화, 문화적 역량강화, 인종차별, 성차별, 기타 모든 차별이나 편견과의 투쟁, 지구의 현 상태와 전 세계적 역동성에 대한 이해 증진, 사회적 행동 기술

Klein & Chen (2001)	• 자신과 다른 사람의 문화와 가치 존중하도록 기르기 • 다문화적 · 다인종적 사회에서 성공적으로 기능하도록 돕기 • 피부색과 같은 인종주의에 영향받은 아동들의 긍정적인 자아개념 발달시키기 • 문화적으로 다양한 사람들의 차이점과 유사점을 긍정적인 방법으로 경험하도록 돕기 • 다양한 문화의 사람들과 함께하는 경험을 지원하고 강화하기

출처 : 김영옥(2002). 유아를 위한 다문화교육을 수정 · 보완하였음.

2) 다문화 교육과정의 교육내용

다문화교육을 통해 가르쳐야 할 교육내용이 무엇인지를 결정하는 데 있어서 중요한 고려사항 중 하나는 다문화교육의 의미나 성격 및 목적을 어떻게 규정해야 할 것인가의 문제이다. 일반적으로 교육내용의 선정이나 그 정당화 문제는 교육의 개념이나 교육의 목적에 대한 논의에 의존할 수밖에 없다(황규호 · 양영자, 2008). 다문화 교육과정의 교육내용은 다양하게 정의되고 있지만, 본 장에서의 학자들이 주장하는 내용을 정리하여 제시하면 <표 4-2>와 같다.

<표 4-2> 다문화 교육과정의 교육내용

학 자	다문화 교육과정의 교육내용
오은순(2008)	• 자문화와 타문화의 공통점과 차이점, 다문화 경험, 다문화적 주제와 사건 다루기 및 문제해결
정정희(2006)	• 문화, 협력, 편견, 정체성 형성, 평등성, 다양성
차윤경(2008)	• 자유, 평등, 민주주의, 인권 등
Banks & Banks(2004)	• 성, 인종, 민족성, 언어, 사회적 계층, 종교, 예외성
Klein & Chen(2001)	• 다문화, 주류, 소문화, 인종, 민족성, 성, 사회경제적 지위, 종교, 연령, 언어, 지리적 지역, 무능력, 고정관념
Melendez, Beck, & Fletcher(2000)	• 국적, 종족/ 인종성, 종교, 사회계층, 언어, 성, 예외성, 연령

<표 4-2>에서 다문화 교육과정의 교육내용 중 정정희(2006)의 내용 구분이 교육과정의 준거로 가장 많이 사용되고 있다. 정정희의 영역별 구체적인 교육내용은 <표 4-3>과 같다(박재의, 2009).

<표 4-3> 다문화 교육과정의 영역별 교육내용

영 역	교육내용
다양성	• 다양한 개인과 집단의 존재 인정하기 • 다양성 존중하는 마음 갖기
문 화	• 각 문화 간의 유사성과 차이점의 특징 알기 • 각 문화에 대한 이해 및 존중심 기르기 • 문화 간 긍정적 태도 발달시키기
정체성 형성	• 긍정적 개념 기르기 • 정체감 및 집단 정체감 형성하기
편 견	• 선입견, 편견, 고정관념에 비판적 사고 형성하기 • 문제상황에 대처능력 기르기
평등성	• 국가, 민족, 성, 능력, 계층에 대한 긍정적 태도 가지기 • 인간이 평등하다는 가치 형성하기
협 력	• 다양한 사람들과 상호작용 및 협동능력 증진하기

설규주 외(2010)는 자신의 2009년 연구에서 지식, 기능, 가치・태도로 구분한 다문화 교육의 내용에 따른 영역을 보완하여 다음과 같이 제시하고 있다.

지식 영역은 문화일반 이해, 다양한 문화현상 이해, 한국의 문화적・사회적 상황 이해를 범주로 두고 있다. 첫째, 문화일반 이해 범주에서는 공통적인 생활양식으로서의 문화와 문화의 기능과 의의를 살펴보며, 생활양식으로서 문화를 익히도록 한다. 둘째, 다양한 문화현상 이해 범주에서는 세계화가 다문화 현상에 미친 영향, 협력과 공존이 요청되는 상호의존적인 세계, 문화 상대주의적 인식을 가지도록 다문화 현상의 원인으로 세계화와 다원화를 살펴볼 것을 제안한다. 셋째, 한국의 문화적・사회적 상황 이해 범주에서는 고유한 한국문화의 구성요소와 특징, 다양한 다른 문화의 특징을 살펴보도록 하여 공존하는 다양한 문화를 한국이라는 공간적 배경 속에서 다문화를 이해시킬 것을 제안하였다.

기능 영역은 의사소통 기능, 다문화 현상 조사 및 해석 기능, 대인 및 집단 기능의 세 범주로 이루어져 있다. 첫째, 의사소통 기능 범주에서는 다문화가정 자녀들에게 가장 급한 부분 중의 하나인 언어와 관련되어 있다. 의사소통을 위해 한국어를 익히는 것이 중요하지만 다문화가정 자녀에게 한국어를 강제하기보다는 한국어를 포함한 학생의 모국어도 존중하는 태도가 요구된다. 둘째, 다문화 현상을 조사하고 해석하는 기능 범주에서는 다문화 현상을 이해하기 위한 자료를 수집하고 문화적 요인에 의해서 지녔던 고정관념이나 편견에 대한 사실을 확인할 필요가 있다. 아울러 다양한 관점에서 다문화 현상을 분석해 보고 해석할 수 있도록 배려해야 할 것이다. 셋째, 대인 및 집단 기능 범주에서는 민주적 절차 준수, 의사결정, 갈등해결, 협력을 하위요소로 둔다. 서로 다른 문화를 가진 구성원끼리 민주적 절차를 준수하면서 의사결정을 하는 과정을 경험하도록 하여 의사결정 능력을 키워주어야 한다. 이 과정을 거쳐 문화적 갈등을 겪을 때 지혜롭게 대응할 수 있게 될 것이다.

가치・태도 영역은 정체성 확립 및 상호 존중, 다름에 대한 인정과 존중, 민주적 공동체 지향을 범주로 두고 있다. 첫째, 정체성 확립 및 상호 존중 범주에서는 자신에 대한 긍정적 자아상을 확립하고 더불어 타인의 정체성을 존중하는 태도를 기르고 자국 문화에 대한 자부심을 확립시켜 준다. 둘째, 다름에 대한 인정과 존중 범주에서는 나와 다른 이질적 외모에 대한 거부감 및 편견을 해소하고 타문화에 대한 편견을 없애고 문화적 차이에 대한 상대주의적 태도를 가지도록 한다. 또한 사회적 소수자를 존중하는 태도를 기르도록 한다. 셋째, 민주적 공동체 지향 범주에서는 다문화사회 속에서 인간의 존엄성, 자유와 평등의 가치를 지향하도록 하며 다양한 집단들이 합리적이고 능동적인 참여를 하도록 참여의식을 길러주도록 한다. 또한 다양성 존중과 사회통합 사이의 균형을 추구하는 태도를 함양할 수 있는 내용이 포함되어야 한다.

설규주 외(2010)가 제시한 위의 다문화교육 내용의 세 범주와 각각의 하위요소를 간단히 그림으로 나타내면 |그림 4-1|과 같다. 지식, 기능, 가치・태도의 순으로 지도되어야 하는 것은 아니며, 영역 간, 영역 내의 범주와 하위요소들이 서로 넘나들 수 있다(점선으로 표시함). 즉, 실제 수업에서는 상황에 따라 적절히 조정할 수 있다.

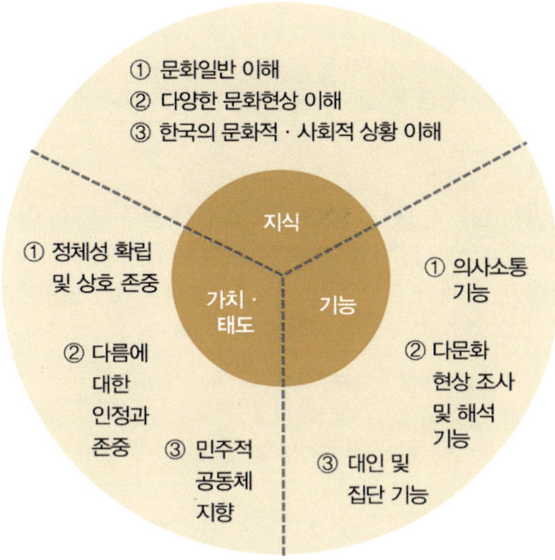

[그림 4-1] 다문화 교육과정의 영역 및 하위요소

3) 다문화 교육과정의 교육방법

다문화 교육과정을 수행하기 위한 교육방법은 다양하게 제안될 수 있다. 이러한 다양한 제안들을 정리하여 제시하면 <표 4-4>와 같다.

<표 4-4> 다문화 교육과정에 대한 교육방법

학 자	다문화 교육과정의 교육방법
김용신(2009)	• 이해중심 다문화교육
신영민(2005)	• 과정중심적인 교육이어야 함 • 단편적인 소재나 활용보다는 포괄적이고 통합적인 방법이어야 하며, 고정화되고 정형화된 문화에 대한 접근방식은 지양되어야 함
양영자(2008)	• 학생들이 자신의 목소리를 다양한 방법으로 말할 수 있는 것과 자신의 목소리에 대해 다른 집단의 청중이 이해할 수 있고 해설할 수 있다는 것을 가르치는 것 • 토론식 수업방법을 강조
오은순(2008)	• 프로그램의 운영방법 : 다문화적 학교 행사 개최, 외국인과의 접촉, 다문화적 학생활동 • 구체적인 교수 · 학습방법 : 협동학습, 역할극, 자기주도학습, 다문화 교수 · 학습단계의 설정 등 • 프로그램 방법의 원리 · 원칙 : 통합적 접근, 교사의 다문화적 태도

Banks & Banks (2004)	• 다양한 문화로부터 적절한 예와 내용을 통합적으로 제시하기 • 지식이 구성되는 방법에 영향을 주는 훈련 내에서 문화적 가정, 참고물의 프레임, 시각, 편견들을 함축하는 방법을 이해, 조사, 결정하도록 돕기 • 아동의 인종적 태도의 특성에 대하여 적절한 방법과 자료를 사용하여 가르침으로써 편견 수정하기 • 다양한 인종적·문화적·성적·사회적 계층집단의 학생들의 학문적 성취를 촉진시키도록 교사 자신들의 교수방법을 수정하는 평등 페다고지의 실천 • 그룹핑, 실제 명명하기, 스포츠 참여, 성취의 불균형, 그리고 민족과 인종을 넘어선 직원과 학생 간의 상호작용을 통한 학교문화 강화하기
Sleeter & Grant (2009)	• 학생의 학습양식 형성하기 • 학생의 기술 수준에 맞추기 • 학생을 사고하기와 분석하기에 적극적으로 참여시키기 • 협동적 학습 사용하기

제 5 장

다문화 교육과정 개발의 모형

1. 다문화 교육과정 개발의 토대
2. 다문화 교육과정의 설계
3. 다문화 교육과정 개선을 위한 모형

제 05 장

다문화 교육과정 개발의 모형

1. 다문화 교육과정 개발의 토대

1) 다문화교육 운동

다문화교육은 가령 미국의 경우, 시민권 운동(cvil rights movement), 민족학 운동(ethnic studies movement) 및 문화적 다원주의 운동(cultural pluralism movement) 등으로 거슬러 올라갈 수 있다. 특히 대법원 판결과 시민권 운동은 그동안 학교의 의사결정과정에서 배제되었던 집단에게 문호 개방의 계기가 되었다. 학교에서 처음으로 인종차별이 철폐되었을 때, 유색인종의 부모와 공동체 지도자들은 교육과정에 그들의 공동체를 반영하고 교사들에게 백인 아동들과 같은 수준의 학습기대를 요구하기 시작했다. 유색인종과 언어적 소수집단 공동체의 옹호자들과 학자들은 문화와 언어라는 바탕 위에서 학습이 이루어져야 한다고 주장하였다. 이상과 같은 다문화교육 운동은 다문화 교육과정에 중요한 질문을 던지게 되었다(Sleeter, 2004).

① 교육과정은 어떤 목적으로 제공되어야 하는가?

다문화교육 운동은 교육과정의 주요 목적을 사회개선, 특히 교육과정은 인종, 민족, 언어, 사회계급 및 기타 정체성을 토대로 한 사람들과 관련시켜야 한다는 것이다. 따라서 다문화 교육과정의 목적은 이를 고려하여 설정되어야 한다.

② 지식은 누가, 무엇을, 어떻게 선정하는가?

다문화교육의 주요 관심사는 무엇이 지식으로 선정되며 이를 누가 결정하는가 하는 것이다. 다문화교육 관련 학자들과 교육자들은 이러한 지식선정 과정에 수많은 문제를 제기하였다. 즉, 이들은 객관적 진리(objective truth)는 객관적이 아니라 엘리트들의 경험과 관심에서 시작하여 모든 사람을 보편적이고 객관적인 일반화로 만드는 '대담(grand narratives)'으로 구성되어 왔다는 것이다. 즉, 지식과 지식선정 과정은 직접적으로 권력과 관련되어 있으므로, 다문화 교육자들은 다양한 사회문화적 관점을 기반으로 한 지식의 성격을 계속 탐구해야 한다.

③ 학생들의 특성은 어떠하며, 학습경험은 어떻게 조직되어야 하는가?

다문화교육 운동은 역사적으로 소외된 아동들에 대한 이해가 부족하다고 지적하였다. 즉, 아동들의 문화적・언어적 뿌리와 공동체에 기반한 정체성을 존중하는 것이 학습을 위한 주요 기반이 되어야 한다. 학자들은 이 연구를 바탕으로 문화적합 교수법(culturally relevant pedagogy) 이론을 개발했는데, 이 이론은 의도적으로 교수(teaching)를 학생들의 생생한 경험과 지식의 틀에 연결하려는 것이다. 진보주의와 비판적 교육학 입장의 교육운동은 권력과 교수・학습과정 간의 관계를 검토한다. 이것은 학생들이 지식의 창조자이며, 교육의 과정은 아동과 청소년들이 가지고 있는 지식과 사고과정을 기반으로 해야 한다는 입장이다.

④ 교육과정 또는 학습결과는 어떻게 평가되어야 하는가?

다문화교육 운동은 아동에 대한 교육기대를 높여야 하며 학생의 학습에 대한 평가수단도 공정해야 한다는 것이다. 실제로 다문화교육 또는 학교교육의 논의를 떠나서도 우리는 평소 다른 사람을 어떻게 평가하고 있는가를 되돌아보아야 할 것이다. 인간은 각 개인마다 수많은 소질과 잠재력을 가지고 있다. 그럼에도 이처럼 다양하고, 수많은 잠재요소들 중에 과연 몇 가지 요소를 중심으로 평가받고 있을까?

이상과 같은 다문화교육 운동은 다문화 교육과정의 발달, 이행, 평가와 개선을 위한 개념적・역사적 기초를 제공하였다. 즉, 다문화교육 운동은 교육과정의 목적, 지식선정 과정, 학습자의 특성 이해와 학습경험 조직, 그리고 교육과정 또는 학습결과 평가 등의 방향에 중요한 영향을 미치게 되었다. 따라서 다문화 교육과정의 연구필요성을 조금 더 자세히 살펴보기로 하자(Chu, 2022).

첫째, 다문화 교육과정은 학교의 교육과정을 변화시킴으로써, 특히 문화적·역사적으로 소외된 학생들이 가지고 있는 경험, 역사 및 관점을 정확하고, 종합적으로 이해하여 이들이 가진 여러 문화적 배경을 충분히 교육과정에 반영하려는 것이다. 또한 학생들도 다양한 집단의 중요한 역사적 경험과 문화, 그들이 직면한 이슈와 문제, 그리고 각 집단 내에서 또는 여러 집단들 간의 상호작용과 역동성을 이해할 필요가 있다. 학생들이 자신의 문화와 역사가 정확하게 학교 교육과정에 반영되고 있다는 사실을 이해하게 될 때, 그들은 학습에 대한 강한 문화적 정체성과 긍정적 특성을 발달시킬 수 있을 것이다.

둘째, 다문화 교육과정은 학생들에게 다양한 관점의 역사적 사건과 사회적 이슈를 제시함으로써, 이러한 이슈와 문제들에 대한 자신의 관점과 해석이 그들이 자신의 문화적 신념과 경험에 의해 어떻게 영향을 받는가를 이해하도록 도와주는 것이다. 다문화 교육자들은 지식은 사회적으로 구성되므로, 학교지식은 지배적인 사회집단의 관점에서 종종 선정·구성·조직된다는 것이다. 교육과정에서 이러한 폭넓은 관점을 다루는 것은 학생들이 사건, 문제, 이슈에 대한 다양한 해석을 통해 분석하고, 또 다른 문화의 관점에서 비판적으로 자신의 신념과 경험을 되돌아보게 한다.

다문화 교육과정의 궁극적인 목적은 다문화와 글로벌 세계에서 사회적 개선을 위한 시민적·정치적 행동에 참여하는 데 필요한 변혁적 지식, 문화적 다양성과 사회정의를 위한 성향, 비판적 사고, 문제해결, 의사결정 능력을 학생들에게 갖추게 한다.

2) 잠재적 교육과정

(1) 교육과정의 이해

다문화 교육과정을 이해하기 위해서는 먼저 교육과정의 이해가 선행되어야 한다. 교육과정은 앞에서 이미 설명하였지만 여기서 간단히 언급하기로 한다. 왜냐하면 교육에서 간과되기 쉬운 잠재적 교육과정을 이해하고, 이를 토대로 다문화교육과 관련지어

논의해 보기 위해서이다.

교육과정이란 그 범위가 매우 넓기 때문에 이를 간단히 말하기란 쉬운 일이 아니지만 대체로 다음과 같이 정의된다(Ornstein & Hunkins, 2018).

첫째, 교육과정이란 목적달성을 위한 계획으로 정의할 수 있다. 이 정의에는 교육과정을 일렬관점(linear view)으로 보는 것으로서, 각 단계별 계획이 계열화되어 있는 것을 말한다. 오늘날 대부분의 행동주의적·관리적·체제적 접근을 하는 사람들은 이러한 정의에 동의하고 있다. 또한 학습자들이 교육받을 수 있도록 체계적인 학습기회를 제공하기 위한 계획, 교육과 훈련의 형식적 조직 등을 의미하기도 한다.

둘째, 넓은 의미로 교육과정이란 학습자의 경험을 다루는 것이다. 이 정의에는 학교 안 또는 학교 밖에 있는 것이라도 계획된 것이면 모두가 교육과정의 일부로 보는 것이다. 이 정의는 Dewey의 교육과 경험에 그 뿌리를 두고 있다. 여기서 교육과정이란 교사의 지도하에 아동들이 가지게 되는 모든 경험을 말한다.

이와 같이 교육과정을 협의의 관점에서 보든지, 광의의 관점에서 보든지 간에, 일반적으로 교육과정이란 어떤 목적달성을 위하여 학교나 교육기관에서 지식과 경험 등의 모든 교육내용을 체계적·계획적으로 구성해 놓은 것이다.

(2) 잠재적 교육과정의 이해

종래의 교육과정은 표면적(manifest), 계획된(planned), 외적인(external), 공식적인(official), 외현적(overt), 형식적인(formal) 교육과정으로 묘사된다. 이에 반하여 잠재적 교육과정은 숨겨진(hidden), 비공식적(unofficial), 내현적(covert) 등으로 묘사된다. 우리가 학교교육의 잠재적 교육과정을 파악하기 위해서는 교실 안을 들여다볼 필요가 있다. 이를 보면 의도된 교육활동으로서 쉽게 눈에 띄는 학교교육의 측면과 의도하지 않았기 때문에 쉽게 눈에 띄지 않는 측면이 있다. 전자는 표면적 교육과정이고, 후자는 학교교육의 일상적인 내용으로서 쉽게 눈에 띄지 않는 잠재적 교육과정이다(김재춘, 2012). 따라서 더 바람직한 학생들의 발달을 위해서는 겉으로 드러난 가시적인 측면만이 아니라 숨어있는 비가시적인 부분을 동시에 고려해야 한다.

잠재적 교육과정이란 1960년 Jackson의 「학급생활(Life in classroom)」에 의해 사용되었고 그 후 1971년에 Snydey에 의해 촉진되었다(Azimpour, & Khalilzade, 2015). 잠재적 교육과정(hidden curriculum)은 학자들에 의해 다양하게 정의되고 있다.

김종서(1975)는 표면적 교육과정과 잠재적 교육과정을 다음과 같이 비교 설명하였다.

첫째, 표면적 교육과정은 주로 교과와 관련이 있다면, 잠재적 교육과정은 주로 비교과적인 교육활동과 관련이 있다. 즉, 비교과적인 놀이, 행사, 운동회 등의 각종 행사 및 단체활동, 개인활동 등을 통하여 이루어진다.

둘째, 표면적 교육과정이 주로 지적인 것이라면, 잠재적 교육과정은 비지적인 점과 관련되어 있다. 물론 때로는 지적인 것과도 관련될 수 있다.

셋째, 표면적 교육과정은 주로 지식에 관련되고, 잠재적 교육과정은 주로 생활기능에 관한 것과 관련된다.

넷째, 표면적 교육과정은 주로 일시적·단기적으로 배우는 데 비하여 잠재적 교육과정은 장기적으로 배운다는 점이다.

다섯째, 표면적 교육과정이 주로 바람직한 교육내용과 관련되는 데 비하여 잠재적 교육과정은 바람직한 것뿐만 아니라 바람직하지 못한 것도 포함된다. 학교가 사회적으로나 도덕적으로 용인될 수 없는 것을 가르치는 것은 당연하다. 그러나 잠재적 교육과정은 학교의 의도와 관계없이 이루어지는 것이기 때문에 사회적으로나 도덕적으로 바람직하지 않은 것과 섞여 있을 수도 있다.

다음으로 잠재적 교육과정의 정의에 대해 여러 학자들의 주장을 제시하면 <표 5-1>과 같다(Azimpour & Khalilzade, 2015).

<표 5-1> 잠재적 교육과정의 정의

연구자	정 의
Bloom (1981)	교육과정에는 명시적(explicit) 교육과정과 암시적(implicit) 교육과정이 있다. 명시적 교육과정은 학교의 문서화된 원리와 목표를 의미하고, 잠재적 교육과정은 드러나지 않고 규정되어 있지 않은 것이다. 학교상황에서의 잠재적 교육과정은 일상생활과 학습상황에서의 상호작용을 하는 동안에 이루어진다.
McLaren (1989)	잠재적 교육과정은 계획된 교육과정과는 다르다. 즉, 잠재적 교육과정은 암시적인 방법과 관련되어 있는데 이를 통하여 지식과 행동이 일어난다. 잠재적 교육과정은 공식적이고 계획된 자료를 넘어서서 일어난다. 그것은 학교의 관리적·관료적 압력의 일부인데, 이를 통하여 학생들은 지배이데올로기와 권력, 권위, 행동 및 도덕성과 관련된 사회적 행동을 따르도록 강요된다.
Eisner (1994)	교직원과 학생들은 인식하지 못하고 학생들에게 제공되는 교육환경 속에서, 지배적인 문화 내에서 실현되는 교육체제에서의 일련의 학습이다.
Ausbrooks (2000)	교육체제의 사회적 환경에서 암시적인 메시지로서, 공식화되어 있지는 않으나 모든 사람들에 의해 느껴지는 것이다.

출처 : Azimpour & Khalilzade(2015)를 본 저자가 표로 재구성함.

위의 잠재적 교육과정에 대한 정의들은 모두 공통점을 가지고 있는데, 잠재적 교육과정은 명시적 교육과정과는 반대의 개념이라 할 수 있다. 이를 통해서 볼 때, '잠재적 교육과정'은 실질적인 목표가 없고, 그 결과가 진술되거나 미리 계획되지 않은 교육과정이라 볼 수 있다.

이 외에도 Muhammad 등(2023)에 의하면, 잠재적 교육과정은 문서화되지 않은(not written) 모든 것에 기반을 둔 사회적·행동적 규칙의 사회화 과정로서 교육에서 매우 중요한 영역이다. 가령 잠재적 교육과정은 조용히 기다리기, 인내심 실천, 과제를 완성하기 위한 시도, 자신의 바쁜 활동모습 유지하기, 공손하기 등의 학습과 같은 명시되지 않은 규칙들(unwritten rules)을 의미한다. 즉, 학생을 가르치는 과정에서 잠재적 교육과정은 학교에서 자료의 전달과정에 영향을 미친다.

Alsubaie(2015)에 의하면, 잠재적 교육과정이란 교육상황에서 존재하는 문서화되지 않고 암시적인(unspoken, implicity) 가치, 행동 및 규범을 말한다. 잠재적 교육과정은 어떤 의도(intent) 없이 전달되거나 소통되는 태도, 지식 및 행동을 표현하고 나타낸다. 그것은 모든 사람들의 사회생활의 일부로서 말과 행동에 의해 간접적으로 전달된다. 따라서 우리는 잠재적 교육과정이 학교에서 긍정적으로 또는 부정적으로 영향을 미칠 수 있다는 것을 이해해야 한다. 이에 교사들은 잠재적 교육과정을 인식하여 그것이 학교에서 어떻게 나타나는지를 알아야 한다. 교사들이 잠재적 교육과정을 이해하지 못하게 되면 학생들에게 부정적인 영향을 미치는 상황에 직면할 수 있으므로, 잠재적 교육과정을 이해하는 것은 학급에서의 학생에 대한 교사 자신의 태도를 항상 되돌아보게 할 것이다.

(3) 잠재적 교육과정과 다문화교육

오늘날 교사들은 너무나 다양하고, 역동적인 교실에서 수업을 하고 있다. 그럼에도 이러한 다양한 문화적 배경을 지닌 학생들에 대한 이해는 부족하다. 따라서 문화에 대한 오해는 잠재적 교육과정의 중요성을 일깨우게 한다. 학교에 오는 학생들은 사회경제적 배경과 가족구성원들의 배경이 다르며, 생활배경 등도 다양하다. 그런데 한 명의 교사가 이러한 다양한 배경을 지닌 학생들과 상호작용을 해야 하는 상황에 놓여 있다.

더욱이 미국의 경우 학생들은 많은 문화적 차이를 가지고 학교에 오는 데 비하여 많은 교사들은 중류계급 배경을 지니고 있으므로, 학생들의 생활에서 일어나는 상황을 이해하기 어려울 수 있다. 하나의 예를 들면, 이러한 배경의 교사들은 빈곤상황을 잘 이해하지 못하므로, 자신이 가르치는 학생들이 직면하고 있는 생활 속 이슈에 대한 이해도 부족할 수 밖에 없다(Dickerson, 2007). 즉, 문화의 차이로 인해 다른 학생들이 처한 상황을 충분히 이해할 수 없다는 점이다.

교사의 사회계급적 배경과 학생문화 간의 관계는 이미 교육사회학에서 오래 전부터 연구되었던 주제이다. 가령 교사의 사회계급적 배경은 자신의 성장과정에 많은 영향을 미치게 되어, 이는 학생의 교수·학습과정이나 학생지도에도 영향을 미친다는 것이다. 다시 말하면 교사 자신의 문화적 관점에서 학생들을 바라볼 수 있기 때문이다. 물론 교사양성 과정이나 교사연수 또는 스스로의 노력을 통해 이를 보완하고자 많은 노력을 기울이고 있는 것 또한 사실이다. 그럼에도 잠재적 교육과정 측면에서 보면 교사나 교육자들이 사전에 계획이나 의도한 것은 아니지만 무의식 중에 나온 언행 또는 자료제시 등은 다양한 배경을 지닌 학생들에게 의도하지 않은 결과를 불러일으킬 수도 있다.

또한 잠재적 교육과정은 학생 자신 또는 다른 사람들에 대해 내현적으로 보내는 메시지와 신호로서 이것은 젠더와 인종에도 관련된다(Azimpour, & Khalilzade, 2015). 이러한 내현적 행동(covert behavior)은 대화, 다이어그램, 반응, 그리고 교과서, 영화나 기타 다른 매체 등의 자료들을 통해서 투영된다. 교사, 학교행정가, 학교카운슬러 등이 의사소통하는 방법은 학생들에게 메시지를 전달하고, 학생들의 자아존중감에 영향을 미치게 된다. 특히 어떤 경우에는 학생들이 교사들과 또래들이 반응하는 방법에 의해 상처를 받을 수도 있다. 사실 잠재적 교육과정은 반드시 다양한 문화적 배경을 지닌 학생들뿐만 아니라 일반 학생들에게도 중요한 연구주제라 사료된다.

그러나 오늘날 학교는 잠재적 교육과정의 중요성에 대한 인식이 낮은 상태이다(Dickerson, 2007). 잠재적 교육과정은 모든 환경에 존재하며, 교사들은 주류사회의 구성원이 되도록 하기 위하여 특정 방법으로 행동하기를 은연 중에 요구하기도 한다. 이러한 잠재적 교육과정은 지역, 연령, 사람 및 문화에 따라 다르다. 잠재적 교육과정 관점에서 보면, 사람들은 상이한 경험을 가지고 있기 때문에 동일한 현상에 대해서도 다른 생각이나 반응을 보일 수 있다. 다시 말하면 교육자들은 명시적 교육과정을 공개적으로 받아들이고, 학생들은 진술되지 않고 명시적 교육과정 밖에 있는 많은 메시지를 받을 수 있다.

Sedden(1983)은 잠재적 교육과정은 종종 규칙과 규정으로 표현되는 태도, 규범, 신념, 가치 및 가정의 학습을 포함한다고 하였다. 이러한 가치와 규칙은 거의 의문 없이 일상의 경험을 통하여 학교문화로 통합된다. 그러나 학생들은 이러한 규칙과 가치를 거의 반대 없이 수용하게 된다. 가끔 교육체제에 반대입장을 보이는 학생들도 있겠지만 그들은 바로 주변적 위치에 머물 수 있다. 따라서 교사는 학생문화를 이해하는 것이 필수적이라 할 수 있다.

이상에서 살펴본 바와 같이, 교육기관이나 학교에서 공식적으로 계획된 교육과정은 당연히 학생들에게 영향을 미치게 된다. 그러나 문서화되거나 계획된 것은 아닐지라도 학교생활에서 학생들의 관점에서는 다르게 해석할 수 있다. 다시 말하면, 교사, 교과서,

또래 및 대중매체 등을 통해 전달되는 교육내용이나 메시지는 원래 의도한 바는 아니지만 학생들은 부정적인 영향을 받을 수 있다. 이것이 일반 학생을 위한 교육뿐만 아니라, 특히 다문화 교육에 대한 잠재적 교육과정 접근이 필요한 이유이다. 잠재적 교육과정도 넓게 보면 처음에 의도한 것을 의도하지 않은 것처럼 나타내는 것도 포함될 수 있지만, 본 교재에서는 교사나 교육내용 등에서 처음에 의도한 것은 아니지만 다양한 문화적 배경을 가진 학생들에게 부정적인 해석이나 오해로 인해 부정적인 영향을 미칠 수 있는 측면을 강조해서 접근하는 것이다. 따라서 교사나 교육자들은 본래 전달하고자 하는 의도는 아니라 할지라도 학생들은 이를 다르게 해석하거나 받아들일 수 있다는 사실을 항상 명심해야 할 것이다.

2. 다문화 교육과정의 설계

1) 다문화 교육과정 지침 및 절차

다문화 교육과정을 개발하기 위해서는 다양한 요인들을 고려해야 한다. 다문화 교육과정을 개발하는 데 고려해야 할 사항을 보면 다음과 같다. 먼저 UNESCO(2006)는 간문화 교육과정 개발에 관한 지침을 제시하였는데 이 중 일부는 다문화 교육과정에 활용될 수 있다. 이 중 일부를 제시해 보면 다음과 같다.

첫째, '문화에 적합한 교육을 통한 문화적 정체성 존중' 차원에서의 교육과정과 교수·학습 자료 개발

① 학습자의 문화유산을 이해하고 다양한 지식과 경험을 활용하기

② 학습자의 역사, 지식, 테크놀로지, 가치체계, 사회적·경제적·문화적 포부를 통합하고 지역사회의 자료를 활용하기

③ 학습자의 문화적 정체성과 언어 및 가치를 존중하기

둘째, '문화적 지식, 기술 및 태도 제공을 통한 존중, 이해, 유대감' 차원에서의 교육과정 개발

① 문화적 다양성을 발견하여 이를 긍정적으로 인식하고 문화유산을 존중하기
② 역사, 지리, 문학, 언어, 예술과 미학, 과학, 테크놀로지 교과에 대해 교수·학습하기
③ 모든 사람과 모든 문화의 가치와 생활양식을 이해하여 존중하고, 글로벌 상호의존성을 이해하기
④ 권리와 의무를 동시에 인식하고 다양한 사고유형을 존중하기
⑤ 자신의 문화적 가치에 대한 인식과 다양한 문화적 관점을 통하여 정보를 비판적으로 이해할 수 있는 능력 기르기

Aydin(2013)은 선행연구를 토대로 다문화교육을 위한 다문화 교육과정의 지침을 다음과 같이 제시하였다.

① 다문화 교육과정은 학생들의 문화적 학습양식과 특성을 반영해야 한다.
② 다문화 교육과정은 학생들에게 더 나은 자아감(sense of self)을 발달시킬 수 있도록 계속적인 기회를 제공해야 한다.
③ 다문화 교육과정은 학생들이 민족적·문화적 경험을 모두 이해하도록 도와줘야 한다.
④ 다문화 교육과정은 인간사회에서 이상과 현실 간에 갈등이 항상 존재한다는 것을 학생들이 이해하도록 해야 한다.
⑤ 다문화 교육과정은 민족적 다원주의, 문화적 다양성과 국가의 공유된 문화를 지원하는 가치, 태도 및 행동을 증진시켜야 한다.
⑥ 다문화 교육과정은 학생들에게 다원주의적 민주국가에서 효과적인 시민성 함양에 필요한 의사결정 능력, 사회적 참여기술, 정치적 효능감을 길러주어야 한다.
⑦ 다문화 교육과정은 학생들의 효과적인 개인 간·민족 간·문화 간의 집단상호작용에 필요한 기술을 길러주어야 한다.

⑧ 다문화 교육과정은 범위(scope)와 계열성(sequence)을 종합적으로 고려하며, 민족적·문화적 집단에 대한 총체적 관점을 제시하고, 전체적인 학교 교육과정으로 통합되어야 한다.

⑨ 다문화 교육과정은 다양한 민족의 문화·역사적 경험, 사회적 실재 등에 대한 지속적인 연구가 이루어져야 한다.

⑩ 다문화 교육과정은 학생들이 다양한 민족·문화적 집단의 사건, 상황, 갈등 및 관점을 해석할 수 있도록 해야 한다.

⑪ 다문화 교육과정은 다문화사회로서의 세계의 발달을 개념화하고 기술하여야 한다.

⑫ 학교는 학생들에게 다양한 민족적·문화적 집단들의 심미적 경험에 참여할 수 있는 기회를 제공해야 한다.

⑬ 다문화 교육과정은 합법적인 의사소통 체제로서 민족집단의 언어를 학습할 기회를 학생들에게 제공하고, 최소한 두 가지 언어를 충분히 습득할 수 있도록 해야 한다.

⑭ 다문화 교육과정은 지역사회 자원을 활용한 경험학습을 최대한 이용할 수 있도록 해야 한다.

이상과 같은 선행연구를 토대로 다문화 교육과정 개발 시 고려사항을 알아보았다. 이러한 지침을 통한 다문화 교육과정 및 수업을 위한 의사결정 절차의 예를 들어 보기로 하자. 다문화교육의 목적 설정은 학습자의 욕구, 사회적 요구 및 교과목의 중요성이 고려되어야 한다. 이러한 것을 바탕으로 교육과정을 계획하여 수업결정이 이루어지게 된다. 다문화교육의 목적 설정 과정, 교육과정 계획, 그리고 수업방법 결정과정이나 절차를 제시하면 |그림 5-1|과 같다(Bennett, 2011).

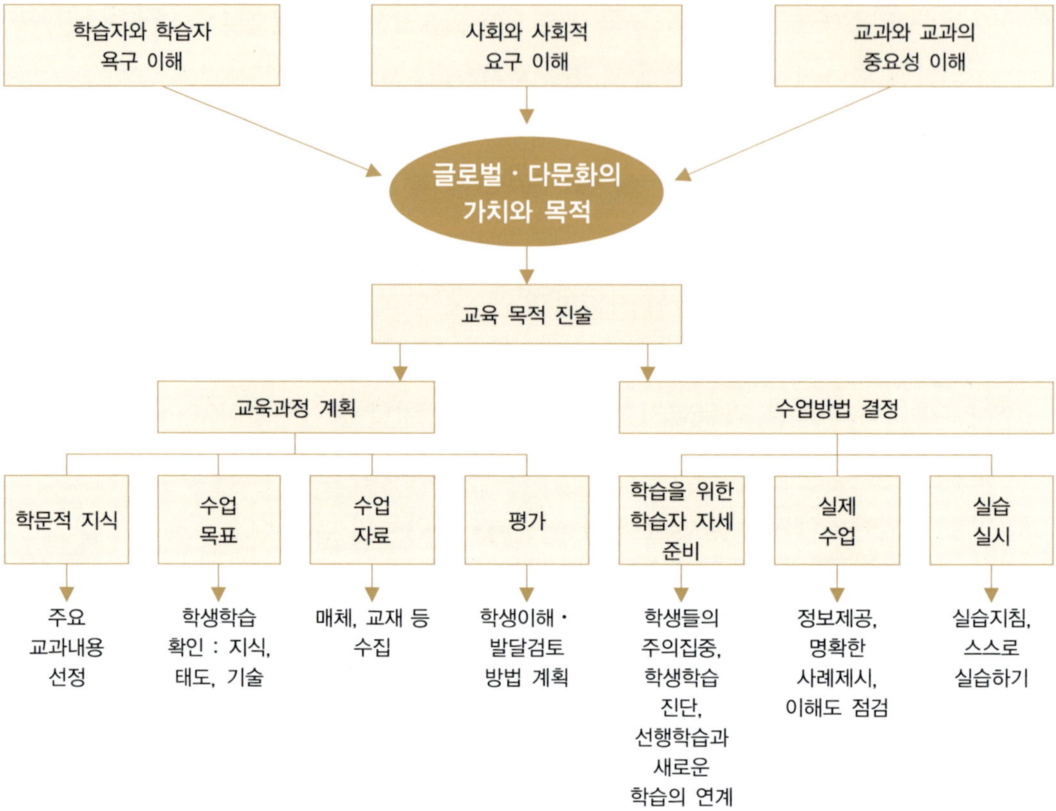

|그림 5-1| 다문화 교육과정 및 수업을 위한 의사결정 절차

출처 : Bennett, C. I.(2011). Comprehensive multicultural education.

2) 다문화 교육과정 개발의 접근모형

다문화 교육과정 접근모형은 크게 나누어 보면 동화주의와 다문화주의로 나눌 수 있다. 즉, 동화주의 관점에서 교육과정은 자민족중심주의로 치우칠 수 있다. 이는 문화적 동질화를 추구하며 소수집단의 문화를 주류사회로 통합하려는 것이다. 이에 비해 다문화주의는 다른 문화를 존중하고 소수집단 문화의 고유성을 인정하여, 이 바탕 위에서 사회통합을 추구하려는 노력이다. 동화주의와 다문화주의의 교육과정에 대한 시사점을 살펴보면 <표 5-2>와 같다(한승준, 2006).

<표 5-2> 동화주의와 다문화주의 비교

구 분	동화주의	다문화주의
문화적 지향	• 문화적 동질화 추구 • 추상적인 타문화 이해와 수용	• 문화적 이질성 존중 • 구체적인 타문화 인정과 보호
정책목표	• 소수집단의 주류사회로의 통합	• 소수집단의 고유성 인정을 통한 사회통합
갈등해소 방안	• 완전한 동화를 통한 사회 갈등해소	• 완전한 참여를 통한 사회 갈등해소
정책수단	• 소수집단 차별방지의 법제화 (소극적 수단)	• 소수집단의 문화와 권리보호의 법제화 (적극적 수단)
다양성 개념	• 사적 영역의 문화적 다양성 보호	• 사적·공적 영역의 문화적 다양성 보호
평등 개념	• 기회의 평등	• 결과의 평등
이주민에 대한 관점	• 노동력, 이방인 통합의 대상	• 사회구성원 • 사회 다양성의 원천
비판	• 이주민동화의 현실적인 어려움 • 이주민에 대한 현실적인 사회적 배제	• 민족정체성 약화 및 사회적 분열 우려

(1) 동화주의 교육과정의 접근모형

동화주의는 소수문화를 다수문화 속에 흡수시키거나 동화시키려는 경향이다. 동화주의는 이민을 쉽게 받아들이고 개방적이기는 하지만 이민자들이 새로운 국가에서 권한을 취득함과 동시에 자국민과 같은 존재로 여긴다. 따라서 동화주의 교육과정에서는 소수자가 주류 나라의 언어를 사용해야 하며 주류문화를 받아들이는 것을 당연시한다(경기도 다문화교육센터, 2009).

이런 관점의 동화주의 교육과정은 주류인 다수자의 관점이 반영된 교육과정이다. 이 교육과정에서는 소수민족의 문화적 특수성이 무시되고 소수자가 다수자의 주류문화에 무조건 동화되기를 기대한다. 소수민족을 위한 내용구성보다는 방법적 운영에 초점을 맞추어 주류문화로 빨리 진입하게 하는 것을 주요 교육목표로 설정한다.

(2) 다문화주의 교육과정의 접근모형

다문화주의란 한 사회가 인종, 성별, 성적 취향 등에 따라 구별되는 이질적인 주변문화로 이루어져야 하며 적어도 이들을 포용해야 함을 옹호하는 입장이다. 즉, 자국 내에 존재하는 다양한 소수문화를 포용하고 이해하는 것을 의미한다.

다문화주의 교육과정은 다른 민족의 문화도 가치롭게 여겨 여러 소수민족의 문화를 인정하고 타자의 관점에서 문화를 이해하는 것을 교육의 목표로 삼는 유형이다. 한 국가 안에서 소수자들의 문화적 권리를 존중하고 정치적·사회적·경제적·문화적 불평등을 없애려는 정책목표를 지니고, 이민자에게 출신 문화를 버리고 주류문화에 동화하도록 요구하지 않으며 오히려 출신 문화를 유지하도록 지원하기도 한다.

(3) 세계주의 교육과정의 접근모형

세계시민교육은 국경을 초월하여 전 세계인이 하나의 공동체적 시각을 가지고 세계문제를 이해하고 해결해 가는 방법을 찾는 교육이다. 국가 외부에 존재하는 국가 간의 이해 증진과 의사소통이라는 국제이해교육의 목표를 넘어 보다 포괄적인 이념을 추구하고, 국가 간의 이해뿐만 아니라 국제사회에 존재하는 정치적·경제적·문화적 불평등, 세력 불균형, 인권침해 등을 인식하며 이를 해결하고자 하는 데 초점을 두는 교육과정이다.

(4) 국제이해 교육과정의 접근모형

UNESCO는 진정한 세계평화가 실현되려면 국가 간 정치노력만으로는 어렵고 각 국민들의 상호 이해를 촉진하는 교육이 선행되어야 한다고 보고 국제이해교육을 제창하였다. 즉, 각 국민 간의 문화교류에 의한 인류의 지적·정신적 연대의 확립이 세계평화의 필수조건이라고 보았다(경기도 다문화교육센터, 2009).

국제이해 교육과정은 자신이나 자국의 입장에서 소수민족 또는 다른 나라를 폭넓게 이해하기 위해 구성하고 운영되는 교육과정 유형이며 Banks의 기여적 접근과 부가적 접근에 통용될 수 있다. 기여적 접근은 초등학교 단계에서 주로 이루어지며 부가적 접근은 교과, 창의적 체험활동 어느 시간에나 활용 가능할 것이다.

3. 다문화 교육과정 개선을 위한 모형

1) Banks의 다문화 교육과정 개혁 모형

Banks(2008)는 학생들이 인종적·국가적·세계적 정체성을 이해하도록 하기 위해서는 학교 교육과정 개혁을 강조하였다. 이를 위해서는 교육과정에 다문화 내용을 단계적으로 반영 또는 통합시키는 방식을 제안하였다. 이 모형은 기여적 접근(contribution approach), 부가적 접근(additive approach), 변혁적 접근(transformative approach), 사회적 행동 접근(social action approach) 등의 네 가지 접근법이다.

이와 같은 Banks의 다문화교육 개혁을 위한 통합의 4단계를 보면 |그림 5-2|와 같다.

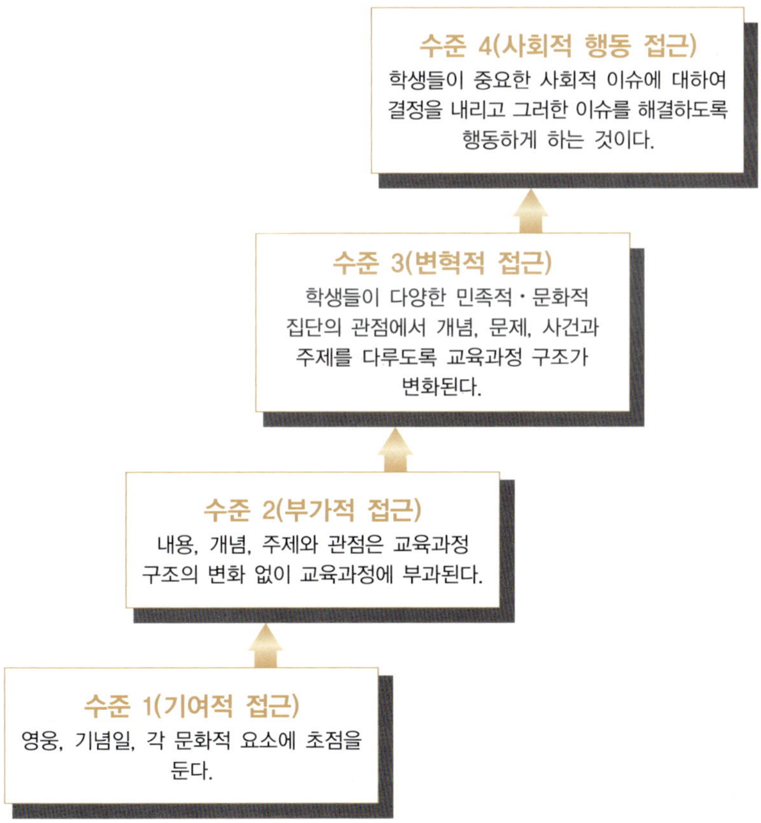

|그림 5-2| 다문화 교육과정 개혁 모형

다문화 내용을 교육과정에 통합하려는 위의 네 가지 접근은 실제 교수·학습지도 상황에서는 종종 혼용되고 있다. 가령, 기여적 접근은 변혁적 접근과 사회적 행동 접근으로 이어지는 교량역할로 사용될 수 있다. 따라서 첫 단계부터 다문화 내용 통합의 더 높은 수준으로의 이동은 점진적으로 이루진다고 볼 수 있다.

첫째, 기여적 접근법(수준 1)은 민족집단과 문화집단에 대한 내용이 주로 영웅, 공휴일 및 축제 등에 제한되어 있다. 이러한 접근은 종종 초등학교에서 사용된다.

둘째, 부가적 접근법(수준 2)은 교육과정의 기본 구조, 목표, 특성을 변화시키지 않으면서 다문화 내용, 개념 및 주제를 교육과정에 첨가하는 방식이다. 이것은 교육과정의 틀을 바꾸지 않고 교과서, 단원, 또는 교육과정의 코스를 첨가하는 것이다.

셋째, 변혁적 접근법(수준 3)은 교육과정의 기본 가정과 패러다임을 변화시킴으로써 학생들이 다른 관점에서 개념, 사건, 쟁점, 문제 및 주제를 바라보도록 한다. 이 접근의 주요 목적은 학생들이 다양한 민족적·문화적 집단에서 개념, 사건, 사람들을 이해하도록 함으로써 지식이 사회건설에 필요하다는 것을 이해하게 하는 것이다. 여기서 학생들은 비판적 사고를 학습하게 된다.

넷째, 사회적 행동 접근법(수준 4)은 변혁적 접근을 확대시킨 것으로서, 학생들이 의사결정을 할 수 있는 활동을 추구하도록 하며, 학생들이 학습한 개념, 문제, 이슈에 관련된 개인적·사회적·시민적 행동을 하게 하는 것이다.

위에서 설명한 기여적·부가적 접근은 교육과정의 기본 구조를 변화시키지 않는 것이다. 따라서 문화축제, 활동, 내용은 기존 교육과정의 틀과 가정 속에 반영된다. 이에 비해 변혁적 접근과 사회적 행동 접근은 교육과정의 변화를 통해 실제 행동으로 옮기도록 한다는 점에서 차이가 있다.

이상과 같은 다문화 교육과정 개혁 모형의 네 가지 접근법을 내용, 예, 강점 및 문제점으로 정리하면 <표 5−3>과 같다(Banks & Banks, 2016).

<표 5-3> 다문화 교육내용의 통합을 위한 접근방법

접근방법	내 용	예	강 점	문제점
기여적 접근	영웅, 문화적 구성요소, 기념일 및 기타 민족집단 관련 요소들이 추가됨	• 멕시코계 미국인 월 5일 기념 주간 • 아프리카계 미국인 역사의 달(2월) • 1학년 때는 민족음식에 내재된 문화에는 거의 관심을 기울이지 않고 단지 공부함	• 민족적 내용을 비교적 쉽고 빠른 방법으로 교육과정에 반영 • 주류문화의 영웅들과 함께 민족집단의 영웅을 교육과정에 제시 • 교사와 교육자들 간의 일반적인 접근방법	• 미국문화에 대한 대략적인 이해 • 민족집단의 생활방식에 초점을 두고 고정관념과 오해를 강화 • 교육과정에 포함될 영웅과 문화적 요소를 선정하는 데 주류문화 기준이 사용됨
부가적 접근	교육과정 구조의 변화 없이 내용, 개념, 주제 및 관점을 교육과정에 부가	• 단원을 재개념화하거나 교과서 이해를 위한 배경지식을 학생들에게 제공하지 않고, 가령 문학 단원에 특정 내용 추가 • 핵심 교육과정은 그대로 두되 특정 민족집단에 초점을 둔 선택과정으로서의 민족연구를 부가	• 교육과정 구조의 변화 없이 민족집단 내용을 교육과정에 부가가 가능함. 왜냐하면 교육과정 구조 변화는 실질적인 교육과정 변화와 교직원 확보가 필요함 • 현재의 교육과정 내에서 이행할 수 있음	• 민족역사와 문화는 주류문화의 통합적 부분이 아니라는 이념을 강화 • 학생들은 주류집단 관점에서 민족문화를 볼 것임 • 학생들은 지배 집단 문화와 민족문화 간의 관련 방법을 이해 못함
변혁적 접근	교육과정의 기본 목적, 구조 및 성격을 바꾸어 학생들이 다양한 인종·민족·문화집단의 관점에서 개념, 사건, 이슈와 주제를 바라볼 수 있도록 함	• 가령, 미국의 경우 혁명에 관한 단원은 혁명의 의미를 설명함 • 가령 문학 단원에 구체적인 특정 문학작품이 포함될 수 있음	• 학생들이 다양한 민족·문화집단이 주류사회와 문화에 참여하는 방법을 이해하게 함 • 학생들에게 주류사회와 주류문화의 성격과 발달에 대한 균형적 시각을 제공함	• 이를 위해서는 다양한 인종·문화집단의 관점에서 실질적인 교육과정 개편, 현직 교사교육, 자료개발 등이 필요함 • 이의 제도화를 위한 교직원 교육이 지속되어야 함

사회적 행동 접근	• 학생들은 중요한 사회문제와 이슈 확인, 적절한 자료 수집, 이슈에 대한 가치명료화를 통해 이슈와 문제해결을 위한 의사결정과 성찰적 행동을 함	• 학교에서의 편견과 차별을 연구하고, 민족관계 개선을 우한 실질적인 행동결정 • 지역신문에서 민족집단 상황을 다루고, 민족집단의 상황이 개선되어야 함을 강조함	• 학생들이 자신의 생각, 가치, 의사결정과 사회적 행동 기술을 개선하게 함 • 학생들이 자신의 자료수집 기술을 개선하게 함 • 학생들의 정치적 효능감 발달과 집단참여 기술을 개선하게 함	• 많은 교육과정 기획과 자료 확인이 필요함 • 전통적인 교수법보다 더 많은 시간이 소요됨 • 일부 교직원과 공동체의 시민들에 의해 모순적이라 생각되는 문제와 이슈에 초점을 둘 수도 있음

출처 : Banks, J. A. & Banks, C. A. M.(Eds.)(2016). Multicultural education.

다음으로는 Banks의 교육과정 개혁 접근방법과 Bloom의 교육목표 분류법을 연계하여 교육과정 설계 틀을 제시해 볼 수 있다. 즉, 교육과정 개혁 단계별로 하위영역에서 상위영역으로 교육내용을 교육과정에 통합시켜 나가는 과정이다. 예를 들면, 지식－기여적 수준에서, 학생들은 문화적 유물, 사건, 집단 및 여타 문화적 요소에 대한 사실을 아는 것이다. 적용－변혁수준에서, 학생들은 다른 관점에서 중요한 개념과 주제의 이해를 통해 적용할 수 있다. 종합－사회적 행동 수준에서, 학생들은 사회문화적 이슈를 해결하기 위하여 행동계획을 수립하고 중요한 사회변화를 추구하게 된다(Ford, & Harris, 2000). Banks의 교육과정 개혁 접근방법과 Bloom의 교육목표 분류법을 연계하는 것은 특정 지식, 태도 및 기술을 단편적으로 이해하는 것이 아니라 종합적으로 이해하도록 한다는 점에서 다문화 교육과정 이해에 큰 도움을 줄 수 있다고 사료된다. 다문화 내용 통합을 위한 교육과정 설계의 틀을 보면 <표 5－4>과 같다.

<표 5-4> 다문화내용 통합을 위한 교육과정 설계의 틀

	지 식	이 해	적 용	분 석	종 합	평 가
기여적 접근	학생들은 문화적 유물, 사건, 집단 및 여타 문화적 요소를 안다.	학생들은 문화적 유물과 집단 등에 대한 정보를 이해하고 있다.	학생들은 문화적 유물, 사건 등에 대해 학습한 정보를 적용할 수 있다.	학생들은 문화적 유물과 집단 등에 대한 정보를 분석(비교, 대비 등)할 수 있다.	학생들은 문화적 유물과 집단 등에 대한 정보를 통해 새로운 산물을 창조할 수 있다.	학생들은 문화적 유물과 집단 등을 토대로 사실과 정보를 평가할 수 있다.
부가적 접근	학생들은 문화적 집단에 대한 개념과 주제(theme)를 안다.	학생들은 문화적 개념과 주제를 이해할 수 있다.	학생들은 문화적 개념과 주제에 대해 학습한 정보를 적용할 수 있다.	학생들은 중요한 개념과 주제를 분석할 수 있다.	학생들은 문화적 개념과 주제를 토대로 중요한 정보를 종합할 수 있다.	학생들은 문화적 개념과 주제를 비판할 수 있다.
변혁적 접근	학생들은 중요한 문화적 요소, 집단 등에 대한 정보를 토대로 이러한 정보를 다른 관점에서 이해할 수 있다.	학생들은 중요한 문화적 개념과 주제를 다양한 관점에서 이해하고, 이를 입증할 수 있도록 학습한다.	학생들은 중요한 개념과 주제를 다양한 관점에서 이해하고, 이를 적용할 수 있다.	학생들은 중요한 문화적 개념과 주제를 하나의 관점 이상으로 분석할 수 있다.	학생들은 자신의 새로운 관점이나 다른 집단의 관점을 토대로 새로운 결과물을 창조할 수 있다.	학생들은 다른 관점(예 소수집단)에서 중요한 문화적 개념과 주제를 평가 또는 판단할 수 있다.
사회적 행동 접근	문화적 유물 등에 대한 정보를 토대로, 학생들은 사회적 행동을 위한 제언을 할 수 있다.	중요한 개념과 주제에 대한 이해를 토대로, 학생들은 사회적 행동을 위한 제언을 할 수 있다.	학생들은 중요한 사회적·문화적 이슈에 대한 이해를 통해 적용할 수 있고, 이러한 이슈를 추천·행동할 수 있다.	학생들은 다른 관점에서 사회적·문화적 이슈를 분석·행동할 수 있다.	학생들은 사회적·문화적 이슈를 해결하기 위한 행동계획을 세울 수 있고, 중요한 사회변화를 추구한다.	학생들은 중요한 사회적·문화적 이슈들을 비판하고 국가적·세계적인 변화를 추구한다.

출처 : Ford, D. Y. & Harris, J. J.(2000). A framework for infusing multicultural curriculum into gifted education.

2) 다문화교육을 위한 기본 교육과정 설계모형

Baker(1983)는 습득(acquisition), 발전(development), 개입(involvement) 등을 포함하여 다문화교육을 위한 교사훈련 모형을 개발하였으며, 이 모형은 다문화교육을 위한 교사훈련 교육과정 개발에 중점을 두고 있다. 즉, Baker의 모형은 예비교사와 현직교사 교육을 위한 다문화 교육과정 설계뿐만 아니라, 일반 학생을 대상으로 한 다문화교육 프로그램 개발에 적용 가능한 구체적인 설계모형을 단계별로 제시하였다(장인실 외, 2013). 첫째, 습득 단계는 지식의 습득을 의미하는 단계로서, 대학에서 대부분의 인문사회 강좌를 통해 충족된다. 둘째, 발전 단계는 개인의 철학을 발전시키는 단계로서, 다문화적 관점을 학생이 가질 수 있도록 심리학적 기초 강좌를 제공하는 것을 의미한다. 셋째, 개입 단계는 교사훈련기관에서 제공되는 방법론적 강좌에 비유되며, 교육사회학 강좌에 적용하여 보면 저서, 컴퓨터, 여러 종류의 수업 보조기구, 학습경험이 어떻게 수업에 적용되는가와 관련된다.

또한 장인실(2008)은 Baker(1983)의 습득, 발전, 개입 단계와 Gay(1979)의 지식, 태도, 실행의 단계를 통합하여 3단계의 다문화교육을 위한 기본 교육과정 설계모형을 구안하였으며, 그 3단계는 지식 습득 단계, 태도 발전 단계, 실행 개입 단계이다. 이에 대한 다문화교육을 위한 기본 교육과정 설계모형을 구체적으로 제시하면 |그림 5-3|과 같다.

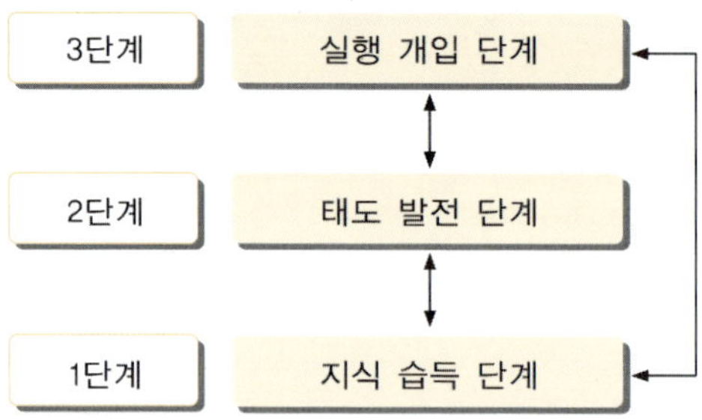

|그림 5-3| 다문화교육을 위한 기본 교육과정 설계모형

|그림 5−3|에서와 같이, 다문화교육을 위한 기본 교육과정 설계모형의 1단계는 지식 습득 단계로서, 이 단계는 다음 두 단계의 기본이 되는 지식을 가르치는 단계이다. 문화, 인종, 민족, 종교, 성별의 차이에 대한 지식은 다문화교육을 지지하는 철학이나 근거를 제공하는 근본적인 요소이며, 태도 및 행동은 정확하고 객관적인 정보의 영향을 받기 때문에 이 단계에서의 지식획득에는 여러 가지 목적이 있다. 즉, 지식획득에는 자문화의 이해, 자신의 문화적 정체감의 이해, 자문화와 타문화 사이의 차이에 대한 이해, 다문화교육 수행을 위한 신념의 확립 등을 포함한다.

2단계는 태도 발전 단계로서, 이 단계에서는 1단계에서 수행된 다문화교육에 대한 지식 습득을 통하여 실제 태도의 변화로 이어지게 하는 것이 주요 내용이다. 다문화교육에 대한 중요 연결고리가 교사이기 때문에, 교사가 다문화교육에 대해 어떤 인식을 가지고 있는가는 소수집단의 학생을 대하는 태도와 주류집단 학생을 가르칠 때 잠재적 교육과정을 통하여 학생에게 전달되고, 이러한 과정을 통하여 학생들의 태도 변화를 가져오며, 그 결과 태도 발전으로 이어진다.

3단계는 실행 개입 단계로서, 이 단계는 실제적인 다문화적 기술과 관련이 있는 단계이며, 교사교육에 있어서는 수업 기술과 관련이 있는 단계라 볼 수 있다. 이 단계의 주요 내용은 다문화 교육과정을 실제적으로 잘 가르치기 위해서 다문화에 대한 충분한 지식, 문화 차이에 대한 수용성, 적절한 수업 기법, 전략, 자료 개발 능력 등이 요구되며, 다문화 교육과정을 잘 실행하기 위해서는 다양한 교수기법을 개발하여 잘 적용할 필요가 있다. 이러한 과정을 통하여 다문화교육이 실행되며, 다문화교육이 실행된다는 의미는 다문화 역량의 함양에 초점을 두어야 함을 의미한다.

3) Bennett의 다문화 교육과정 개발을 위한 종합적 모형

교육과정이란 학교의 지도하에 학생들이 갖게 되는 공식적·비공식적인 모든 경험이다. Bennett은 여기서 다문화교육의 목적에 관련된 학생들의 이해, 가치, 태도 및 행동을 개발하기 위하여 의도적으로 계획된 학교에서의 경험에 초점에 맞추었다.

이 모형은 먼저 핵심가치를 중심으로 여섯 가지 목적을 제시하였는데, 이는 다문화 교육과정의 종합모형이라 할 수 있다. 이에 대한 구체적인 내용은 |그림 5-4|와 같다.

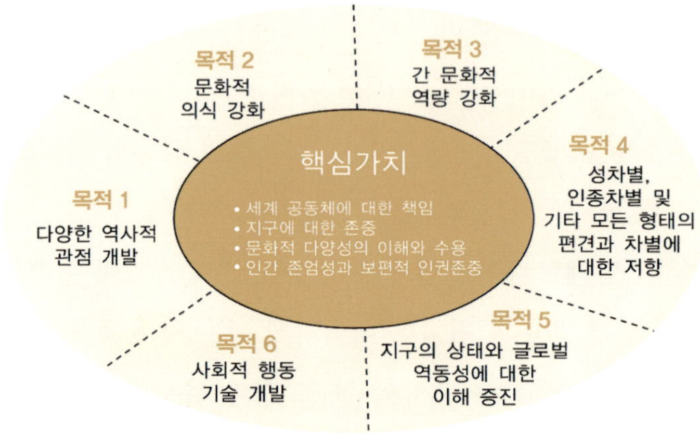

|그림 5-4| 다문화 교육과정의 종합 모형

|그림 5-4|에서 제시된 다문화교육을 위한 종합적 모형의 특징을 간단히 설명하면 다음과 같다.

① 다양한 역사적 관점 개발

대부분의 사람들은 제3 세계 국가들이나 우리 사회의 소수민족에 대한 지식에 접하게 될 때 그들의 역사에 무관심(ahistorical)한 경향이 있다. 따라서 다문화 교육과정의 중요한 목적은 다양한 역사적 관점의 발달을 통해 특정 관점에서 바라보는 편견을 바로잡는 일이다. 과거와 현재의 사건들은 다양한 관점에서 이해되어야 하며, 지역적 사건과 국가적 사건들을 해석할 때에는 소수집단과 주류집단의 관점이 동시에 고려되어야 한다.

② 문화적 의식 강화

문화적 의식이란 개인이 가지고 있는 세계관은 보편적인 것이 아니며 다른 국가와 민족집단 구성원들이 가지고 있는 것과 매우 다르다는 것을 인식하는 것이다. 세계의 인간사회에서는 다양한 이념과 실제가 있다는 것을 인식하고 자신의 사고와 행동은 다른 국가와 민족집단의 구성원들에 의해 어떻게 지각될 수 있는지에 대해 인식할 필요가 있다.

③ 간 문화적 역량강화

간 문화적 역량이란 상징적 의사소통(언어, 기호, 제스처), 무의식적인 단서(신체 언어) 및 자신과는 다른 문화적 관습을 해석하는 능력이다. 여기서 강조되는 것은 공감과 의사소통이다. 문화적 배경이 다른 사람은 다른 행동과 사고를 한다는 가정에 대해 스스로 인식할 수 있는 능력을 의미한다. 즉, 사람들은 자신의 문화적 상황에 의해 형성된 가정들을 토대로 다른 문화를 이해하려는 경향이 있는데, 이때 자신의 관점을 변화시켜 서로의 문화를 이해하려는 인식 변화가 중요하다.

④ 성차별, 인종차별 및 기타 모든 형태의 편견과 차별에 대한 저항

이것은 젠더편견과 자신과는 다른 민족과 문화는 열등하다는 오해에 기초한 부정적 태도와 행동을 감소시키는 것을 의미한다. 여기서 강조되고 있는 것은 젠더, 다른 민족 및 인종집단에 관련된 고정관념을 없애는 것이다. 따라서 인간은 근본적으로 유사하다는 점이다.

⑤ 지구의 상태와 글로벌 역동성에 대한 이해 증진

이것은 지구의 현 상태와 경향 및 발전에 대한 지식을 이해하는 것이다. 세계는 거대하게 상호 관련된 생태계로서, 새로운 테크놀로지나 건강 및 영양 증진 방법 등을 사회에 도입하는 것과 같이, 실천방법 등 단순한 사건에서부터 생태계와 같은 거대한 주제까지 세계에 대한 지식을 포함한다.

⑥ 사회적 행동 기술 개발

이것은 지구의 미래와 인간의 웰빙을 위협하는 주요 문제를 해결하는 데 필요한 지식, 태도, 행동을 포함한다. 특히 강조되는 것은 글로벌적으로 생각하고(thinking globally) 지역적으로 행동(acting locally)하는 것을 강조한다. 이의 목적은 사회구성원들의 참여를 통해 개인적 효능감과 글로벌 책임의식을 발달시키는 것이다.

이상과 같이 교육과정 모형에 포함된 여섯 가지 목적은 각각 분리되어 있는 것처럼 보이지만 실제로는 상호 관련되어 있다(Bennett, 2011). 예를 들면, 문화적 의식을 강화하기 위해서는 간 문화적 역량의 주요 요소인 이해, 기술, 태도 개발이 필요하다. 또한 자아정체감을 개발하지 않고서는 사람들의 간 문화적 역량을 개발하기란 불가능하다. 그리고 이러한 여섯 가지 목적은 각 교과영역과 학생들의 연령에 가장 알맞도록 전반적인 교육과정 설계에 반영되어야 한다. 예를 들면, 역사적 관점과 문화적 의식은 문학과 예술 교과에서 강조될 수 있고, 간 문화적 역량은 언어와 의사소통 교과에서, 인종이나 민족의 편견과 차별 감소는 생물학·세계사·국사에서, 사회적 행동 기술은 정치학이나 경영학 등에서 강조될 수 있다. 특히 사회적 행동 기술을 함양하기 위해서는 간단한 의사결정을 통한 유치원에서 시작하여 지역사회 프로젝트를 통한 고등학교 3학년에 이르기까지 학습경험을 계열성 원리에 입각하여 체계적으로 조직하여야 한다.

제 6 장

다문화 교수 · 학습방법의 이해

1. 다문화 교수 · 학습방법의 의미 및 방향
2. 다문화 교수 · 학습방법의 유형
3. 학습양식과 다문화 교수 · 학습방법
4. 다문화교육 수행을 위한 교수 · 학습과정의 유의사항

제 06 장

다문화 교수·학습방법의 이해

1. 다문화 교수·학습방법의 의미 및 방향

다문화교육의 교수·학습을 체계적으로 지원하기 위해서는 체계화된 지원 체제를 구축할 필요가 있다. 교수·학습(teaching－learning)은 가르치고 배우는 행위를 의미하고, 교수의 개념에 수업이 포함될 수 있으며, 수업은 학습이 일어날 수 있는 가장 가까이에 있는 활동이다. 학습의 효과를 극대화하기 위해서는 수업이 효과적이어야 하며, 이를 위해서는 수업자체뿐만 아니라 수업을 준비하고 평가하는 전체 과정이 매우 중요하다(최충옥 외, 2012; Frazee & Rudnitski, 1995). 즉, 교수·학습은 매우 많은 요인들이 복잡하게 얽혀 있지만, 기본적으로 교수·학습의 구성요인은 교육과정, 학생, 교사로 대별되며, 무엇에 관심을 가지고 강조하여 설명하고자 하느냐에 따라 좀 더 구체화되고 세분화된다.

미국에서는 교사의 수업평가 기준에서 다양성과 동등성을 요구하며, 이러한 요구는 수업에서 다문화가정 학생의 특성을 고려해야 함을 의미한다고 볼 수 있다. 다문화교육은 다문화 전담교사나 사회과목과 같은 특정 교과목에서만 수행되는 것이 아니라 모든 교과목이나 생활에서도 고려되어야 한다. 따라서 모든 교육과정이나 교과교육에서도 적용되는 통합교과가 이루어져야 하며, 다른 교과에서도 다문화적 접근이 필요하다(서종남, 2012). 한편 초등학교 다문화교육에서는 그림을 그리거나 인형놀이, 음식, 사진 등의 시각적인 자료나 언어를 통한 게임을 활용할 수 있으며, 중등학교에서는 토론이나 세계 여러 나라의 문화 등을 비교·분석해 보는 등의 심화수업으로 진행할 수 있다. 이러한 다문화교육을 수행하기 위해서는 대학생 멘토링을 활용하여 학력과 배경을 고려한 수준별 개인지도의 접근방법을 적용하는 것도 효과적일 것이다(서종남, 2008).

다문화교육은 어떤 관점을 가지고 무엇을 중시하느냐에 따라 차이가 있을 수 있다. 초기 다문화교육의 관점은 배척주의, 동화주의, 용광로주의 등 소수집단이 자신의 전통을 포기하고 주류사회나 문화에 흡수되거나 혼합되기를 기대해 왔다. 하지만 최근에 와서 다문화 관점에서 본 다문화교육은 공존하는 문화집단이 상호 존중하고 평등한 사회적 조건을 형성하며, 사회 전체 속에서 조화롭게 공존할 것을 요구할 때 소수집단이 순응하는 한, 자신의 문화적 방식을 유지할 수 있도록 할 뿐만 아니라, 인종주의와 불의를 지적하고 적극 대응하도록 하는 데 목적을 두고 있다(최충옥 외, 2012).

개인 내부에서의 문화에 대한 태도 발달은 개인이 다양한 문화를 접하면서 혼란과 갈등을 겪게 되며, 이러한 과정을 통해 자국 문화에 대한 정체성을 형성하게 된다. 또한 사회에 대한 개념이 확대되면서 문화에 대한 태도도 다문화와 세계 문화, 나아가 미래사회 문화로 넓혀 가는 것이다(장영희, 1997; Banks, 1988). Sleeter(2008)는 다문화 교육과정을 위해 다양성과 공평·정의의 세로축과 국내적 입장 및 국제적 입장의 가로축을 격자로 하는 4개 영역의 교육방향을 제시하였다. 그는 국내적 다양성과 국제적 다양성, 국내적 공평·정의와 국제적 공평·정의로 구분하여 각각의 교육과정이 가정하는 내용과 교수전략, 관련 집단의 득실에 대한 담론을 전개하였다.

Banks(2014)는 다문화교육의 주요 목적을 다음과 같이 제시하였다.

① 자신들을 다른 문화의 관점에서 바라봄으로써 자신을 더 잘 이해하도록 한다.
② 모든 학생들이 공동체문화, 주류문화, 다른 민족의 문화 내에서 생활하는 데 필요한 기술, 태도 및 지식을 습득하게 한다.
③ 어떤 민족과 인종집단들의 구성원들이 경험하는 고통과 차별을 감소시키고자 하는 것이다.
④ 학생들이 글로벌·테크놀로지 사회에서 효과적으로 생활하는 데 필요한 읽기, 쓰기, 셈하기 기술을 습득하도록 도와주는 것이다.
⑤ 다양한 인종, 문화, 언어 및 종교 집단의 사람들이 글로벌 공동체 내에서 효과적으로 활동하는 데 필요한 지식, 기술 및 태도를 습득하도록 한다.

이상에서 본 바와 같이 다문화교육의 가치 및 목적을 바탕으로 하여 다문화교육을 위한 교수 · 학습의 지향점은 나, 사회(소속집단), 세계(지구), 미래사회 등에서의 공동체적 정체성, 다양성 및 평등 · 정의, 문화 창조성 등을 중심으로 다양한 교수 · 학습방법이 적용되어야 할 것이다.

2. 다문화 교수 · 학습방법의 유형

1) Banks의 다문화 교수 · 학습방법

우리가 교육과 다양성에 대해 알고 있는 것은 무엇이며 또 그것을 어떻게 알고 있는가? 이 질문은 다문화 교수 · 학습방법에 시사하는 바가 크다. 이를 위하여 심리학자, 정치학자, 사회학자 및 다문화교육 전문가들이 다학문적 접근을 하였다. 이를 통하여 Banks 등(2001)은 다문화사회에서의 기본적인 교수 · 학습의 열두 가지 원리를 다섯 가지 범주로 나누어 설명하였다.

(1) 교사의 학습(teacher learning)이다

원리 1. 교사교육 프로그램은 민족집단의 복합적인 특성과 민족, 인종, 언어 및 사회계급이 다른 학생들에게 영향을 미치는 방법을 이해하도록 하여야 한다.

(2) 학생의 학습(student learning)이다

원리 2. 학교는 모든 학생들이 높은 수준에 도달할 수 있도록 균등한 학습기회를 갖도록 해야 한다.

원리 3. 교육과정은 지식이 사회적으로 구성되며, 연구자들의 개인적 경험뿐만 아니라 그들이 생활하고 연구하는 사회, 정치, 경제적 맥락을 반영하고 있다는 것을 학생들이 이해하도록 해야 한다.

원리 4. 학교는 모든 학생들에게 과외활동과 교육과정 활동에 참여할 수 있는 기회를 제공함으로써 지식, 기술, 태도 발달을 통해 학업성취도를 증대시키고, 긍정적인 인종 상호 간의 관계를 발달시키도록 해야 한다.

(3) 집단 간 관계(intergroup relations)이다

원리 5. 학교는 집단 간 관계를 개선하 하기 위하여 집단성원 의식을 형성해야 한다.

원리 6. 학생들은 인종적 · 민족적 관계에 부정적 영향을 미치는 고정관념과 기타 관련된 편견을 학습해야 한다.

원리 7. 학생들은 거의 모든 문화집단이 공유하고 있는 가치(예 정의, 평등, 자유, 평화, 자비 등)를 배워야 한다.

원리 8. 교사들은 학생들이 다른 민족적 · 인종적 · 문화적 · 언어적 집단들과 효과적인 상호작용에 필요한 사회적 기술을 획득하도록 도와주어야 한다.

원리 9. 학교는 다른 인종적 · 문화적 · 민족적 · 언어적 집단의 학생들이 공포와 불안을 감소시키도록 학생들이 사회적 상호작용할 수 있는 기회를 제공해야 한다.

(4) 학교관리, 조직 및 평등이다

원리 10. 학교는 의사결정이 광범하게 공유되도록 조직되어야 한다. 그리고 학교공동체 구성원들은 학생들을 배려하기 위한 환경을 만들도록 하기 위하여 협동기술과 태도를 학습하도록 해야 한다.

원리 11. 지도자들은 모든 공립학교가 소재지에 관계없이 평등하게 재정 지원을 받도록 전략을 개발해야 한다.

(5) 사정(assessment)이다

원리 12. 교사들은 인지적 · 사회적 기술을 사정하기 위하여 다양하고도 문화적 측면을 고려한 기법을 사용하여야 한다.

이상과 같이 다문화사회에서의 다문화교육은 다양한 노력이 뒤따라야 함을 알 수 있다. 먼저 다문화교육의 이해의 폭을 넓히기 위해서는 다양한 분야의 다양한 전문가들의 협동적 노력이 있어야 한다. 다음으로 다문화교육을 위한 구체적인 교수·학습을 위해서 고려해야 할 요소로서 교사와 학생들의 학습도 중요하지만 집단 간 관계, 학교관리와 사정 또는 평가에 이르기까지 많은 준비와 뒷받침이 있어야 한다.

2) Bennett의 다문화 교수·학습방법

Bennett(2007)의 다문화교육 교수·학습방법은 협동학습과 통합학교, 다문화적 관점의 교수법으로 구분하여 제시되었다(서종남, 2012). 먼저 협동학습과 통합학교에 대해 제시하며, 다문화교육을 위한 협동학습은 통합학교를 실현하기 위해 개발되었지만, 다양한 학생들과 함께 학습을 할 때 유용한 수업전략의 하나로서, 이제는 모든 학교로 확대되어 진행되고 있다.

최근 학생들의 협동학습은 최소제한환경에서 주류사회의 교육을 필요로 하는 장애학생이나 소수언어를 사용하는 위기의 학생들에게 통합교육을 하는 데 활용되고 있다(Slavin, et al., 1988). Slavin 등(1988)에 의하면, 협동학습은 전통적인 학급의 경쟁적이고 인센티브 위주의 구조 및 개인 위주의 구조와는 다른 방법의 교수법이며, 이 협동학습은 학생의 학업성취와 학생들과의 관계 개선, 평균이나 평균 이하의 학생 모두에게 효과적인 학습방법이기도 하다. 협동학습방법에는 학생 팀 성취 조(STAD : Student Team Achivement Division), 팀 게임 토너먼트(TGT : Team Game Tournament), 직소우 Ⅱ(Jigsaw Ⅱ), 개별화 협동학습(TAI : Team Assisted Individualization) 등이 있다. STAD는 4~5명이 한 팀이 되는 기법으로서, 팀원들이 개별적으로 퀴즈를 풀어서 팀을 위해 점수를 받고, 비슷한 성적의 다른 학생들과 비교한다. STAD는 TGT에서 활용하는 토너먼트 게임 대신 개인 퀴즈를 활용한다. TGT는 가장 잘 연구된 팀 구성학습방법이다. 직소우 Ⅱ 방법은 6인 1조의 학생이 조의 인원수대로 학습자료를 나눈다. 같은 내용을 가진 조원들이 모여 전문가 집단을 구성한 후 함께 공부를 한다. 그런 후 조원들이 다시 조로 돌아가 각자의 내용을 조원들에게 가르쳐주며, 대부분의 학생들은 쪽지 시험을 본다. 이를 통해 학생들은 하는 일에 서로 관심을 갖고 지원해야 한다. TAI는 4~5명이 한 팀이 되어 수준이 같지 않은 다양한 학생집단을 위해 설계된 학습방법이다(서종남, 2012).

즉, 협동학습은 집단 간 긍정적인 접촉을 촉진하고 학업성취와 인종 간의 우호적인 태도를 증진시키며, 이러한 교수개념과 전략은 문화적으로 적절히 교수에 포함시킬 수 있다. 따라서 다문화교육 교수·학습방법의 목표는 학생이 자신의 노력을 최상으로 발휘하고 잠재력을 최대한 달성하도록 하기 위하여 지지적이고 비경쟁적이며, 공동체적인 학습환경을 만드는 데 있다. 이에 이러한 협동학습은 다문화교육의 중요한 교수·학습방법이 될 수 있을 것이다.

그 다음으로, 다문화적 관점의 교수법은 학생들이 잠재능력을 계발하고 창의력을 발휘할 수 있는 교실환경과 다양성 있는 교육과정을 마련하여야 하며, 학생들의 문화 간 역량을 향상시키고 편견이 없는 비판적 사고력을 향상시켜야 한다(서종남, 2012). 만약 학급 단위에서 다문화적 교수법을 적용한다면 매우 효과적일 것이다.

3) Joshee의 캐나다 다문화 교수·학습방법

캐나다의 사회통합의 방향은 안전한 학교 만들기와 품성개발을 위한 정책사업에 가장 두드러진 특징을 나타내었다. 안전한 학교 만들기의 바탕 논리 및 원칙은 학생들이 학업 목표를 달성하려면 우선 학교가 안전해야 한다는 것이 그 무엇보다 중요하다. 현재의 안전한 학교 만들기에 대한 정책적 방향은 인종차별 반대와 인종적·민족적·문화적 평등은 분명히 하면서 폭력예방에 보다 초점을 두게 되었다(Joshee, 2009). 즉, 사회통합기조는 안전한 학교 만들기와 품성개발을 위한 정책 사업이며, 학교폭력 행위와 직접적으로 연관된 인종차별이나 성차별과 같은 보다 조직적인 행위는 대처방법을 강구할 필요가 있다.

정부에서 시도되는 또 하나의 정책은 새로운 품성개발 전략이다. 이 전략은 안전하고 건전하며 질서 있는 학교환경 조성에 도움이 되도록 학생들의 행동과 마음가짐을 교육하는 데 초점을 두고 있다. 주요 핵심내용은 학생들에게 그들의 이웃과 사회, 직장,

그리고 생활을 가능한 한 최고 수준으로 만들 수 있도록 자제력과 자기관리 능력을 배양시키는 것이다. 또한 다양성은 갈등의 원인이 되기 때문에 공통점을 찾아내어 그것을 극복하지 않으면 안 되며, 교육도 사회통합에 비중을 둠으로써 갈등을 극복할 뿐만 아니라 학생들이 학업에 전념할 수 있는 안전한 교육환경을 이루는 데 도움이 될 수 있다는 의미를 시사한다(Joshee, 2009). 따라서 캐나다의 다문화교육 방법은 품성개발을 전략으로 하여 안전하고 건전하며 질서 있는 학교환경이 조성되도록 학생들의 행동과 마음을 교육하는 것이다. 특히 학생들에게 이웃, 사회, 직장, 생활 등을 최고 수준으로 만들 수 있는 자제력과 자기관리 능력을 배양시키는 것을 교육의 핵심으로 두고 있다. 또한 이러한 다양성에 공통점을 찾아내어 다문화 교수·학습방법을 개발하여 적용하고 있으며, 다문화교육의 실현 차원에서 다양성과 공통성에 초점을 둔 교수·학습방법을 활성화하는 데 초점을 두고 있다.

4) Jin의 중국 다문화 교수·학습방법

중국 다문화교육 이론의 핵심은 문화적 복수주의 이론과 교육의 평등이다. 지난 40여 년 동안 다문화교육의 이론과 실제는 점차 구체적으로 발전하여 현재에는 네 가지 패러다임이 전개되고 있다. 즉, 온건 동화이론, 급진 동화이론, 온건 다문화주의, 급진 다문화주의 등이다(Jin, 2009).

한편 중국의 소수민족교육과 서구의 다문화교육은 각기 서로 다른 특성을 가지고 있는데, 그 내용은 다음과 같다. 첫째, 서구의 다문화교육은 문화적 배경에 관계없이 사회적 열세에 있거나 우위에 있는 모든 민족이나 인종의 자녀들을 대상으로 하는 반면, 중국의 소수민족교육은 소수민족 자녀들만을 대상으로 하고 있으며, 소수민족 자녀들만을 교육하는 소수민족학교가 있다. 즉, 서구에서 다문화교육 학교 형태는 다인종 및 다민족인 데 비해 중국의 소수민족교육은 각기 독립적으로 세워진 소수민족학교에서 이루어지는 것이 주된 특징이다. 둘째, 서구의 다문화교육은 문화 하나하나에 중요성을 부여하며 서로 다른 문화적 배경을 가진 학생들에게 각기 다른 교육방법이 적용되는 반면, 중국의 소수민족교육에서는 정책과 행정이 강조된다. 셋째, 서구의 다문화교육은 다른 그룹의 전통문화에 대한 존중을 강조하는 데 비해서, 중국의 소수민족교육은 소수민족의 전통문화를 유지하고 발전시키는 데 초점을 둔다(서종남, 2012; Jin, 2009).

이상에서 볼 때 중국의 다문화교육은 다민족 및 다인종의 다양한 교수방법을 그대로 존중해 준다는 사실이며, 다양성과 차이를 존중해 주는 방식으로 다문화교육이 진행됨을 알 수 있다. 또한 중국 다문화교육의 이론과 실제에서는 국민통합을 위한 교육활동, 여성교육, 빈곤층 자녀교육, 전통문화 발전과 전수 등의 네 가지에 중점을 두고 있음을 알 수 있다.

5) UNESCO의 다문화 교수·학습방법

UNESCO(2006)는 문화 간 교육에 관한 지침서(Guidelines on Intercultural Education)를 통해 크게 세 가지 원리들을 제시하고 있는데, 이것은 다문화교육 교수·학습방법에 적용해 볼 수 있을 것이다. 물론 이 원리에는 다양한 다문화교육 관련 내용들이 제시되어 있으나 여기서는 주로 교수·학습에 관련된 내용을 중심으로 알아보기로 한다.

원리 1 : 모든 사람들을 위해 문화에 적합한 질 높은 교육을 제공함으로써 학습자들의 문화적 정체성을 존중해야 한다. 이를 위한 교수·학습방법은 다음과 같다.

첫째, 문화적합성 교육(culturally appropriate education)을 실시하는 것이다. 예를 들면, 전통적인 교수방법을 통합하거나 스토리텔링, 드라마, 시, 노래 등의 전통적인 형태의 미디어를 통합하여 학습자들이 가지고 있는 문화에 맞추어 가르치는 것이다.

둘째, 실천적·참여적 맥락화된 학습 기법(technique)에 기반을 둔 교수·학습방법이다. 여기에는 현장학습, 웹 사이트와 기념물 방문을 통한 활동과 공동체의 사회적·문화적·경제적 요구와 연계된 생산적 활동 등이 포함된다.

원리 2 : 간 문화교육은 사회에 능동적이고도 충분히 참여하는 데 필요한 지식, 태도 및 기술을 제공한다. 이를 위한 교수·학습방법은 다음과 같다.

첫째, 공정한 교육기회를 제공하는 일이다. 이를 위해서 모든 문화집단에게 모든 형태의 교육에 대한 공정한 접근기회 제공, 교육제도의 차별금지, 중등교육과 중등교육 이후의 교육 및 직업교육에 대한 공정한 접근기회 보장 등이 필요하다.

- 형식적・비형식적 방법과 전통적・현대적 교수방법의 통합, 학습자들의 능동적 참여
- 능동적 학습환경 구축 : 구체적인 프로젝트 실행, 교재중심 지식 탈피, 자신감 제고, 타인과의 협동이나 의사소통 능력 등의 문화적 기술 획득방법 활용

둘째, 교육과정과 교수・학습 자료를 활용하는 것이다.

- 소수집단의 역사, 전통, 언어 및 문화에 대한 지식을 다수집단에 전달하기
- 소수집단의 사회에 대한 지식 전달하기
- 소수민족집단에 대한 편견 배제하기
- 다른 문화적 관점에서 지식을 제시하기
- 읽기, 쓰기, 구어를 종합적으로 이해함으로써 시민으로서 정보접근 기회를 얻어 자신이 거주하는 사회의 상황을 명확히 이해하고, 자신의 욕구를 표현하며, 사회활동에 참여할 수 있게 하기

셋째, 적절한 언어교육으로서, 이는 모든 학습자들이 누구나 자기의 모국어와 현재 거주하고 있는 국가에서 사용하는 공식 언어나 비공식 언어로 소통하고, 표현하며, 대화에 참여할 수 있는 능력을 길러야 한다.

원리 3 : 다문화교육은 모든 학습자에게 문화적 지식, 태도 및 기술을 제공함으로써 개인적・민족적・사회적・문화적・종교적 집단 및 국가 간에 존중・이해・유대감을 갖도록 한다. 이를 구체적으로 제시하면 다음과 같다.

첫째, 적절한 교수・학습방법을 활용하는 것이다. 여기에는 다른 민족집단들의 유산, 경험과 인류에 대한 공헌에 존엄성과 의미부여, 평등주의적 맥락에서 학습 제공 등이 포함된다.

둘째, 문화의 장벽을 넘어 다른 사람들과 소통하고, 협동하며, 공유하는 기술을 학습하는 것이다. 여기에는 다른 국가나 문화적 환경 속에 있는 학생, 교사와 기타 교육자

들 간의 직접적인 접촉과 정기 교류, 공동의 문제해결을 위해 다른 국가의 제도와 기관 간의 공동프로젝트 실시, 공동의 목적으로 활동하는 학생과 학자들 간의 국제적 네트워크 형성, 갈등해결과 중재능력 습득 등이 포함된다.

셋째, 외국어 교수・학습과정에서 문화적 요소를 강화하는 것이다.

이상과 같은 UNESCO의 간 문화 교육방법은 다문화 교수・학습에 대한 다양한 방법을 제공하고 있다. 특히 여기서는 다양한 문화적 배경을 가진 학생들에게 언어교육의 중요성을 강조하고 있다.

3. 학습양식과 다문화 교수・학습방법

1) 학습양식과 교수・학습방법

다문화사회에서 다양한 문화적 배경을 지닌 학생들을 위한 교수・학습과정에서는 학생들의 다양한 문화적 배경을 고려하는 것이 매우 중요하다. 왜냐하면 다양한 문화적 배경을 지닌 학생들은 특정 현상에 대한 관점이나 인식방법이 다르고, 생활배경에 따라 사고방식이나 지각방식이 다를 수 있기 때문이다. 다양한 문화적 배경을 지닌 학생들의 다문화 교수・학습에서 고려해야 할 점을 살펴보기로 하자.

Bennett(2011)에 의하면, 학생들은 학습과정에서 학습양식(learning style)의 차이가 있을 수 있다고 하였다. 가령 어떤 학생들은 여러 명과 함께 공부하는 데 익숙한가 하면, 어떤 학생들은 혼자서 공부하는 것을 더 선호한다. 어떤 학생들은 많은 지지를 필요로 하지만, 어떤 학생들은 스스로 동기가 유발되기도 한다. 또한 어떤 학생은 직관적이고, 어떤 학생은 연역적 또는 귀납적 추론을 선호할 수 있다. 이러한 현상은 일반적인 개인의 특성으로 볼 수도 있지만, 문화에 따른 학습양식의 차이라고도 볼 수 있다.

Xiao(2006)에 의하면, 교사와 학생들은 모두 문화가 학습에 영향을 미친다는 사실을 인식해야 하며, 교사들은 학습자들의 욕구, 능력, 잠재력 및 학습양식의 선호도를 인식해야 한다. 이처럼 문화가 사람들의 지각방법에 영향을 준다는 것은 다양한 문화적 배경을 지닌 학생들의 교수·학습과정에서 문화적 특성이해의 필요성을 강조하는 것이다.

2) 문화적합 교수법(culturally relevant teaching)

위에서 간단히 언급된 바와 같이, 학생들은 대체로 자신의 문화에 의해 형성된 학습양식을 가지고 있을 수 있다. 따라서 교사나 교육자들은 교수·학습과정에서 다양한 문화적 배경을 가진 학생들의 학습양식을 고려하여야 한다. 즉, 학생들의 문화에 적합한 교수방법(culturally relevant education)이 필요하다. 이와 유사한 용어는 문화반응적 접근(culturally responsive approaches), 문화적합 교수법(culturally relevant teaching), 문화일치형 교수법(culturally congruent teaching) 등으로 다양하게 표현되고 있다. 우리나라에서는 문화감응 교수 또는 문화적합 교수 등으로 사용되고 있으나, 여기서는 문화적합 교수법으로 사용하고자 한다.

Ford와 Kea(2009)에 의하면, 문화적합 교수법이란 말은 다양한 의미를 지니고 있지만 그 핵심은 학생들이 성공을 경험할 수 있도록 욕구를 충족시켜 주어야 한다는 우리의 의무감과 절박감을 나타내는 것으로 보았다. 교사들이 문화적으로 반응할 때, 그들은 학생 중심 입장에서 학습의 장벽을 허물어 학생들의 성공에 문호를 열어주는 열쇠 역할을 수행한다. 따라서 문화적으로 반응한다는 것은 교사들이 자신과는 다른 문화적 배경을 지닌 학생들의 욕구를 사전에 적극적으로 이해·존중·충족시키는 일을 한다는 것을 의미한다. 즉, 문화적합 교수법은 학생들은 유사하면서도 서로 다르다는 것을 인식하는 것이다.

Aceves와 Orosco(2014)는 문화적합 교수법은 인종, 사회경제적 계급, 그리고 언어능력으로 인한 학업성취도 차이와 학교 중도 탈락률에 대한 직접적인 관심으로 인해 나타난 직접적인 반응이라고 보았다. 가령 경제적으로 유리한 백인 학생들과 보다 낮은 사회경제적 배경을 지닌 학생들 간의 학업성취도 차이가 나타나고 있다. 따라서 학교 개혁 관점을 위한 시도로, 문화적합 교수법은 이러한 학업성취도 차이를 줄이기 위하여 교사들의 전문적 지식기반을 확대하려는 개념이다. 즉, 이것은 유색인종의 이민자녀들과 보다 낮은 사회경제적 계급의 학생들에게 비효율적인 전통적 교육과정과 수업방법에 대한 반응이라 할 수 있다. 따라서 문화적합 교수법은 백인의 중류계급의 가치와 기대는 중시되는 반면, 다른 문화적 · 인종적 · 경제적 역사와 공동체배경은 간과되고 있는 학교규범에 주목한다.

Kea 등(2004)은 교사들은 다음과 같은 특성을 이해해야 한다고 하였다.

첫째, 사회문화적 의식 : 교사들은 인종, 사회경제적 지위, 언어에 의해 자신의 사고방식, 행동, 존재방식이 영향을 받을 수 있다는 것을 이해해야 한다. 따라서 교사는 자신의 사회문화적 정체성과 불평등을 점검하기 위해 비판적 자기분석과 반성적 사고를 지속적으로 수행해야 한다.

둘째, 다른 문화적 배경을 지닌 학생들에 대한 긍정적인 태도 : 교사들은 다른 문화적 배경을 지닌 학생들과 집단에 대해 가질 수 있는 부정적인 태도를 버려야 한다.

셋째, 변화의 주체로서 행동할 수 있는 의지와 기술 : 교사들은 문화적 차이로 인해 일어나는 이슈와 문제들을 효율적으로 처리할 수 있는 방법과 협동기술을 이해해야 한다. 즉, 변화과정과 변화에 걸림돌이 무엇인지를 이해해야 한다.

넷째, 학습에 대한 구성주의적 관점 : 모든 학생들은 학습능력을 지니고 있기 때문에, 학생들이 자신의 경험을 통해 학습할 수 있다는 것을 교사들은 믿어야 한다.

다섯째, 학생에 대한 학습 : 교사들은 자신이 가르치는 학생들과 학생들의 경험, 가정, 지역사회에 대해 이해하려는 노력이 필요하다. 그들은 이 풍부한 정보가 관계 형성에 도움이 될 것임을 인식하고 이러한 경험을 교수, 학습, 평가의 맥락에서 활용해야 한다.

여섯째, 문화적합 교수전략 : 교사는 지식 및 교수 · 학습에 대한 구성주의적인 관점을 지지해야 한다. 교사들은 학생들이 지식을 구성하도록 도와줌으로써 학생들의 개인적 · 문화적 강점(strength)을 발휘하게 해야 한다. 또한 모든 학생들에게 권한을 부여하여 가치 및 성원의식을 느낄 수 있는 학급환경을 만들어야 한다.

교수・학습과정, 특히 문화적으로 다른 학생들을 가르칠 때 교사들이 가지고 있는 신념과 태도는 교실의 분위기 조성에 영향을 미친다. 즉, 교수철학은 교사들이 학습이 어떻게 발생한다고 생각하는지, 이 과정에 어떻게 개입할 수 있다고 생각하는지에 대한 단서를 제공한다. 교사는 학생들이 가지고 있는 문화에 적절하게 반응할 수 있는 교실을 만들기 위해 문화에 대한 존경심을 철학에 포함시켜야 한다.

Gay(2010)에 의하면, 문화적합 교수법이란 학습자들에게 더 적합하고 또 그들이 효과적으로 학습하도록 하기 위해 문화적 지식, 선행경험, 준거 틀과 민족적으로 다양한 학생들의 수행양식(performance style)을 활용하는 것을 말한다. 이것은 학생들의 강점(strength)을 토대로 가르치려는 것이다. 문화적합 교수・학습은 다음과 같은 특징을 가지고 있다.

① 학생들의 성향, 태도에 영향을 미치는 유산 및 공식적 교육과정에서 학습한 내용 등 다른 민족집단의 문화적 유산의 정당성을 인정한다.
② 가정과 학교경험 간에, 그리고 학문적 추상성과 사회문화적 실재 간의 유의미성에 대한 교량기능을 한다.
③ 상이한 학습양식을 고려하기 위해서 매우 다양한 수업전략을 사용한다.
④ 학생 자신의 문화유산과 다른 사람의 문화유산을 이해하고 존중하도록 가르친다.
⑤ 모든 교과목에서의 다문화정보, 자원 및 자료와 학교에서 일상적으로 가르치는 기술을 통합한다.

따라서 다양한 문화적 특성을 반영한 학급운영을 위해서는 최소한 다섯 가지의 특징, 즉 교사의 철학, 학습환경, 교육과정, 수업 및 평가방법을 고려해야 한다. 이를 보면 |그림 6-1|과 같다(Ford, & Kea, 2009).

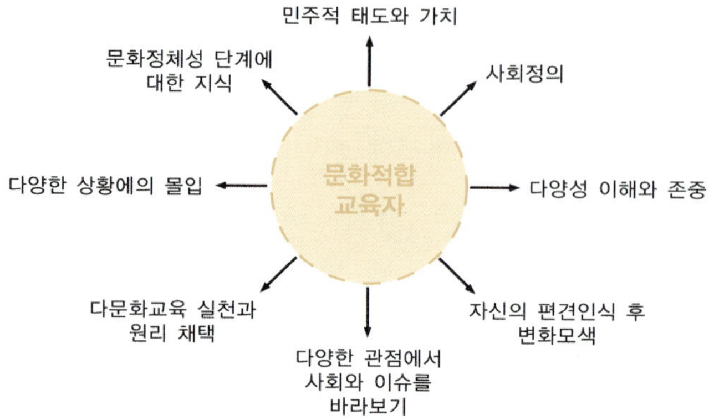

|그림 6-1| 문화적합 교육자의 지식, 기술, 태도

출처 : Ford, D. Y., & Kea, C. D.(2009). Creating culturally responsive instruction: For students' and teachers' sakes.

한편 Muñiz(2020)는 문화적합 교수법은 교사들이 학생들의 일상생활과 문화적 배경에 관심을 가짐으로써 학생들이 참여를 통해 성취할 수 있는 방법을 지원해 주는 것이라고 하였다. 따라서 교사는 이러한 역량을 가질 때 학생들을 제대로 가르치고 또 그 결과를 공정하게 평가할 수 있다. 이에 문화적합 교수법을 위해 교사들이 갖추어야 할 역량을 |그림 6-2|와 같이 제시하였다(Muñiz, 2020).

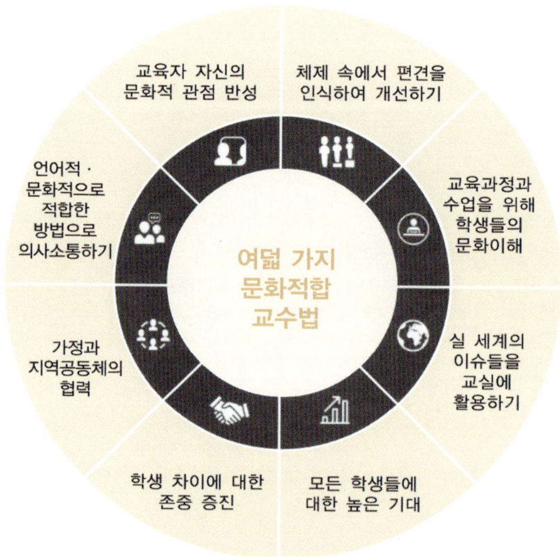

|그림 6-2| 문화적합 교수법을 위한 교사역량

출처 : Muñiz, J. (2020). Culturally responsive teaching.

|그림 6-2|에 나타난 문화적합 교수법을 위한 교사의 역량을 더 구체적으로 설명하면 다음과 같다.

① 교육자 자신의 문화적 관점 반성

교사들은 다양한 정체성 집단(예 인종, 민족, 사회경제적 지위, 성적 지향성 및 젠더 등)에서 일상적으로 그들 자신의 생활경험과 성원의식(membership)을 되돌아보고, 이러한 요소들이 자신의 신념과 행동에 어떻게 영향을 미치는가를 질문해야 한다. 가령 나의 정체성은 나의 사고, 가치 및 세계관을 어떻게 형성하는가, 나의 정체성은 내가 가르치는 학생과 동료들과 어떻게 다른가 등이다.

② 체제 속에서 편견을 인식하여 개선하기

교사들은 개인적 차원의 편견(예 인종차별 발언)과 제도적 또는 체제차원의 편견(예 거주차별) 간의 차이를 이해해야 한다. 즉, 교사들은 자신의 정체성이 학생들에게 어떻게 영향을 주는지를 깊이 있게 이해해야 한다. 가령 학생들이 가지고 있는 데이터를 분석하고 있는가, 학급, 학교 등이 학생들의 성취도 차이를 줄일 수 있는 방법은 무엇인가 등이다.

③ 교육과정과 수업을 위해 학생들의 문화이해

교사들의 교수방법에 대한 핵심은 학생들의 문화적 배경과 기존 지식이 새로운 학습을 하는 경우 교량기능을 하는 데 도움을 줄 수 있는가에 대한 신념이다. 교사들은 학생들의 새로운 학업적 개념과 가정, 공동체 및 생활경험에서 오는 배경지식 간의 연계를 통해 문화적 틀을 사용해야 한다. 교사들은 정기적으로 학생들을 과제, 프로젝트 작업에 투입해야 하며, 교재와 수업자료들을 평가하여 학생들에 대한 고정관념을 영속화하지 않도록 해야 한다. 가령 교사가 사용하는 과제, 평가 및 수업자료는 학생 자신과 다른 사람들을 편견 없이 바라보도록 사용되고 있는가, 교사는 학생들의 지식, 문화적 배경, 흥미, 관심사 및 가족전통에 대해 알려고 노력하고 있는가, 교사는 역사적 정확성, 고정관념, 문화적 적절성 및 다양한 관점을 위해 자신이 사용하고 있는 과제, 평가 및 수업자료를 검토하고 있는가 등이다.

④ 실 세계의 이슈들을 교실에 활용하기

교사들은 학생들이 수업시간에 배운 지식과 기술이 학생들의 생활, 가정과 공동체에 얼마나 유용한 것인지를 알도록 해야 한다. 가령, 이러한 자료는 학생들의 생활에 어떤 도움이 되는가, 이러한 지식은 학생들의 문제해결에 도움이 되는가 등이다. 따라서 학습활동을 계획하고 교실에서 일어나는 학습을 실질적으로 하려고 할 때 가정, 공동체 및 학생들을 참여시켜야 한다.

⑤ 모든 학생들에 대한 높은 기대

교사들은 모든 학생들이 높은 수준의 성취를 할 수 있다고 믿어야 한다. 이를 위해 교사는 어떤 방법을 통해 학생들에게 도움을 줄 수 있는지, 어떠한 학생들도 수업에서 이탈하지 않도록 할 것인지 등을 생각해야 한다.

⑥ 학생 차이에 대한 존중 증진

교사들은 존중받고 참여적이며 긍정적인 학습환경을 만들어야 한다. 즉, 문화 차이를 넘어서 모든 다양한 문화를 존중하는 학습환경을 형성하여야 한다. 이를 위해 모든 다양한 문화적 배경을 지닌 학생들을 참여시키고 존중할 수 있는 학습환경은 어떻게 만들 것인지를 생각해야 한다.

⑦ 가정과 지역공동체의 협력

교사들은 부모들이 자녀교육에의 참여에 관심이 있으므로 부모참여의 장애요소를 제거해야 한다. 가령, 교사는 편리한 시간과 장소에서 부모들을 만날 수 있을까를 생각하는 것이다. 또한 교사들은 부모들이 과거 학교참여에 대한 어떤 트라우마를 가질 수 있다고 생각해 봐야 한다. 왜냐하면 학교는 전통적으로 중류계급의 가정인 백인중심이었기 때문에, 유색인종 및 저소득층 가정을 신뢰하도록 노력해야 한다. 가령, 가족과 공동체 구성원들에 대한 참여 장벽을 어떻게 감소시킬 것인가 등이다.

⑧ 언어적·문화적으로 적합한 방법으로 의사소통하기

교사들이 언어적·문화적으로 적합한 방법으로 소통할 때, 학생들과 가족은 더 편안함을 느끼고 학교에 더 참여하는 경향이 있다. 그러나 수동적이고 간접적인 의사소통 방식을 강조하는 백인 교사와 능동적·참여적 방식을 선호하는 문화적 배경을 가진 학생들 사이에 너무나 자주 의사소통이 실패되는 경우가 있다. 따라서 교사 자신의 의사소통 방식이 구어적인가 또는 비구어적인가를 생각해 볼 필요가 있다. 또한 교사 자신과 학생 및 가족들 사이의 의사소통 장벽을 감소시킬 수 있는 방법은 무엇인지 생각해 볼 필요가 있다.

이상에서 고찰 한 바와 같이, 효율적인 문화적합 교수·학습방법을 활용하기 위해서 교사들은 학생, 가족 및 공동체의 특성에 대한 더 체계적인 이해를 해야 한다. 나아가 교사들이 문화적합 교수·학습을 할 수 있도록 역량개발을 위한 스스로의 노력뿐만 아니라 제도적 뒷받침도 따라야 할 것이다.

4. 다문화교육 수행을 위한 교수·학습과정의 유의사항

다문화 교수·학습방법은 일시, 장소, 교육대상 등에 따라서 다양하게 적용될 수 있다. 이는 실제 교육현장에서 교육대상이 누구이냐에 따라서, 교육과정에 포함되는 내용이 어떤 것이냐에 따라서, 교육내용의 제시방법이 어떠하냐에 따라서, 학습환경이 어떠하냐에 따라서 등을 다양한 측면에서 고려하여야 하며, 이에 따른 다양한 교수·학습방법이 적용되어야 할 것이다. 또한 교육을 진행하는 교사가 누구인지도 매우 중요하며, 위에서 열거한 다양한 변인을 어떻게 적용할 것인가도 매우 중요하다고 볼 수 있다. 교사가 적용할 때의 교수·학습방법 관련 고려할 요소들을 제시하면 <표 6-1>과 같다.

<표 6-1> 다문화교육 수행을 위한 교수·학습 관련 변인

변 인	영 역	하위요소
학생 변인	학생의 일반적인 요인	인종, 문화, 계층, 민족, 언어, 종교, 특수성(장애나 영재성 등), 성적 지향, 지역, 연령(학령), 발달 단계, 능력(학업성취도 등) 등
	다문화가정 학생의 적응 수준	언어 유창성, 자아개념, 자아정체성, 교육관계, 사제관계 등
	다문화가정 학생의 어려움	부모의 국적, 가족 분리, 선택의 주체 여부, 준비 및 지원, 가족의 역동성, 이주 형태, 생활환경의 변화, 문화적 고립, 사전 경험, 정체성, 사회경제적 지위, 가정 내 권력 변화, 학교와 가정의 문화적 갈등 등
	다문화가정 학생의 강점	주도성, 공동체 의식, 문화적 의식, 적응력, 교육에 대한 존중감, 대가족, 근면성, 시민성 등
교육과정 변인	인종, 문화, 계층, 민족, 언어, 종교 등	
환경 변인	학교문화, 사회 구조, 주류문화, 소수문화, 거주지역 문화	

출처 : 장인실 외(2013). 다문화교육의 이해와 실천.

<표 6-1>에서와 같이, 다문화교육 수행을 위한 교수·학습 관련 변인은 다음과 같다. 첫째, 학생 변인으로서, 이 변인에는 학생의 일반적인 요인, 다문화가정 학생의 적응 수준, 다문화가정 학생의 어려움, 다문화가정 학생의 강점 등이 포함된다. 먼저 학생의 일반적인 요인은 인종, 문화, 계층, 민족, 언어, 종교, 특수성(장애나 영재성 등), 성적 지향, 지역, 연령(학령), 발달 단계, 능력(학업성취도 등) 등이고, 다문화가정 학생의 적응 수준은 언어 유창성, 자아개념, 자아정체성, 교육관계, 사제관계 등이며, 다문화가정 학생의 어려움은 부모의 국적, 가족 분리, 선택의 주체 여부, 준비 및 지원, 가족의 역동성, 이주 형태, 생활환경의 변화, 문화적 고립, 사전 경험, 정체성, 사회경제적 지위, 가정 내 권력 변화, 학교와 가정의 문화적 갈등 등이고, 다문화가정 학생의 강점은 주도성, 공동체 의식, 문화적 의식, 적응력, 교육에 대한 존중감, 대가족, 근면성, 시민성 등이다. 둘째, 교육과정 변인으로서, 이는 인종, 문화, 계층, 민족, 언어, 종교 등이며, 이 과정 변인 요인은 실제로 교육에서 가르쳐야 할 내용과 직결된다. 따라서 실제 교육현장에서 교육대상의 인종, 문화, 민족, 언어, 종교 등을 체계적으로 파악하여 교육 및 교수·학습방법이 적용되어야 할 것이다. 셋째, 환경 변인으로서, 이는 학교문화, 사회 구조, 주류문화, 소수문화, 거주지역 문화 등이며, 이러한 환경 변인은 그 무엇보다 중요하기 때문에 충분히 고려되어야 할 것이다.

제 7 장

다문화 교육평가의 이해

제 07 장

다문화 교육평가의 이해

1. 다문화 교육평가의 의미 및 개발

다문화 교육평가는 다문화교육을 수행한 다음, 교육평가를 어떻게 수행할 것인지와 교육평가의 방법이 무엇인지에 초점을 둔다. 이에 본 장에서는 먼저 교육평가의 의미를 살펴본 후 다문화 교육평가가 무엇인지를 제안하고자 한다.

교육평가(educational evaluation)라는 용어는 1934년 Tyler가 8년 연구와 관련하여 측정이론의 미비점을 지적하면서 학술적인 용어로 대두되었다. Tyler에 의하면, 교육평가는 교육과정과 교수 프로그램을 통하여 교육목표가 어느 정도 달성되었는지를 판단하는 활동이다. 교육목표가 학생행동의 바람직한 방향으로서의 변화에 있다고 볼 때, 교육평가는 학생들의 행동변화가 실제로 어느 정도 일어났는지를 확인하는 과정이다. 평가 시 교육평가가 확인하려는 인간행동은 겉으로 드러나는 행동뿐만 아니라 사고, 가치관, 자아개념 등과 같은 겉으로 드러나지 않은 행동도 포함한다(김병희 외, 2008).

한편 교육평가는 학습자의 학업성취와 행동 및 여러 교육조건, 교육목적의 달성 정도를 측정하고, 교육활동의 가치를 판단하며, 그 결과에 대한 가치판단을 하는 것을 의미한다(서종남, 2012). 또한 교육평가는 교육목표의 달성 정도나 교육과정의 효율성을 판단하기 위하여 학습자의 행동변화 및 학습과정에 관한 제반 정보를 수집하고 이용함으로써 교육적 의사결정을 하는 데 도움을 주거나 더 나아가 의사결정을 하는 과정이다(김대현, 2011).

교육평가의 기능은 관점에 따라 다양하게 제시될 수 있지만, 그 무엇보다 교육활동과 관련된 의사결정의 기능에 초점을 두어야 할 것이다. 교육평가가 교육적 의사결정에 영향을 미치는 몇 가지 기능을 제시하면(김병희 외, 2008) 다음과 같다. 첫째, 교육평가는 교육목표의 달성 정도를 파악해 준다. 둘째, 교육평가는 선행학습의 정도를 확인하고 적절한 교수처방을 제시하는 기능을 수행한다. 셋째, 교육평가는 학습촉진의 기능을 한다. 넷째, 교육평가는 교수・학습과정을 개선해 주는 기능을 수행한다. 다섯째, 교육평가는 학생의 진로지도를 위한 자료수집의 기능을 수행한다.

이와 같이 교육평가는 다양한 기능을 수행하는데, 이러한 교육평가의 기능을 바탕으로 다문화 교육평가의 의미를 제시하면 다음과 같다. 첫째, 다문화 교육평가는 다문화 교육의 목표달성 정도를 파악해 준다. 둘째, 다문화 교육평가는 다문화교육의 선행학습의 정도를 확인하고 적절한 다문화 교수방법을 제시하는 데 기여할 수 있다. 셋째, 다문화 교육평가는 다문화 학생 및 일반 학생들의 다문화 관련 학습촉진을 시켜주는 기능을 한다. 넷째, 다문화 교육평가는 다문화 교수・학습과정에 대한 질적 개선을 시켜주는 기능을 수행한다. 마지막으로, 다문화 교육평가는 다문화가정 학생들의 진로지도를 위한 각종 자료수집의 기능도 수행한다고 볼 수 있다.

그 다음으로, 다문화 교육평가의 개발과 관련한 내용을 제시하면 다음과 같다. 현재 학교에서 이루어지고 있는 교육평가는 주로 수업이 진행되는 과정과 연계한 진단평가, 형성평가, 총합평가, 평가의 기준이나 측정 결과의 해석과 관련된 상대평가(규준지향 평가, 절대평가준거지향 평가), 수행평가 등이다. 이러한 평가방법은 각각의 특징을 가지고 있지만, 대부분이 필답형 시험 위주로 진행되어 결과에 따라 평가 대상들을 서열화시키는 경향이 있다. 이러한 평가방식은 다문화 교육평가와는 대치되는 방법이며, 다문화 교육평가 관련 새로운 방법의 개발이 필요하다.

다문화교육은 한 제도권 내에서 존재하는 다양한 집단을 위해 교육 기회균등과 다른 문화에 대한 배려 및 존중에 초점을 두고 있다. 문화는 서로 다른 차이를 지닌 것으로서 그 사회의 문화유산의 집합체이다. 따라서 다문화교육 평가에 있어서 문화적으로 사려 깊은 기술들을 다양하게 활용해야 한다는 Banks의 접근은 매우 타당하다고 볼 수 있다(서종남, 2012). 다양한 학자들이 제안한 다문화교육 평가방법들을 적용함에 있어서 학생들의 문화적 배경들을 체계적으로 반영해야 하며, 다문화가정 자녀들의 역사적 및 문화적 · 사회적 배경들은 각각 다르다는 점을 인정해야 한다. 이에 다문화가정 학생들의 문화적 · 역사적 및 사회적 배경과 교육대상을 고려한 통합적이고 체계적인 다문화교육 평가방법이 개발되어야 할 것이다.

다문화 교육평가의 개발방법으로서, 먼저 다양한 선행연구 분석을 통하여 다문화 교육평가 및 평가방법에 대한 정의와 유형 정리가 선행되어야 하며, 그렇게 정리된 내용을 토대로 다문화 관련 전문가 검토의 과정을 거친 후, 다문화 교육평가의 방법에 대한 설문조사나 심층면담을 통하여 검증의 과정을 거쳐야 할 것이다. 이러한 과정을 통해서 다문화 교육평가에 대한 방법을 체계화할 필요가 있을 것이다. 즉, 현행 다문화 교육평가의 방법인 객관식, 단답식, 서술식 등을 유지하면서 성취도 과정을 평가하는 수행평가, 학생들의 심층면담을 통한 평가, 발표 및 토론식 평가, 포트폴리오 평가 등에 대한 검토가 필요할 것이다.

2. 다문화 교육평가의 유형 및 도구

1) 다문화 교육평가의 유형

교육평가를 진행하기 위한 기본적인 틀로서의 기능을 하는 것이 교육평가의 유형이라 볼 수 있다. 여기서는 평가결과의 해석방식에 따른 분류, 평가결과의 활용방식에 따른 분류, 수행평가 등으로 구분하여 제시한다.

(1) 평가결과의 해석방식에 따른 분류

이 분류는 규준지향 평가와 준거지향 평가로 나눌 수 있다. 규준지향 평가(norm-reference evaluation)는 일명 상대평가로서, 이 평가는 한 학생의 성적을 다른 학생의 성적과 비교하여 상대적인 위치를 파악하는 데 중점을 두는 평가이다. 이때 집단의 성적이 그 학생의 성적을 해석하는 데 기준이 된다. 이 규준지향 평가의 주된 특징은 평가의 신뢰도를 강조하고, 평가점수의 정상분포를 기대하며, 학습자의 개인차를 극대화하는 선발적 기능을 강조한다.

또 하나의 유형인 준거지향 평가(criterion-reference evaluation)는 일명 절대평가로서, 이 평가는 미리 선정된 수행기준에 따라 평가하고 그 결과를 해석하며, 이때 수행기준이 교육목표이기 때문에 준거지향 평가를 목표지향 평가라고도 한다. 이 평가의 특징은 평가의 타당도를 강조하고, 평가점수의 부적 편포를 기대하며, 학습자 개개인에 적합한 교수·학습의 기회를 제공하면 주어진 학습목표에 도달할 수 있다는 발달적 교육관을 바탕으로 한다. 이 평가의 학업성취의 정도는 미리 설정한 교육목표에 비추어 해석되기 때문에 학생들은 자신이 속한 집단의 다른 학생의 성적과 관계없이 자신의 성취정도의 진보 상황에 따라서만 평가된다.

(2) 평가결과의 활용방식에 따른 분류

이 분류는 진단평가, 형성평가 및 총합평가로 나눌 수 있다. 먼저 진단평가(diagnostic evaluation)는 주로 어떤 과제를 학습하기 전에 실시하는 평가이며, 학습자의 수준이나 상태를 파악하고 그에 맞는 수업절차와 방법을 적용함으로써, 수업의 효과를 극대화하기 위해 실시하는 평가이다. 따라서 진단평가는 학습이 시작되기 이전에 학생이 보유하고 있는 특성을 전체적으로 관찰 및 측정하여 진단하는 평가로서 사전학습의 정도, 적성, 흥미, 동기, 지능 등을 분석하는 평가이다. 진단평가의 실시 목적은 학습자의 학습 준비도 및 학습의 중복을 확인하고, 학습 곤란에 대한 사전 전략을 수립하기 위함이다.

형성평가(formative evaluation)는 교수·학습이 진행되는 과정에서 실시되는 평가로서, 학습자에게는 학습을 증진시키도록, 교사에게는 교육방법이나 교육내용에 대해 개선하도록 정보를 제공하는 데 초점을 둔 평가이다. 이 평가는 교수·학습이 유동적인 상황에서 평가가 이루어지기 때문에 평가의 결과를 교수·학습과정 개선에 곧바로 활용할 수 있다. 형성평가는 학습활동을 조정해 주는 기능을 하고, 학습활동에 대한 강화를 제공해 주며, 학습활동의 문제점을 진단해 주고, 학습지도 방법을 개선해 주는 기능을 주로 한다.

총합평가(summative evaluation)는 교과의 학습이 끝난 후에 수업목표의 달성 여부를 최종적으로 판정하기 위해 실시하는 평가이다. 주로 학기말 시험이나 학년말 시험이 대표적인 예라고 할 수 있다. 총합평가는 학생들의 학업성적을 부여하고, 학생들의 미래의 성취정도를 예측하며, 진단 간의 성적을 비교하기 위한 정보를 제공하고, 학생의 자격을 인정해 주는 기능을 수행한다.

(3) 수행평가

수행평가(performance evaluation)는 기존의 객관식 지필시험에서 벗어나 실제적 상황이나 모의상황에서 학생들이 나타내는 반응들을 평가자가 직접 관찰하고 판단함으로써 이루어지는 평가방식을 의미한다. 이에 피평가자는 특정의 산출물을 만들어 내거나 구체적인 활동을 수행함으로써 자신들의 능력을 직접적으로 나타내 보여야 하고, 평가자는 관찰과 전문적인 판단을 통해 피평가자의 반응을 평가해야 한다. 수행평가의 방법 및 유형으로는 서술형 및 논술형 평가, 실험・실습법, 관찰법, 실기시험, 구술시험, 토론법, 자기평가 및 동료평가 보고서법, 포트폴리오법 등이 있다.

이상에서 볼 때, 다문화 교육평가에 적합한 평가방법이 무엇일까에 대한 고민을 하게 된다. 과연 다문화교육을 수행한 후 어떻게 평가할 것인가는 매우 중요한 문제라 볼 수 있다. 이미 언급한 평가방법들 중에서 다문화교육 평가방법과 관련된 적합한 방법은 규준지향 평가보다는 준거지향 평가방법이 더 적합하고, 특히 다문화 교육평가에서는 학생들의 특성을 알아보기 위한 진단평가가 그 무엇보다 중요하며, 형성평가와 총합평가도 중요할 것이다. 또한 수행평가의 유형 중에서는 서술형 및 논술형 평가, 실험・실습법, 관찰법, 실기시험, 구술시험, 토론법, 자기평가 및 동료평가 보고서법, 포트폴리오법 등을 다양하게 적용할 필요가 있을 것이며, 이 중에서 토론을 통한 자기평가 및 동료평가 보고서, 포트폴리오 등을 적극 활용하여 교육과정의 평가에 초점을 두는 것도 필요하다.

2) 다문화 교육평가의 도구

교육평가가 이루어지는 과정에서 평가도구가 적합한지 또는 정확한지를 알아보거나, 학습의 결과나 학습자의 특성을 평가하기 위한 좋은 평가도구인지를 판단하는 기준은 그 무엇보다 중요하다. 평가도구의 기준 내지 준거로는 타당도, 신뢰도, 객관도, 실용도 등이 있으며, 다문화교육의 실현 정도를 알아보기 위한 평가로서, 그 평가기준 및 준거를 설정하는 일은 매우 의미 있고, 필요충분조건이라 볼 수 있다(서종남, 2012).

(1) 타당도

타당도(validity)는 어떤 검사 및 평가도구가 측정하려고 의도한 것을 충실히 측정하고 있느냐를 의미하며, 실제로 평가하고자 하는 것을 제대로 재고 있느냐와 재려고 한 목적이 원하는 것인가를 나타내는 정도이다. 이 타당도는 '무엇(what)'이라는 개념과 관련이 있으며, 측정에 약간의 오차가 있더라도 영어시험은 '영어능력'을 측정해야지 엉뚱하게 다른 능력을 측정대상으로 활용해서는 안 될 것이다. 타당도를 측정하는 방법에는 내용타당도, 예언타당도, 공인타탕도, 구인타당도 등의 네 가지가 있다(김병희 외, 2008; 김운삼 외, 2017; 김충기 외, 2002).

먼저 내용타당도(content validity)는 검사도구가 검사하려고 하는 '내용'을 어느 정도로 충실히 측정하고 있는지를 나타내주는 타당도이다. 실례로서 기말시험에서 교사가 한 학기 동안 가르쳤던 내용들 중에서 중요한 것들을 골고루 출제하였다면 그 시험은 내용타당도가 높다고 볼 수 있다. 내용타당도는 검사도구 제작의 시작 단계에서 반드시 점검해야 할 타당도이다. 이 내용타당도는 주로 학력검사의 타당도를 확인하고 결정하기 위해 활용되고, 지능검사, 적성검사, 흥미검사, 자아개념 검사 등에도 활용되며, 준거(목표)지향 평가에서 내용타당도가 더 중요한 의미를 갖는다. 예언타당도(prediction validity)는 피검사자의 미래 행동이나 특성을 어느 정도로 정확하고 완전하게 예언하는가의 정도에 따라 결정된다. 즉, 미래의 행동 특성(학업에서의 성공, 개인적 적응 등)인 외적 준거에 비추어 보는 타당도이다. 이 타당도는 학습평가에서도 중요하지만, 적성검사와 같이 예언을 주된 기능으로 하는 검사에서 절실히 요구된다.

공인타당도(concurrent validity)는 한 검사와 다른 검사와의 사이에 어떤 상관관계가 있는가에 관심을 갖는 타당도이다. 기존의 검사와 새롭게 제작한 검사 사이에 어느 정도 상호 관련성이 있는지를 통해 타당성의 정도를 밝히는 타당도이다. 구인타당도(construct validity)는 내적 구조에 기초한 근거를 바탕으로 조작적으로 정의되지 않은 인간의 심리적 특성이나 성질을 심리적 구인으로 분석하여 조작적 정의를 부여한 후, 검사점수가 조작적 정의에서 규명한 심리적 구인들을 제대로 측정하였는가를 검증하는 방법이다. 즉, 검사점수를 관심 있는 심리적 속성의 측정자로 보는 데 주안점을 두며, 이 구인타당도를 구성타당도라고도 한다.

(2) 신뢰도

신뢰도(reliability)는 검사도구가 오차 없이 얼마나 정확하게 측정하고 있느냐를 의미하며, 같은 대상에 대해 두 번 측정해서 얻은 측정치 사이에 어느 정도 일관성이 있느냐의 뜻으로 해석할 수 있다. 즉, 높은 신뢰도는 타당도의 필요조건이 되며, 신뢰도가 낮으면 타당도도 이에 비례하여 낮아질 수 있다(김병희 외, 2008). 신뢰도를 측정하기 위한 유형으로는 재검사 신뢰도, 동형검사 신뢰도, 내적일관성 신뢰도 등이 있다. 먼저 재검사 신뢰도(test–retest reliability)는 동일한 검사를 동일한 피험자집단에게 일정한 시간 간격을 두고 두 번 실시하여 얻은 두 검사점수 간의 상관계수에 의하여 검증하는 신뢰도를 의미한다. 이 방법은 전후 검사의 실시 간격을 어떻게 잡느냐에 따라 오차가 발생할 수 있는데, 두 검사의 실시 간격이 짧으면 신뢰도가 높게 추정될 수 있고, 실시 간격이 길면 신뢰도가 낮게 추정될 수 있다. 이에 두 검사 실시의 시간 간격은 보통 2~4주가 적정하다고 볼 수 있다.

동형검사 신뢰도(parallel–form reliability)는 동일한 형태의 두 검사를 제작한 뒤 동일 피험자집단에게 검사를 실시하여 두 검사점수의 상관계수로 신뢰도를 추정하는 방법이다. 또한 내적일관성 신뢰도(internal consistency reliability)는 검사를 두 번 실시하지 않고 검사의 신뢰도를 추정할 수 있는 방법이다. 이 검사에는 검사를 구성하는 두 부분검사 간의 유사성에 의해 추정되는 '반분검사 신뢰도'와 문항 간 측정의 일관성에 의해 추정되는 '문항내적일관성 신뢰도'가 있다. 반분검사 신뢰도는 1개의 평가도구로 한 집단에게 검사를 실시하고 검사의 결과를 두 부분으로 분할한 뒤, 분할한 두 부분을 독립된 검사로 생각해서 그 사이의 상관을 계산하는 방법이다. 이에 반해, 문항내적일관성 신뢰도는 피험자가 검사 속에 포함된 각 문항에 반응하는 일관성, 합치성에 기초를 두고 추정하는 신뢰도이다. 검사 속의 각 문항 하나하나를 모두 독립된 1개의 검사 단위로 생각하고 그들 사이의 합치성, 동질성, 일치성을 종합하여 판단하는 신뢰도이다.

(3) 객관도

객관도(objectivity)는 결과에 대해 여러 검사자 혹은 채점자가 어느 정도로 일치된 평가를 하느냐의 정도를 의미하며, 이 객관도는 검사자의 신뢰도라고도 불린다(김병희 외, 2008). 즉, 객관도는 교육현상이나 사회현상에 대한 측정에서 관찰자가 누구인가에 따라 그 결과가 달라질 수 있으며, 동일한 관찰자라고 할지라도 관찰의 시간 간격, 상황의 차이 등에 따라서 평정결과는 달라질 수 있을 것이다. 또한 학생평정 시 객관성을 높이는 방안으로는 평가기준을 객관화하는 것이 우선 고려되어야 하며, 평가자의 자질 향상 방안 모색, 평가 시 여러 사람이 공동으로 평가하기, 평가에 개인적인 인상, 편견 등을 적극 배제하는 방안 모색 등이 필요하다.

(4) 실용도

실용도(usability)는 한 평가도구나 검사가 얼마나 시간 및 경비, 노력 등을 적게 들이고 평가를 수행할 수 있느냐의 평가 효율성과 깊은 관련성이 있다. 실용도는 평가도구의 측정학적 특징보다는 경제성, 효율성, 편이성 등에 초점을 두는 평가도구라 볼 수 있다(김병희 외, 2008). 또한 실용도를 높이기 위한 요건으로는 실시의 용이성, 검사 실시에 필요한 시간, 채점의 용이성, 검사의 비용, 결과의 해석 및 활용의 용이성 등이 있으며, 이러한 요건을 충분히 검토하고 보완한 후 검사 및 평가를 실시할 필요가 있다.

이상에서 볼 때 다문화 평가도구에서는 타당도 중 내용타당도 및 구인타당도를 적극 활용할 필요가 있으며, 다문화 관련 평가점수를 활용하여 예언타당도도 적절히 활용할 필요가 있다. 신뢰도 중 다문화교육에서의 중요한 신뢰도는 내적일관성 신뢰도이며, 문항 간 측정의 일관성에 의해 추정되는 '문항내적일관성 신뢰도'가 많이 활용될 수 있다. 또한 다문화교육을 잘 수행했는가를 평가할 때에는 검사자의 신뢰도인 객관도, 검사 및 평가를 수행에 있어서 효율성 및 경제성의 고려도 중요할 것이다.

3. 다문화 교육평가의 방법

1) Banks의 다문화 교육평가 방법

Banks(2008)의 다문화 교육평가 방법에 의하면, 교육현장에서 교사들은 복잡한 인지기능과 사회기능을 평가하기 위해서 문화적 수업기법들을 다양하게 활용해야 한다. 다문화 교육평가에서 문화적 기법들을 활용하는 것은 문화적 배경이 다양한 다문화사회의 학생들을 배려한 평가방법이라고 볼 수 있다(서종남, 2012). 또한 Banks(2008)는 Artiles와 Zamora-Duran의 견해를 인용하여 IQ 검사나 인지능력 평가에 의한 배치고사에서 유색인종 학생들과 저소득층 학생들, 소수 언어권 학생들을 지진아학급에 지나치게 많이 배정하고 있으며, 영재학급에는 극소수만을 배정하여 왔다고 지적하였다. 하지만 지진아나 영재아동의 수는 특정 민족이나 인종집단에 집중되어 분포되는 것이 아니라 어느 인구집단에나 무작위로 분포되어 있으므로 진보적인 다문화학교에서는 다양한 문화적·민족적·언어적 집단에서 온 학생들도 문화적으로 공평한 평가를 받을 수 있는 평가방법이 활용되어야 한다. 따라서 앞서 가는 다문화학교에서는 영재학급에 유색인종 학생들과 소수 언어권 학생들이 학령인구에 비례하여 배정이 된다(Ford, 2007).

Banks(2008)는 체크리스트를 통하여 다문화 교육평가를 제안하였다. 이를 보면 다음과 같다.

① 학교 정책은 문화적·민족적·젠더의 다양성을 어느 정도 반영하고 있는가?
② 잠재적 교육과정을 포함한 전체 학교문화가 어느 정도 다민족·다문화적인가?

③ 학교에서 선호하는 학습양식은 학생들의 학습양식을 어느 정도 반영하고 있는가?
④ 학생들이 사용하는 언어와 방언에 대한 범위는 어느 정도인가?
⑤ 학교는 학교의 활동, 프로그램 및 계획에 다양한 민족적·문화적 집단의 부모들을 어느 정도 참여시키는가?
⑥ 학교의 상담프로그램은 민족적 다양성을 어느 정도 반영하고 있는가?
⑦ 학교의 시험절차는 다문화적·다민족적으로 어느 정도 공정한가?
⑧ 민족·문화·젠더 편견에 대해 수업자료는 어느 정도 검토되고 있는가?
⑨ 공식적 교육과정과 학습코스는 어느 정도로 다민족·다문화적인가?
⑩ 학교에서의 교수·학습양식과 동기체제는 학생집단의 민족적·문화적 다양성을 어느 정도 반영하고 있는가?
⑪ 전체 교직원의 태도, 지각, 신념 및 행동은 다양한 민족과 인종에 대한 감수성이 어느 정도인가?
⑫ 학교는 체계적이고 종합적인 다문화 교직원 발달프로그램을 어느 정도 가지고 있는가?
⑬ 학교 교직원(행정, 수업, 상담 및 지원)은 다민족·다문화적 상황을 어느 정도 고려하고 있는가?
⑭ 전체적인 학교풍토는 민족적·문화적·언어적 차이를 어느 정도 긍정적으로 반영하고 있는가?
⑮ 학교 조례와 휴일에는 민족적·문화적 다양성이 어느 정도 반영되어 있는가?
⑯ 학교의 점심식사 메뉴에는 다양한 민족의 음식을 어느 정도 반영하고 있는가?
⑰ 학교에서의 게시판, 체육 교육프로그램, 음악 및 여타 활동에서 민족적·문화적 다양성을 어느 정도 반영하고 있는가?

이상에서 볼 때 Banks(2008)의 다문화 교육평가 방법은 다문화교육을 평가함에 있어서 학생집단별 맞춤형 평가방법을 적용해야 한다는 점, 획일적인 평가방법의 적용 배제, 공평한 평가방법 적용 등을 시사하며, 다양한 요소를 반영하여 다문화교육의 평가를 실시해야 함을 강조하였다.

2) Bennett의 다문화 교육평가 방법

또 하나의 다문화 교육평가 방법을 제안한 Bennett(2007)은 교사들에게 각 인종집단에 속한 학생들의 다양성을 인정하고, 그들을 고정관념으로부터 보호해야 할 뿐만 아니라 각 개인들의 유사성도 파악해야만 한다고 주장하였다. 다양한 소속 학생 개개인의 정체성을 존중해 주고 다양성을 인정할 때, 평가점수로 부여하는 평가방식만이 아닌 공평한 평가를 할 수 있을 것이라 제안하였다(서종남, 2012). 또한 Bennett(2007)은 교사가 학생들의 문화를 이해하지 못한다면, 학생들의 지적 잠재력을 과소평가하게 됨으로써 그들을 공정하게 평가하지 못하게 되어, 결국은 학생들의 다문화교육 관련 성취도도 잘못 평가하게 될 것이라 제언하였다. 따라서 교육현장에서 교사들이 학생평가 시 학생들의 문화적 배경 및 환경을 고려해야 하며, 다양한 문화적 배경을 가진 학생들이 모인 학급에서는 다문화 관련 학생평가에 좀 더 신중해야 할 것이다.

만약 교육현장에서 학생들을 평가할 경우 교사의 잣대 및 기준으로만 평가를 수행해서는 안 될 것이며, 학습 진도가 다소 늦은 학생을 보고 잠재능력이 없다고 평가하는 것은 매우 위험한 발상이 될 것이다. 한편 Bloom은 학생평가에서 종 모양의 곡선으로 학생성적을 평가하는 것은 공정하지 못함을 지적하였다. 이는 단순히 무작위 과정을 보여주기 위한 도구이기 때문이며, 교사들은 학생에게 많은 영향을 미치기 때문에 성적을 알리는 굴곡선의 틀에서 벗어나야 한다. 만약 교사들이 학생들의 학업적 성공을 정산분배 방식으로 측정한다면, 이는 평가에서 실패한 것으로 볼 수 있다(Bennett, 2007).

이와 같이 Bennett(2007)은 Bloom이 제안한 것처럼, 정산분배(상대평가) 방식으로 측정하는 교사의 평가방식은 실패한 것이라고 단언할 정도로 일반화시키는 평가방식에 대해 매우 비판적 의견을 제안하였다. 또한 Bennett과 Bloom의 제안에서는 표준정상분포 평가방식이 오래도록 적용되어 온 일반적인 평가방법이지만, 다문화교육 관련 평가방법에서는 지양되어야 할 것이다. 따라서 향후 다문화교육 관련 평가에서는 일률적인 상대평가를 지양해야 할 것이며, 다문화 학생 개개인이 지닌 특성을 고려하여 절대평가, 서술형 평가, 인터뷰 평가 등 다양한 방법을 적용하여 평가할 필요가 있다.

3) Gardner의 다문화 교육평가 방법

Gardner는 지능을 평가하는 데 있어서 가장 중요한 것은 측정하고자 하는 지능을 내포하는 자료의 문제해결 능력이나 그와 관련된 창작물을 만들어 내는 능력을 측정해야 함을 주장하였다. 이 다문화 교육평가 방법은 종래의 필답고사에 의한 평가와는 달리 문제해결을 유발하기 위해 풍부한 자료와 도구를 사용하거나 면접을 활용한 평가방법뿐만 아니라, 기존의 단순한 숫자를 전 집단에 비교하여 순위를 매기는 검사방법이 아닌, 개인이 제각기 가진 지적 소유물에 대한 전체적인 평가를 의미한다. 이러한 평가는 아동들이 자신의 단점을 보완할 수 있고 장점들을 조화시킴으로써 직업이나 취미를 만족스럽게 수행할 수 있게 한다고 볼 수 있다(Gardner, 1993).

이와 같은 Gardner의 지능을 통한 평가방법은 다문화 교육평가에서도 잘 부합될 수 있을 것이다. 기존의 획일적인 필답고사로 지능을 측정하는 것은 정확한 평가방법이 될 수 없으며, Gardner의 다중지능이론에 기초한 평가방법, 즉 개인이 가지고 있는 재능대로 학생별 개성 있게 평가받을 때 조화롭게 공생할 수 있는 다문화사회가 될 것이다. 따라서 다문화가정의 학생들과 다문화사회를 살아가는 모든 평가 대상들에게 종합적인 평가를 할 수 있도록 하기 위해서는 필답시험에 의한 평가 외에 교사나 학습도우미들의 상담을 통해 진단평가와 형성평가, 성취도평가 및 자기 정체성 형성에 대한 평가 등이 이루어져야 할 것이다(서종남, 2012). 즉, 다문화사회에 적응하고 학습한 결과를 평가하기 위해서는 다양한 평가방법을 개발할 필요가 있으며, 필답시험뿐만 아니라 수행평가, 서술형 평가, 인터뷰 평가 등의 개발 및 적용이 요구된다.

4) 다문화 적합 평가방법

평가에서 가장 중요한 점은 어떤 질문에 답해야 하고 우선순위를 어떻게 정해야 하는지에 대한 합의이다. 따라서 어떤 맥락 속에서 적절한 질문을 하느냐 하는 것은 매우 중요하다. 문화적합 교수법(culturally responsive education)은 의도적으로 다문화교육 관련 이해관계자들, 특히 전통적으로 소외된 집단의 참여 이해관계자를 의도적으로 참여시켜 다양한 관점과 지식을 포괄하는 평가과정을 설계 구현하는 평가에 대한 공동 접근 방식이다(Hood, Hopson, & Kirkhart, 2015). 문화적합 교수법은 문화와 맥락을 반영함으로써 민족, 권력, 특권 및 불공정의 사회적 이슈에 관심을 갖는다. 문화와 문화적 맥락에 대한 평가는 지난 30여 년간 관심이 증대되어 왔다. 물론 다양한 문화적 맥락을 고려한 교육이나 교육프로그램 평가는 매우 어려운 일이지만 문화적합 평가(culturally responsive evaluation)[1]는 문화에 있어서 평가를 위한 총체적인 틀이고 문화적으로 정의된 가치와 신념이 평가노력의 핵심이다. 평가는 이러한 가치와 신념에 문화적으로 반응하는 방식으로 설계되고 수행되어야 한다. 문화적합 평가는 역사적으로 주변적 위치에 있는 집단들에 관심을 기울이며 평가과정에서 균형과 평등을 추구한다. 따라서 평가팀들은 평가수행에 필요한 기술, 역량과 감수성을 가져야 한다.

문화적합 평가를 실시하기 위해서는 다음과 같은 절차가 필요하다.

첫째, 프로그램 평가가 이루어지는 맥락을 분석해야 한다.

둘째, 평가과정에 참여하는 이해관계자들을 확인해야 한다. 이해관계자들은 그들의 역할, 가치 등에 의하여 프로그램이나 프로그램 평가에 참여하는 사람이다. 여기에는 다양한 위치에 있는 사람들을 참여시켜 신뢰와 존경의 풍토를 만들기 위해 노력한다.

셋째, 평가의 목적과 영역을 결정해야 한다.

넷째, 문화에 적합한 방법을 사용하는 평가설계와 자료수집 도구를 고려해야 한다.

다섯째, 문화를 고려한 평가자료를 수집하여야 한다.

여섯째, 결과에 대한 문화적 가치, 규범 및 이해관계자들의 해석을 고려하여 자료를 분석해야 한다.

이상에서 설명한 문화적합 평가 절차와 유사한 접근이지만 Frierson, Hood과 Hughes(2002)는 문화적합 평가 틀(culturally responsive evaluation framework)을 |그림 7－1|과 같이 제시하였다.

1) culturally responsive approaches to evaluation: culturally responsive evaluation, multicultural evaluation, cross－cultural evaluation, transformative evaluation, equity－focused evaluation, systems－oriented evaluation, collaborative evaluation, participatory evaluation, democratic evaluation, deliberative democratic evaluation 등으로 표현되고 있다.

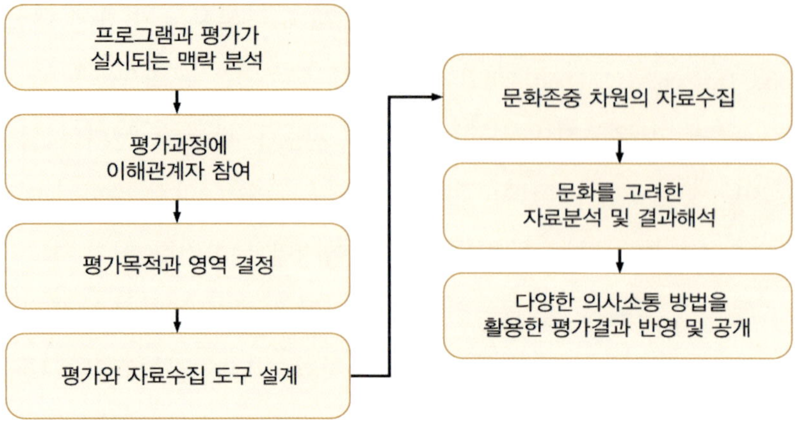

|그림 7-1| 문화적합 평가 틀

출처 : Ford, D. Y., & Kea, C. D.(2009). Creating culturally responsive instruction: For students' and teachers' sakes.

마지막으로 문화적합 평가에서 고려해야 할 사항을 정리해 보기로 하자. 문화적합 평가방법은 우선 평가자는 문화에 대한 전문지식을 가져야 한다. 또한 평가내용이 원래 평가목적을 달성하는 데 타당한 내용인가도 확인되어야 한다. 따라서 아래의 문화적합 평가방법은 학교에서의 학생은 물론이고 다양한 문화적 배경을 지닌 공동체 구성원들에게도 적용될 수 있을 것이다. 문화적합 평가방법에서 고려해야 할 점을 방법, 준거, 이론, 경험 및 결과로 나누어 제시해 보면 <표 7-1>과 같다(Hood et al., 2015).

<표 7-1> 문화적합 평가방법

구 분	문화적합 평가 적용
방법	• 공동체 구성원들에 대한 인식은 평가의 근거가 된다. • 측정도구는 특정 민족집단의 맥락을 고려해야 한다. • 표집의 틀은 평가 대상에 적절하고 다양한 문화적 관점이 포함되어야 한다. • 평가질문은 다양한 관점, 가치 및 관심을 반영해야 한다.
준거	• 평가자는 평가 대상 공동체의 규범과 권위를 존중해야 한다. • 평가자는 대상의 역사적 중요성을 이해해야 한다. • 평가자는 초기 기획과 설계과정에서 이해를 통한 관계를 설정해야 한다. • 평가자는 평가과정에서 자신의 문화를 되돌아보고 또 다른 참여자들의 권위를 고려해야 한다.

이론	• 평가자들은 문화적합 평가 원리와 실제를 활용해야 한다. • 프로그램을 개발할 때 다양한 문화를 고려한 타당도와 문화적 맥락에 적합한지를 우선 검토해야 한다. • 프로그램은 문화적 전통과 프로그램 참여자들의 신념을 바탕으로 해야 한다. • 평가내용의 타당도는 문화를 토대로 한 편견과 한계가 검토되어야 한다.
경험	• 평가자는 지역문화에 대한 이해를 높이기 위하여 문화적 지침을 활용해야 한다. • 평가 데이터는 평가 대상자들의 실재를 토대로 이해・해석되어야 한다. • 평가과정에서는 프로그램 참여자들의 지혜를 활용해야 한다.
결과	• 공동체에 대한 평가의 역사를 이해해야 한다. • 평가는 공동체의 능력 향상과 구성원들의 욕구를 충족시키는 방향으로 나아가야 한다. • 평가는 사회정의를 증진시킨다.

제 08 장

다양성 관련 교수학습지도안

제 08 장 다양성 관련 교수학습지도안*

1. 다양성 관련 교수학습지도안 1 : 국어

1) 교수학습 과정안(1)

<table>
<tr><td>영 역</td><td>다양성(국어)</td><td>일 시</td><td colspan="3">2024. OO. OO.</td></tr>
<tr><td>단 원</td><td>감동이 머무는 곳</td><td>교수자</td><td colspan="3">OOO</td></tr>
<tr><td>학습주제</td><td>분위기를 살려 시 읽기</td><td>수업시간</td><td>40분</td><td>학 년</td><td>4학년</td></tr>
<tr><td>학습목표</td><td colspan="5">분위기를 살려 시를 읽을 수 있다.</td></tr>
<tr><td>학습의 주안점</td><td colspan="5">개정 교육과정 읽기 교과서에 다문화와 관련된 시가 등장한다. 외국 사람이 우리나라에서 같이 살게 되면서 겪는 어려움도 느껴보고 말은 서로 잘 안 통하지만 표정만 보아도 마음이 통하여 서로 도우며 살아가는 예를 살펴보면서 다문화가정과 같이 어울려 살아가는 모습도 배우고자 한다.</td></tr>
<tr><td rowspan="2">학습자료</td><td>교사</td><td colspan="4">미진이의 생일파티 동영상
(tvpot.daum.net/clip/ClipView.do?clipid=23844322&srcid=677507)
영천시 다문화가족지원센터 – blog.naver.com/sd_c8285/</td></tr>
<tr><td>학생</td><td colspan="4">교과서</td></tr>
<tr><td rowspan="4">나만의 수업전략</td><td>수업 모형</td><td colspan="4">문제해결 학습모형</td></tr>
<tr><td rowspan="2">학습 형태</td><td>문제 확인하기</td><td>문제해결방법 찾기</td><td colspan="2">문제해결하기</td></tr>
<tr><td>대집단 활동</td><td>대집단 활동</td><td colspan="2">소집단 활동</td></tr>
<tr><td colspan="5">1. 제시어를 보고 떠오르는 것을 맞추는 연상게임을 통해 흥미 유발시키기
2. 필리핀 엄마를 둔 미진이의 생일파티라는 동영상을 통해 다문화가정의 상황 접하기
3. 영천시 다문화가족지원센터를 둘러보며 다문화가정과 우리가 협력해서 함께 열심히 지내는 모습 살펴보기</td></tr>
</table>

* 이 내용은 신재한 외(2014)의 글을 수정하고 보완하여 제안함.

학습 단계	학습 과정	교수 – 학습활동	시간	자료 및 유의점
문제 확인하기	동기유발	■ **동기 유발하기** T : 다음 말에서 공통으로 연상되는 것은 무엇인가요? T : (제시어 : 침 넘어감, 기다림, 즐거운 시간) S : 점심시간입니다. T : (제시어 : 반가움, 어깨동무, 웃음, 이야기) S : 친구입니다. T : (제시어 : 함박웃음, 향기, 나비, 벌) S : 꽃입니다. T : 연상을 통하여 시의 장면이나 분위기를 찾아보고 그 느낌을 살려 시를 낭송하여 봅시다.	5분	• 제시어에서 공통으로 연상되는 것을 자유롭게 말할 수 있도록 한다.
	학습문제 확인하기	■ **학습문제 확인하기** 분위기를 살려 시를 읽어 봅시다.		• 판서
문제 해결 방법 찾기	배경지식 활성화 하기	**【활동 1】 '미진이의 생일잔치' 동영상 살펴보기** T : 오늘은 어떤 날인가요? S : 미진이 생일입니다. T : 생일을 맞은 미진이의 표정이 밝지가 않은데 이유가 무엇입니까? S : 미진이네 엄마가 필리핀 사람이라서 걱정합니다. S : 아이들이 엄마가 까맣다고 놀릴까 봐 걱정하고 있습니다. T : 미진이의 걱정과 다르게 친구들의 반응은 어떠했나요? S : 미리 선생님께 다문화가정에 대해 배워서 미진이네 엄마가 필리핀 사람이라는 것을 알고 있었습니다. S1 : 피부색만 조금 다르지 다를 것이 하나도 없습니다. S2 : 나라마다 좋은 문화를 가지고 있고, 다문화가정 속에서 자란 유명한 사람도 알고 있었습니다.	7분	• tvpot.daum.net/clip/ClipView.do?clipid=23844322&srcid=677507 (동영상)
	시의 내용 탐색하기	**【활동 2】 시의 내용 탐색하기** T : 교과서 8~9쪽의 '걱정 마'를 소리 내어 읽어 봅시다. S : (시 운율을 살려 낭송해 보기) T : 이 시에 등장하는 인물은 누구누구인가요? S : 나영이 엄마, 준희 엄마, 영호 아저씨 각시, 할머니가 있습니다. T : 이 시에 등장하는 인물인 나영이 엄마, 준희 엄마, 영호 아저씨 각시는 어떤 공통점이 있나요? S : 모두 다른 나라에서 온 사람입니다. T : 시에서 말하는 이가 걱정하는 것은 무엇인가요? S : 동네 사람들과 어울리지 못하면 어쩌나 하는 것입니다. T : 시에서 말하는 이는 왜 그런 걱정을 할까요? S : 말이 안 통하기 때문입니다./ 필리핀, 베트남, 몽골은 모두 문화가 다르기 때문입니다. 등	8분	

<table>
<tr><th>학습 단계</th><th>학습 과정</th><th>교수 - 학습활동</th><th>시간</th><th>자료 및 유의점</th></tr>
<tr><td rowspan="2">문제 해결 방법 찾기</td><td></td><td>T : 할머니께서 걱정하지 말라고 하신 까닭은 무엇입니까?
S : 아까시나무, 달맞이꽃, 개망초도 다 다른 먼 곳에서 왔지만 해마다 어울려 꽃피우기 때문입니다.
T : 시를 읽으면 어떤 장면이 떠오르나요?
S : 다른 나라에서 이주해 온 분들이 우리와 어울려 열심히 살아가는 모습이 떠오릅니다.</td><td></td><td></td></tr>
<tr><td>시의 장면 분위기 파악하기</td><td>【활동 3】 시의 장면이나 분위기 파악하기
T : 아까시나무, 달맞이꽃, 개망초에서 연상되는 것은 무엇인가요?
S : 나영이 엄마, 준희 엄마, 영호 아저씨 각시입니다.
T : 서로 연상되는 까닭은 무엇인가요?
S : 필리핀, 베트남, 몽골과 같은 먼 나라에서 온 것처럼 아까시나무, 달맞이꽃, 개망초도 먼 곳에서 왔지만 잘 적응하고 어울려 꽃피우기 때문입니다.
T : 마지막 연 '해마다 어울려 꽃피운다고'에서 연상되는 장면은 무엇인가요?
S : 동네 사람들이 서로 어울려 살아가는 모습입니다.
T : 시에서 말하는 동네 사람들은 어떻게 살아갈까요?
S : 말은 잘 안 통하지만 표정만 보아도 마음이 통하여 서로 도우며 살아갑니다.
T : 영천시 다문화가족지원센터를 살펴봅시다. 실제로 영천시에서는 다문화가정 사람들의 어려움을 돕고 서로 함께 어울려 열심히 살아가고 있는 모습을 볼 수 있습니다. 모두 한마당 큰잔치를 열어 서로가 가족임을 확인하고 화합하고 지내고 있다는 것을 알 수 있습니다.</td><td>8분</td><td>• blog.naver.com/sd_c8285/ (영천시 다문화가족지원센터)</td></tr>
<tr><td>문제 해결 하기</td><td>시의 분위기에 알맞게 낭송하기</td><td>【활동 4】 시의 분위기에 알맞게 낭송하기
T : 이 시에서 반복되는 표현에는 무엇이 있나요?
S : '나영이 엄마는, 준희 엄마는, 영호 아저씨 각시는'에서 각 연의 중간에 '-는'이 반복됩니다./ '사람이고, 왔고'에서 1연과 2연의 끝에 '-고'로 반복됩니다./ '마주쳐도, 만나도, 아까시나무도, 달맞이꽃도, 개망초도'에서 '-도'처럼 말의 끝이 같은 소리로 반복됩니다. 등
T : 같은 위치에 반복되는 말이나 비슷한 글자 수로 이루어진 행은 시의 리듬을 살려 노래하는 느낌이 나게 읽어야 합니다.
S : (시 리듬을 살려 낭송해 보기)
T : 표정만 보고도 친근감이 드러나게 다정다감한 느낌으로 낭송합니다.</td><td>10분</td><td></td></tr>
<tr><td>정리 하기</td><td>정리하기</td><td>【정리】 배운 내용 정리하기
T : 시의 분위기는 시에서 연상되는 장면이나 느낌을 통하여 알 수 있습니다.
T : 시를 낭송할 때에는 분위기가 살아나게 느낌을 살려 낭송합니다.</td><td>2분</td><td></td></tr>
</table>

2) 교수학습 과정안(2)

<table>
<tr><td>영 역</td><td colspan="3">다양성(국어)</td><td>일 시</td><td colspan="3">2024. ○○. ○○.</td></tr>
<tr><td>단 원</td><td colspan="3">정보를 찾아서</td><td>교수자</td><td colspan="3">○○○</td></tr>
<tr><td>학습주제</td><td colspan="3">새로 알게 된 내용 정리하기</td><td>차 시</td><td>5 / 6</td><td>교과서</td><td>읽기 42~48</td></tr>
<tr><td>학습목표</td><td colspan="7">사전을 찾아가며 글을 읽고, 새로 알게 된 내용을 정리할 수 있다.</td></tr>
<tr><td>학습의
주안점</td><td colspan="7">사전을 찾아가며 읽는 방법을 익히게 하고 글 속의 새로운 정보나 지식을 얻으며 새로운 지식을 알아가는 즐거움을 알게 하며, 특히 제비를 매개체로 하여 세계의 다양한 문화를 학습하는 계기를 제공한다.</td></tr>
<tr><td rowspan="2">학습자료</td><td>교사</td><td colspan="6">사진, 활동지 1(K-W-L), 활동지 2, 세계지도</td></tr>
<tr><td>학생</td><td colspan="6">교과서, 국어사전</td></tr>
<tr><td rowspan="4">나만의
수업전략</td><td>수업
모형</td><td colspan="6">일반교수모형(K-W-L 학습)</td></tr>
<tr><td rowspan="2">학습
형태</td><td>K단계</td><td>W계</td><td colspan="2">L단계</td><td colspan="2">심화활동</td></tr>
<tr><td>개별학습</td><td>개별학습</td><td colspan="2">전체학습 후
개별학습</td><td colspan="2">모둠학습</td></tr>
<tr><td colspan="7">1. 우리나라와 주변 국가를 직접 볼 수 있는 구글어스를 활용하여 흥미를 유발하고 지구촌의 모습을 학습할 수 있는 기회를 제공한다.
2. 학습자 스스로 사전을 찾아가며 글을 읽고 새로 알게 된 내용을 파악하는 활동을 통하여 학습자 스스로 주어진 문제를 해결할 수 있도록 한다. 이때 학습장소는 인터넷이 가능한 컴퓨터가 있는 장소로 한다.
3. 학습주제와 관련된 세계의 속담을 찾아보는 심화활동, 세계지도를 활용한 정리활동을 통해 다양한 문화를 이해하도록 한다.</td></tr>
</table>

<table>
<tr><td colspan="5">▣ 학습평가계획 ▣</td></tr>
<tr><td>평가목표</td><td colspan="4">사전을 찾아가며 글을 읽고, 새로 알게 된 내용을 정리할 수 있다.</td></tr>
<tr><td>평가방법</td><td colspan="4">○ 교사관찰평가 : 수업 중 활동모습 – 활동지 1, 활동지 2 활용
○ 상호평가 : 수업 중 모둠활동 – 활동지 1 활용</td></tr>
<tr><td rowspan="2">평가척도</td><td>내 용</td><td>잘함</td><td>보통</td><td>부족</td></tr>
<tr><td>○ 사전을 적절히 활용할 수 있는가?
○ 글을 읽고 필요한 정보를 찾을 수 있는가?
○ 학습활동에 적극적으로 참여하는가?</td><td>◎</td><td>○</td><td>△</td></tr>
</table>

학습 단계	학습 과정	교수 - 학습활동	시간	자료 및 유의점
도입	동기유발	■ **제비 동영상 보여주기** T : 선생님이 보여줄 영상은 여러분 집 지붕이나 처마에서 볼 수 있는 것인데 무엇일까요? S : 제비요. T : 혹시 자기 집 처마에 제비가 살았던 사람이 있나요? S : 네, 저희 집에 지금 있어요. ■ **제비 이동경로 보여주기** T : 봄이 되면 나타나는 이 제비는 어디에서 오는 것일까요? S : 필리핀이요. 인도네시아요. T : 그럼 필리핀이나 인도네시아는 어디에 있는 나라죠? S : 아시아요. 유럽이요. T : 그럼 그 나라들이 어디 있는지 살펴볼까요?	5분	• 구글어스
	학습목표 확인	■ **학습목표 및 학습활동 확인하기** T : 오늘의 학습목표를 확인해 볼까요? [사전을 찾아가며 글을 읽고, 새로 알게 된 내용을 정리할 수 있다.] T : 오늘은 제비에 대해 사전을 찾아가며 새롭게 알게 된 내용을 정리해 보겠습니다.	2분	
전개	활동 1 K단계 활동	■ **알고 있는 것 정리하기** T : 자, 화면 속에 있는 새는 제비입니다. 여러분은 제비를 본 경험이 있지요? S : 네. T : 자신이 제비를 본 경험을 언제 어디서 보았는지 발표해 봅시다. S : 지난 봄에 시골 할머니 집에서 보았어요. T : 제비는 어떻게 울지요? S : (제비가 우는 소리를 흉내 낸다) T : 우선 여러분이 제비와 관련하여 알고 있는 내용을 활동지에 정리해 봅시다. 제비와 관련된 이야기나 생김새, 제비가 오는 시기 등 자신이 알고 있는 것을 모두 적으면 됩니다. S : (자신이 알고 있는 내용을 활동지에 정리한다) T : 자신이 정리한 내용을 발표해 봅시다. S : (자신이 정리한 내용을 발표한다)	5분	• 제비사진 • 활동지 1
	활동 2 W단계 활동	■ **알고 싶은 것 정리하기** T : 여러분들이 제비에 대해 많이 알고 있네요. 그런데 제비에 대해 알고 싶거나 궁금한 점은 없나요? S1 : 제비가 간다는 강남이 궁금해요. S2 : 제비는 무얼 먹고 살까요? T : 그럼 이번에는 여러분들이 제비에 대해 알고 싶거나 궁금한 점이 무엇인지 활동지에 적어봅시다. S : (자신이 알고 싶은 점을 적는다) T : 여러분은 어떤 점이 궁금했을까요? 발표해 봅시다. S : (자신이 적은 것을 발표한다)	15분	• 활동지 1

학습 단계	학습 과정	교수 – 학습활동	시간	자료 및 유의점
	활동 3 L단계 활동	■ **새로 알게 된 것 정리하기** T : 선생님과 함께 글을 읽어 봅시다. S : (선생님과 함께 글을 읽는다) T : 글의 내용을 파악해 봅시다. 먼저 제비는 어떻게 집을 짓나요? S : (답을 찾아 말한다) T : 제비가 강남으로 가는 까닭은 무엇이라고 했나요? S : (답을 찾아 말한다) T : 그럼 지금부터 자기가 이미 알고 있던 내용 중에서 잘못 알고 있던 것은 없는지 생각하며 다시 한번 읽어 봅시다. 읽다가 알고 싶었던 내용이나 궁금하였던 내용에 대한 답이 나오면 활동지에 정리해 봅시다. S : (활동지에 정리한다) T : 글을 읽다가 모르는 단어나 어려운 단어가 나오면 사전을 찾아 그 뜻을 찾아 봅시다. S : (활동지에 정리한다) T : K-W-L 활동지를 친구와 서로 바꾸어 읽어 보고 친구가 적은 것에 대해 내가 몰랐거나 생각하여 보지 않은 것이 있는지 찾아 봅시다.	7분	• 활동지 1 • 책에 없거나 자신이 아는 것과 다른 내용이 나올 경우 인터넷 등을 활용하여 직접 찾아보게 한다. • 국어사전
	활동 4 심화활동 하기	■ **세계의 속담 정리하기** T : 제비와 관련된 우리나라 속담은 무엇이 있나요? S : 제비는 작아도 강남 간다 등이 있습니다. T : 이렇게 제비나 동물과 관련된 속담이 많이 있습니다. 다른 나라 속담 중 제비나 동물과 관련된 속담이 무엇이 있는지 찾아 활동지에 적어 봅시다. S : (인터넷을 활용하여 제비나 동물과 관련된 세계의 속담을 찾아본다)		• 활동지 2 • 활동이 먼저 끝난 모둠에게 심화학습의 기회를 제공한다.
정리	학습내용 정리하기	■ **지도찾기 게임으로 내용 정리하기** T : 선생님이 불러주는 나라를 세계지도에서 찾아 봅시다. 빨리 찾는 친구가 있는 모둠이 이기게 됩니다. (필리핀, 말레이시아 등 제비와 관련된 나라) S : (지도에서 찾는다)	7분	• 세계지도
	차시예고	■ **차시예고하기** T : 다음 시간에는 177쪽의 말판을 활용하여 사전을 찾는 놀이를 해보고, 단원정리 학습을 하도록 하겠습니다. S : (배울 내용을 확인한다)		

활동 1 제비에 대하여 알아보기

주 제		
K (내가 이미 알고 있는 내용)	W (주제에 대하여 알고 싶은 내용)	L (글을 읽고 새로 알게 된 내용)

사전에서 찾기	
단 어	뜻

활동 2 세계의 속담에 대하여 알아보기

주 제	제비나 동물과 관련된 세계의 속담 찾기	
속 담	나라명	무슨 뜻일까?
예시) 입은 말(馬)과 같다. 둘 다 자갈을 필요로 한다.	독일	말을 조심해서 해야 한다는 뜻

3) 교수학습 과정안(3)

<table>
<tr><td>영　역</td><td colspan="2">다양성(국어)</td><td colspan="2">일　시</td><td colspan="3">2024. OO. OO.</td></tr>
<tr><td>단　원</td><td colspan="2">정보를 찾아서</td><td colspan="2">교수자</td><td colspan="3">OOO</td></tr>
<tr><td>학습주제</td><td colspan="2">중요한 내용 정리하기</td><td colspan="2">차　시</td><td>5/6</td><td>교과서</td><td>듣말쓰 36~37</td></tr>
<tr><td>학습목표</td><td colspan="8">사전을 찾아가며 글을 읽고, 새로 알게 된 내용을 정리할 수 있다.</td></tr>
<tr><td>학습의 주안점</td><td colspan="8">본 차시는 설명하는 내용을 듣고 중요한 내용을 간추리는 활동이다. 여기서는 여러 나라의 응원문화에 대한 설명을 듣고 해당되는 나라를 찾는 활동을 통해 중요한 내용을 간추리는 능력을 신장시키고 세계 여러 나라의 응원문화에 대해 이해하도록 한다.</td></tr>
<tr><td rowspan="2">학습자료</td><td>교사</td><td colspan="7">사진, 활동지 1, 활동지 2, 실물화상기</td></tr>
<tr><td>학생</td><td colspan="7">교과서, O, X판</td></tr>
<tr><td rowspan="4">나만의 수업전략</td><td>수업 모형</td><td colspan="7">일반교수모형</td></tr>
<tr><td rowspan="2">학습 형태</td><td>활동 1</td><td colspan="2">활동 2</td><td colspan="2">활동 3</td><td colspan="2">활동 4</td></tr>
<tr><td>모둠학습</td><td colspan="2">개별학습</td><td colspan="2">전체학습</td><td colspan="2">모둠학습</td></tr>
<tr><td colspan="8">1. 월드컵과 관련된 다양한 사진 및 동영상 자료를 제시하여 학습자의 흥미를 유발한다.
2. 알고 싶어 하는 내용이 같은 학생들끼리 동일 모둠으로 구성하여 학습의 효과와 참여도를 높인다.
3. 교과서에 국한되지 않고 다양한 세계의 응원문화에 대하여 알 수 있는 기회를 제공하여 문화의 다양성에 대한 이해를 돕는다.</td></tr>
</table>

<table>
<tr><td colspan="5">▣ 학습평가계획 ▣</td></tr>
<tr><td>평가목표</td><td colspan="4">설명하는 말을 듣고 중요한 내용을 정리할 수 있다.</td></tr>
<tr><td>평가방법</td><td colspan="4">ㅇ 교사관찰평가 : 수업 중 활동모습
ㅇ 상호평가 : 수업 중 모둠활동 – 활동지 활용</td></tr>
<tr><td rowspan="2">평가척도</td><td>내　　용</td><td>잘함</td><td>보통</td><td>부족</td></tr>
<tr><td>ㅇ 설명하는 말을 듣고 중요한 내용을 정리할 수 있는가?
ㅇ 문화의 다양성을 이해하고 학습활동에 적극적으로 참여하는가?</td><td>◎</td><td>○</td><td>△</td></tr>
</table>

<table>
<tr><th>학습 단계</th><th>학습 과정</th><th>교수 – 학습활동</th><th>시간</th><th>자료 및 유의점</th></tr>
<tr><td rowspan="2">도입</td><td>동기유발</td><td>■ 흥미 유발하기
T : 선생님이 말하는 색깔의 공통점은 무엇일까요?
(빨강, 오렌지, 노란색과 녹색)
S1 : 과일입니다.
S2 : 응원할 때의 색입니다.
■ 사진 보여주기
T : 그럼 이 사진은 무엇인지 같이 봅시다.
S1 : 우리나라의 응원모습입니다.
S2 : 브라질의 응원모습입니다.
S3 : 네덜란드의 응원모습입니다.
T : 그래요. 다들 모습은 다르지만 자기 나라의 승리를 기원하며 응원하는 마음은 다 같은 것 같아요. 오늘은 각기 다른 나라의 응원모습을 듣고 중요한 내용을 정리해 보겠습니다.</td><td>3분</td><td>• 사진자료</td></tr>
<tr><td>학습목표 확인</td><td>■ 학습목표 및 학습활동 확인하기
T : 오늘의 학습목표를 확인해 볼까요?
설명하는 말을 듣고 중요한 내용을 정리할 수 있다.</td><td>2분</td><td></td></tr>
<tr><td rowspan="2">전개</td><td>활동 1</td><td>■ 학습할 내용 선택하기
T : 앞에서 선생님이 제시한 나라 중 여러분은 어느 나라를 좋아하나요?
S1 : 대한민국이요.
S2 : 브라질이요.
T : 오늘 선생님이 세 나라의 응원문화에 대하여 들려줄 텐데, 세 나라 중에서 내가 알고 싶은 나라의 이름을 기억해 주세요.
S : (이야기를 듣고 내가 알고 싶은 나라의 이름을 기억한다)
T : 그럼 자신이 알고 싶은 나라의 모둠으로 가 주세요.
S : (자기가 정한 나라의 모둠으로 간다)
T : 지금부터 여러분은 한 팀입니다. 각자 자신의 활동지에 자신이 정리할 나라 이름을 써 주세요.
S : (자신이 정리할 나라 이름을 적는다)</td><td>5분</td><td rowspan="2">• 모둠별로 상징하는 나라 국기를 붙여준다.
• 너무 한 나라에 몰리지 않도록 지도한다.
• 활동지 1</td></tr>
<tr><td>활동 2</td><td>■ 중요한 내용 정리하기
T : 지금부터 내가 알고 싶은 나라의 응원문화에 대해 중요한 내용을 정리하려고 합니다. 어떤 내용에 주의해서 들어야 할까요?
S1 : 응원할 때 주로 사용하는 색이요.
S2 : 응원구호요.
S3 : 응원하는 모습이요.</td><td>10분</td></tr>
</table>

학습 단계	학습 과정	교수 – 학습활동	시간	자료 및 유의점
	활동 2	■ **중요한 내용 정리하기** T : 지금부터 선생님이 〈여러 나라의 응원문화〉를 다시 들려주겠습니다. 여러분들은 잘 듣고 내가 알고 싶은 나라의 응원문화를 활동지에 정리하기 바랍니다. S : (활동지에 정리한다)		
	활동 3	■ **정리한 내용 발표하기** T : 모둠별로 발표해 보는 시간을 갖겠습니다. 각 모둠별로 정리한 내용을 한 명씩 대표로 발표해 보겠습니다. S1 : 저는 대한민국의 응원문화를 정리하였습니다. 응원할 때는 주로 빨간색을 사용합니다. 응원구호는 '대~한민국, 오 필승 코리아' 등이 있습니다. 박수를 치고 어깨동무를 하며 흥겹게 춤추며 응원을 합니다. S2 : 저는 네덜란드의 응원문화를 정리하였습니다. 주로 오렌지색을 사용하고 응원구호는 나라의 이름이나 자신이 좋아하는 선수의 이름을 연속하여 합창합니다. S3 : 저는 브라질의 응원문화를 정리하였습니다. 주로 노란색과 녹색을 혼합해서 쓰고 특별한 응원구호는 없지만 화려한 삼바 춤을 추면서 축제 분위기를 냅니다. T : 모두 잘 정리했습니다. 그럼 세 나라의 공통점은 무엇일까요? S1 : 자기 나라의 유니폼과 같은 색을 입습니다. S2 : 자기 나라의 승리를 기원하여 열심히 응원합니다.	6분	• 활동지 1 • 각 모둠에서 자발적으로 발표할 학생을 뽑도록 지도한다.
	활동 4	■ **세계의 응원모습 알아보기** T : 그럼 이 세 나라 이외의 다른 나라들은 어떻게 응원을 할까요? 인터넷을 활용하여 찾아보고 활동지에 정리해 봅시다. S : (인터넷에서 찾아 활동지에 정리한다) T : 자신이 찾아 정리한 내용을 발표해 봅시다. S : (실물화상기를 활용하여 발표한다)	10분	• 활동지 2 • 실물화상기
정리	학습내용 정리하기	■ **O, X 퀴즈로 내용 정리하기** T : 선생님이 말하는 내용을 듣고 O, X 판을 들어주세요. T : 1. 네덜란드는 오렌지색을 사용해 응원합니다. (O) 2. 브라질은 특별한 응원구호가 있습니다. (X) 3. 대한민국은 응원구호로 '대~한 민국' 등을 합니다. (O) S : (O, X 판을 든다)	3분	• O, X판
	차시예고	■ **차시예고하기** T : 다음 시간에는 〈아름다운 사람들〉에 관한 이야기를 듣고 중요한 내용을 정리해 보도록 하겠습니다. S : (배울 내용을 확인한다)	1분	

활동 1 이야기 듣고 중요한 내용 정리하기

제 목	여러 나라의 응원문화
나라 이름	
응원할 때 주로 사용하는 색	

활동 2 세계의 응원문화 알아보기

나라 이름		
응원할 때 주로 사용하는 색		
응원구호		
응원모습 (그림으로 그려도 좋습니다)		

2. 다양성 관련 교수학습지도안 2 : 사회

1) 교수학습 과정안(1)

<table>
<tr><td>영 역</td><td colspan="2">다양성(사회)</td><td>일 시</td><td colspan="4">2024. OO. OO.</td></tr>
<tr><td>단 원</td><td colspan="2">우리나라의 자연환경과 생활
- 자연환경을 이용한 생활</td><td>교수자</td><td colspan="4">OOO</td></tr>
<tr><td>학습주제</td><td colspan="2">여름철과 겨울철 의복의 재료와 특징 알기</td><td>차 시</td><td>9 / 17</td><td>교과서</td><td colspan="2">사회 20~26쪽
사탐 22~29쪽</td></tr>
<tr><td>학습목표</td><td colspan="8">더위와 추위에 대비한 각 나라의 의상 재료와 특징을 말할 수 있다.</td></tr>
<tr><td>학습의
주안점</td><td colspan="8">더위와 추위에 대비한 우리나라 의상 재료를 알며, 더위와 추위에 대비한 각 나라 의상의 재료와 특징은 서로 다르지만 계절과 지형에 따라 자연에 적응하며 더위와 추위를 이겨내는 지혜를 가지고 있음을 알 수 있다.</td></tr>
<tr><td rowspan="2">학습자료</td><td>교사</td><td colspan="7">한복을 입은 사진 PPT, 실물화상기</td></tr>
<tr><td>학생</td><td colspan="7">사인펜, 교과서, 보조교과서</td></tr>
<tr><td rowspan="4">나만의
수업전략</td><td>수업
모형</td><td colspan="7">탐구학습모형</td></tr>
<tr><td rowspan="2">학습
형태</td><td>탐색 및
문제파악</td><td colspan="2">가설설정</td><td colspan="2">탐색</td><td colspan="2">증거제시</td></tr>
<tr><td>전체학습</td><td colspan="2">모둠학습</td><td colspan="2">모둠학습</td><td colspan="2">모둠학습</td></tr>
<tr><td colspan="8">1. 과거와 현재의 의생활 모습을 보여주고 우리 옷의 좋은 점을 이야기 나누며 탐구문제 상황을 제시한다.
2. 의견제시를 통해 여름철, 겨울철 한복의 특징 알고 조상들의 더위와 추위를 이기기 위한 옷감을 조사하며 여러 나라의 전통의상 종류와 특징을 조사하고 비교하여 모둠별 학습내용과 방법을 탐색한다.
3. 모둠별로 나누어 여러 나라의 전통의상의 특징과 계절별로 쓰인 의상 재료를 조사하여 발표한다.
4. 다른 나라의 전통의상 특징과 비교하기를 통해 사는 모습과 문화는 모두 다르지만 계절과 지형에 따라 자연에 적응하며 더위와 추위를 이겨나가려는 지혜를 가지고 있음을 알 수 있다.</td></tr>
</table>

<table>
<tr><td colspan="5">▣ 학습평가계획 ▣</td></tr>
<tr><td>평가목표</td><td colspan="4">더위와 추위에 대비한 각 나라의 의상 재료와 특징을 말할 수 있다.</td></tr>
<tr><td>평가방법</td><td colspan="4">○ 교사관찰평가 : 수업 중 활동모습 - 학습지 1
○ 상호평가 : 수업 중 모둠활동</td></tr>
<tr><td rowspan="2">평가척도</td><td>내 용</td><td>잘함</td><td>보통</td><td>부족</td></tr>
<tr><td>○ 여름철, 겨울철 한복의 특징을 예를 들어 설명할 수 있는가?
○ 다른 나라의 전통의상의 특징을 알고 한복과 비교할 수 있는가?</td><td>◎</td><td>○</td><td>△</td></tr>
</table>

학습 단계	학습 과정	교수 – 학습활동	시간	자료 및 유의점
탐색 및 문제 파악	동기유발	▪ **학습 분위기 조성 및 동기유발** ○ 탐구문제 상황 제시하기 – 과거와 현재의 의생활 모습 보여주기 – 우리 옷의 좋은 점 이야기 나누기	5분	• 한복을 입은 사진 PPT • 실물화상기
	학습문제 확인	▪ **학습문제 제시하기** 더위와 추위에 대비한 각 나라의 의상 재료와 특징을 발표해 보자.		
가설 설정	의견제시	▪ **학습문제 탐색하기** ○ 모둠별 학습내용과 방법 탐색하기 – 여름철, 겨울철 한복의 특징 알기 – 조상들의 더위와 추위를 이기기 위한 옷감 조사하기 – 여러 나라의 전통의상 종류와 특징 조사하고 비교하기	15분	
탐색	기본활동 1	▪ **학습문제 해결하기** ○ 여름철, 겨울철 한복의 특징 알기 – 여름철 한복의 기능은 어떠한가? – 겨울철 한복의 기능은 어떠한가?	15분	
	기본활동 2	○ 더위와 추위를 이기기 위한 옷감 조사하기 • 여름 한복은 어떤 옷감을 사용하였는가? – 삼베, 모시(삼베와 모시의 특징 알아보기) • 겨울 한복은 어떤 옷감을 사용하였는가? – 면, 비단(면과 비단의 특징 알아보기)		
	기본활동 3	○ 각 모둠별로 조사 발표하기 – 모둠별로 나누어 여러 나라의 전통의상 특징과 계절별로 쓰인 의상 재료 조사하기 – 일본, 중국, 베트남, 멕시코, 영국, 인도 – 모둠별로 정리, 발표하기	15분	
일반화	결과요약	▪ **학습정리 및 비교하기** ○ 우리 조상들의 의복 특징 설명하기 – 여름철, 겨울철 한복 옷감 종류 및 특징 설명하기 ○ 다른 나라의 전통의복 특징과 비교하기 – 사는 모습과 문화는 모두 다르지만 계절과 지형에 따라 자연에 적응하며 더위와 추위를 이겨나가려는 지혜를 가지고 있음을 알 수 있다.	5분	• 기후에 따라 의생활이 달라짐을 알도록 한다.
	평가	○ 여름철, 겨울철 한복의 특징을 설명할 수 있는가? ○ 다른 나라의 전통의상의 특징을 알고 한복과 비교할 수 있는가?		

다문화교육 사회 학습지	다문화 이해교육 **세계 여러 나라의 민속의상**	학년 반 이름( )

▣ 세계 여러 나라의 민속의상 알아보기

• 각 모둠에서 발표하는 것을 들으며 정리하여 봅시다.

나라 이름	민속의상	계절과 관계된 특징	의상 재료
일 본		▪ ▪	
중 국		▪ ▪	
베트남		▪ ▪	
멕시코		▪ ▪	
영 국		▪ ▪	
인 도		▪ ▪	

• 위의 자료를 살펴보고 한복과의 공통점을 찾아 쓰시오.

2) 교수학습 과정안(2)

<table>
<tr><td>영 역</td><td colspan="3">다양성(사회)</td><td>일 시</td><td colspan="3">2024. OO. OO.</td></tr>
<tr><td>단 원</td><td colspan="3">우리나라의 자연환경과 생활
– 자연환경을 이용한 생활</td><td>교수자</td><td colspan="3">OOO</td></tr>
<tr><td>학습주제</td><td colspan="3">다른 나라의 전통옷의 종류 알기</td><td>차 시</td><td>10 / 17</td><td>교과서</td><td>사회 20~26쪽
사탐 22~29쪽</td></tr>
<tr><td>학습목표</td><td colspan="7">우리나라 전통옷을 알고, 각 나라 사람들이 입는 옷은 서로 다르지만 여러 나라 사람들이 함께 좋아하는 옷이 있음을 알 수 있다.</td></tr>
<tr><td>학습의 주안점</td><td colspan="7">1. 여러 나라 사람들이 입는 옷의 종류와 그림을 모은 후 모둠별 옷 책 만들기
2. 여러 나라 옷 사진 알아맞추기
3. 우리나라와 다른 나라의 전통의상 알기</td></tr>
<tr><td rowspan="2">학습자료</td><td>교사</td><td colspan="6">플래시 자료, 여러 가지 옷 사진, 다문화 학습지, 우리나라 전통옷과 외국의 옷 조사한 자료</td></tr>
<tr><td>학생</td><td colspan="6">사인펜, 교과서, 보조교과서</td></tr>
<tr><td rowspan="4">나만의 수업전략</td><td>수업 모형</td><td colspan="6">일반학습모형</td></tr>
<tr><td rowspan="2">학습 형태</td><td>탐색 및 문제파악</td><td colspan="2">가설설정</td><td colspan="2">탐색</td><td>증거제시</td></tr>
<tr><td>전체학습</td><td colspan="2">모둠학습</td><td colspan="2">모둠학습</td><td>모둠학습</td></tr>
<tr><td colspan="7">1. 다문화 교육요소 : 문화의 이해(세계적으로 자랑할 만한 우리나라의 전통옷을 알아보고 외국의 전통옷을 바르게 이해하기)
2. 학습방법 : 조사학습을 통한 발표
3. 학습과정 : 생각열기(좋아하는 옷 발표) – 우리나라의 전통옷 알기 – 다른 나라의 전통옷 비교하기 – 옷을 통한 우리나라와 다른 나라의 문화의 차이 알기</td></tr>
</table>

<table>
<tr><td colspan="5">▣ 학습평가계획 ▣</td></tr>
<tr><td>평가목표</td><td colspan="4">세계적으로 자랑할 만한 우리나라의 전통옷을 알아보고 외국의 전통옷을 바르게 이해할 수 있다.</td></tr>
<tr><td>평가방법</td><td colspan="4">○ 교사관찰평가 : 수업 중 활동모습 – 다문화 학습지 활용
○ 상호평가 : 수업 중 모둠활동 – 다문화 학습지 활용</td></tr>
<tr><td rowspan="2">평가척도</td><td>내 용</td><td>잘함</td><td>보통</td><td>부족</td></tr>
<tr><td>○ 우리나라 전통옷을 알고, 그 특징을 설명할 수 있는가?
○ 각 나라 사람들이 입는 옷은 서로 다르지만 여러 나라 사람들이 함께 좋아하는 옷이 있음을 아는가?</td><td>◎</td><td>○</td><td>△</td></tr>
</table>

학습 단계	학습 과정	교수 – 학습활동	시간	자료 및 유의점
탐색 및 문제 파악	동기 유발	■ **옷에 관한 노래 부르며 학습 분위기 조성** ■ **생각열기** ○ 여러분이 좋아하는 옷은 무엇입니까? 그리고 그 옷들은 어느 나라에서 온 것일까요? – 자신의 경험을 바탕으로 자유롭게 이야기한다.	3분	• 플래시 자료 • 여러 가지 옷 사진 • 옷 사진은 과제로 제시하여 수집한다. • 발표 시 조사해 온 옷 사진을 보며 발표한다.
	학습 문제 확인	■ **학습목표 알기** 우리나라 전통옷을 알고, 각 나라 사람이 입는 옷은 서로 다르지만 여러 나라 사람들이 함께 좋아하는 옷이 있음을 알 수 있다.	2분	
가설 설정	기본 활동 1	■ **활동 1 – 우리나라의 전통옷 알아보기** ○ 우리나라 옷에는 어떤 것들이 있을까요? – 계절에 따라 즐겨 입는 옷 이야기하기(옷, 무명옷, 한복 등) – 지방에 따라 다른 옷 이야기하기 – 우리나라를 대표하는 전통옷의 종류 이야기하기(한복) – 차이점은 무엇일까요?	10분	• 우리나라의 전통옷 사진(학습지) • 각 지방마다 환경, 기후, 특산물이 달라 옷 문화도 다르다는 것을 이해한다.
탐색	기본 활동 2	■ **활동 2 – 다른 나라에서 주로 입는 옷 알아보기** ○ 다른 나라에서 주로 입는 옷에는 어떤 것이 있는지 발표해 볼까요? – 일본 – 중국 – 이탈리아 – 베트남 ○ 다른 나라의 옷 알아보기 ○ 우리나라와 비교해 보기(종류, 입는 방법 등)	10분	• 여러 나라의 전통옷 사진이나 화보
증거 제시 일반화	기본 활동 3	■ **활동 3 – 각 나라 사람이 입는 옷은 서로 다르지만 여러 나라 사람들이 함께 좋아하는 옷이 있음을 알기** ○ 원래는 다른 나라 옷인데 여러분들도 좋아하는 옷이 있나요? – 한복, 입고 활동하기 편한 옷 ○ 왜 그 옷을 좋아하나요? – 멋이 있어서, 편해서 등 ○ 우리나라 옷도 다른 나라 사람들이 입을 수 있을까? – 우리나라에 있는 외국인이 한복을 입고 텔레비전에 나온 것을 본 경우	10분	• 옷을 통한 문화 교류가 가능함을 느끼도록 한다.
정리	실천 의지 다지기	■ **정리하기** ○ 우리나라와 여러 나라의 전통옷의 공통점과 차이점을 알아본다. – 공통점과 차이점 알기 – 차이가 나는 이유는 무엇일까? – 각 나라의 환경과 문화의 차이 알아보기	5분	• 나라별 전통옷을 알아보고 각 나라의 기후와 환경에 따라 독특한 옷 문화가 발전해 왔음을 이해한다.

다문화교육 사회 학습지	다문화 이해교육 **세계 여러 나라의 민속의상**	학년 반 이름( )

◎ 세계 여러 나라의 전통옷에는 어떤 것들이 있을까요? 나라별 전통옷의 종류와 특징을 써 보세요.

나라 이름	전통옷	
	전통옷의 종류	전통옷의 특징
우리나라		
일 본		
중 국		
필 리 핀		
베 트 남		
인 도		

◎ 내가 좋아하는 옷이나 입고 싶은 옷을 써 봅시다.

3. 다양성 관련 교수학습지도안 3 : 체육

1) 교수학습 과정안(1)

<table>
<tr><td>영 역</td><td colspan="2">다양성(체육)</td><td>일 시</td><td colspan="3">2024. ○○. ○○.</td></tr>
<tr><td>단 원</td><td colspan="2">전통놀이-조상들의 전통놀이</td><td>교수자</td><td colspan="3">○○○</td></tr>
<tr><td>학습주제</td><td colspan="2">필리핀 및 동남아시아 민속놀이를
우리나라 민속놀이와 비교해 보기</td><td>수업시간</td><td>40분</td><td>학 년</td><td>4학년
(전 학년 가능)</td></tr>
<tr><td>학습목표</td><td colspan="6">필리핀 및 동남아시아 민속놀이를 우리나라 민속놀이와 비교하여 차이점을 설명할 수 있다.</td></tr>
<tr><td>학습의 주안점</td><td colspan="6">각 나라의 민속놀이를 체험함으로써 우리나라의 민속놀이와 활동이나 규칙 등을 비교하여 설명할 수 있는 것을 주안점으로 둔다.</td></tr>
<tr><td rowspan="2">학습자료</td><td>교사</td><td colspan="5">- 여러 나라의 민속놀이를 위한 도구
- 학습지</td></tr>
<tr><td>학생</td><td colspan="5">간편복, 간편화, 필기도구</td></tr>
<tr><td rowspan="5">나만의 수업전략</td><td>수업 모형</td><td colspan="5">일반수업모형</td></tr>
<tr><td rowspan="2">학습 형태</td><td>활동 1</td><td colspan="2">활동 2</td><td>활동 3</td><td>활동 4</td></tr>
<tr><td>깡통 쓰러뜨리기
(필리핀)</td><td colspan="2">내이 삽
(베트남)</td><td>모럭러라이
(방글라데시)</td><td>칠교놀이
(중국)</td></tr>
<tr><td colspan="6">1. 아동들의 흥미를 이끌기 위한 여러 나라의 놀이 준비
2. 쉽게 따라할 수 있는 가장 기본적인 동작 준비
3. 여러 나라 민속놀이의 특징을 자유롭게 이야기해 보기
4. 여러 나라의 민속놀이와 우리나라 민속놀이와의 차이점에 대한 생각 이야기해 보기</td></tr>
</table>

<table>
<tr><td colspan="5">▣ 학습평가계획 ▣</td></tr>
<tr><td>평가목표</td><td colspan="4">필리핀 및 동남아시아 민속놀이를 우리나라 민속놀이와 비교하여 차이점을 설명할 수 있다.</td></tr>
<tr><td>평가방법</td><td colspan="4">○ 교사관찰평가 : 수업 중 활동모습 - 활동지 1
○ 상호평가 : 수업 중 모둠활동</td></tr>
<tr><td rowspan="2">평가척도</td><td>내 용</td><td>잘함</td><td>보통</td><td>부족</td></tr>
<tr><td>○ 필리핀 및 동남아시아 민속놀이를 우리나라 민속놀이와 비교하여 차이점을 설명할 수 있는가?
○ 민속놀이 활동에 적극적으로 참여하는가?</td><td>◎</td><td>○</td><td>△</td></tr>
</table>

<table>
<tr><th>학습
단계</th><th>학습
과정</th><th>교수 – 학습활동</th><th>시간</th><th>자료 및
유의점</th></tr>
<tr><td rowspan="2">문제
파악</td><td rowspan="2">주의집중
및
동기유발</td><td>■ 동기유발 자료 감상
친구들과 외국놀이를 해본 경험을 알아보고 학습문제를 알게 한다.
– 외국 친구들과 전통놀이를 경험한 사람이 있나요?
– 어떠한 점이 특이했나요?
– 우리가 알고 있는 우리나라의 전통놀이에 대하여 말해 볼까요?</td><td>3분</td><td rowspan="2">• 본시 학습문제와 관련 있는 동작을 중심으로 모둠별로 준비, 보조 운동을 한다.</td></tr>
<tr><td>■ 학습문제 확인하기
필리핀 및 동남아시아 민속놀이를 우리나라 민속놀이와 비교하여 차이점을 설명할 수 있다.</td><td></td></tr>
<tr><td rowspan="5">문제
추구
및
해결</td><td rowspan="5">학습활동</td><td>■ 학습활동 안내하기
T : 이번 시간에 공부할 학습활동에 대한 안내를 하겠습니다.
【활동 1】 깡통 쓰러뜨리기(필리핀)
【활동 2】 내이 삽(베트남)
【활동 3】 모럭러라이(방글라데시)
【활동 4】 칠교놀이(중국)</td><td>2분</td><td>• 모둠별로 활동할 각국의 민속놀이를 설명하고 게임방법을 알게 한다.</td></tr>
<tr><td>【활동 1】 깡통 쓰러뜨리기(필리핀) 민속놀이 체험하기
– 빈 깡통에 모래를 반쯤 담고 막아서 4-3-2-1 순으로 쌓아서 공을 던져서 쓰러뜨리기</td><td>7분</td><td rowspan="4">• 게임방법 및 활동을 정확히 인식시켜 활동에 지장이 없도록 한다.
• 질서를 지켜 모둠별로 활동하기</td></tr>
<tr><td>【활동 2】 내이 삽(베트남) 민속놀이 체험하기
– 1.5m 길이의 대나무막대 2개를 양쪽에서 잡고 좁혔다 넓혔다 하면 다른 사람은 그 위에서 대나무에 걸리지 않고 뛴다.</td><td>7분</td></tr>
<tr><td>【활동 3】 모럭러라이(방글라데시) 민속놀이 체험하기
– 동그란 선 안에서 발 한쪽을 뒤로 잡고 상대를 넘어뜨리는 놀이(방글라데시 닭싸움)</td><td>8분</td></tr>
<tr><td>【활동 4】 칠교놀이(중국) 민속놀이 체험하기
– 칠교조각을 가지고 정해진 그림을 보여주고 빨리 정확히 맞춤</td><td>8분</td></tr>
<tr><td>적용
및
발전</td><td>적용 및
발전</td><td>■ 학습활동 정리하기
– 다른 나라의 민속놀이를 통하여 우리나라의 민속놀이와 같은 점과 다른 점을 말해 볼까요?
■ 학습활동 안내하기
– 우리나라 전통놀이의 유래 알아보기</td><td>5분</td><td></td></tr>
</table>

다문화교육 체육 학습지	여러 나라의 민속놀이 알아보기	4학년 ( )반 ( )번 이름( )

◎ 여러 나라의 민속놀이를 체험해 보고 특징과 느낀 점을 자유롭게 써 봅시다.

민속놀이 이름	느낀 점
깡통 쓰러뜨리기 (필리핀)	
내이 삽 (베트남)	
모럭러라이 (방글라데시)	
칠교놀이 (중국)	

◎ 여러 나라의 민속놀이와 우리나라 민속놀이의 비슷한 점과 다른 점을 써 봅시다.

참고자료 여러 민속놀이의 지도

모둠놀이 100가지

바로가기 〉〉놀이전체목록/ 모둠끼리 놀이/ 모둠대항놀이/ 전체모둠놀이

34. 깡통 쓰러뜨리기

음료수를 먹고 난 빈 캔(깡통) 하나씩 준비했나요?(되도록 크기와 모양이 비슷한 깡통을 준비한다) 깡통 외에 두꺼운 테이프와 테니스 공도 한 개 필요합니다.

그러면, 우선 우리가 놀 수 있는 놀잇감을 만들어 보도록 합시다. 준비해 온 깡통에 모래를 가득 담으세요. 그리고 구멍을 테이프로 막으세요.
준비가 되었으면 피라미드 모양으로 깡통 10개를 쌓아 올리세요.(아래부터 4개→3개→2개→1개 순으로 쌓아 올리면 된다)
먼저, 모둠원끼리 5미터 정도 떨어진 거리에서 누가 가장 많이 쓰러뜨리나 놀이를 해보세요.
다음에는 모둠 대항으로 놀이를 하는데 모둠원들이 각각 세 번씩 던져 쓰러뜨린 개수를 합쳐 모둠 점수를 정합니다. 물론 점수가 높은 모둠이 이깁니다.

출처 : 전래놀이의 지도(www.nol2i.com/jujae/jujae4/modum_34.htm).

4. 다양성 관련 교수학습지도안 4 : 창체

1) 교수학습 과정안(1)

<table>
<tr><td>영 역</td><td colspan="2">다양성(창의적 체험활동)</td><td>일 시</td><td colspan="3">2024. OO. OO.</td></tr>
<tr><td>단 원</td><td colspan="2">여러 나라의 음식문화</td><td>교수자</td><td colspan="3">OOO</td></tr>
<tr><td>학습주제</td><td colspan="2">일본의 음식 알아보기</td><td>수업시간</td><td>40분</td><td>학 년</td><td>4학년
(전 학년 가능)</td></tr>
<tr><td>학습목표</td><td colspan="6">일본의 음식과 음식예절에 대하여 알고 우리와 비교할 수 있다.</td></tr>
<tr><td>학습의 주안점</td><td colspan="6">우리와 동일하게 젓가락을 사용하는 아시아 국가인 일본의 음식과 음식예절을 간접적으로 체험하고 이를 통해 우리 음식과 비교할 수 있도록 한다.</td></tr>
<tr><td rowspan="2">학습자료</td><td>교사</td><td colspan="5">- 음식과 관련된 서적, 음식 백과사전
- 일본의 음식을 담은 사진
- 학습지</td></tr>
<tr><td>학생</td><td colspan="5">필기도구</td></tr>
<tr><td rowspan="4">나만의 수업전략</td><td>수업 모형</td><td colspan="5">일반수업모형</td></tr>
<tr><td rowspan="2">학습 형태</td><td>활동 1</td><td colspan="2">활동 2</td><td colspan="2">활동 3</td></tr>
<tr><td>일본의 음식에 대해 이야기 나누기</td><td colspan="2">우리나라 음식 보며 이야기 나누기</td><td colspan="2">광고 만들기</td></tr>
<tr><td colspan="6">1. 아동들의 흥미를 이끌기 위한 일본의 음식이 담긴 멀티미디어 준비
2. 일본의 대표 음식의 재료와 형태에 대하여 이야기하기
3. 일본과 우리나라의 음식을 홍보하는 활동하기</td></tr>
</table>

<table>
<tr><td colspan="5">▣ 학습평가계획 ▣</td></tr>
<tr><td>평가목표</td><td colspan="4">일본의 음식과 음식예절에 대하여 알고 우리와 비교할 수 있다.</td></tr>
<tr><td>평가방법</td><td colspan="4">○ 교사관찰평가 : 수업 중 활동모습 - 활동지 1
○ 상호평가 : 수업 중 모둠활동</td></tr>
<tr><td rowspan="2">평가척도</td><td>내 용</td><td>잘함</td><td>보통</td><td>부족</td></tr>
<tr><td>○ 일본 음식의 특징을 말할 수 있는가?
○ 일본의 음식예절에 대하여 우리와 비교하여 말할 수 있는가?</td><td>◎</td><td>○</td><td>△</td></tr>
</table>

학습 단계	학습 과정	교수 - 학습활동	시간	자료 및 유의점
문제 파악	주의집중 및 동기유발	■ **동기유발 자료 감상** - MBC 〈무한도전〉 제작 비빔밥 홍보영상 감상하기 - 자기가 알고 있는 여러 나라의 음식 말해보기 - 여러 나라의 음식 사진을 보고 나라 이름 맞추어 보기 ■ **학습문제 확인하기** 일본의 음식과 음식예절에 대하여 알고 우리와 비교할 수 있다.	3분	• 문화적 차이를 경험하는 정도로 가볍게 다루도록 한다.
문제 추구 및 해결	학습활동	■ **학습활동 안내하기** T : 이번 시간에 공부할 학습활동에 대한 안내를 하겠습니다. 【활동 1】 일본의 음식에 대해 이야기 나누기 【활동 2】 우리나라 음식 보며 이야기 나누기 【활동 3】 광고 만들기	2분	
		【활동 1】 일본의 음식에 대해 이야기 나누기 - 음식의 특징에 대해 조사한 자료를 보고 이야기 나누기 - 일본의 식습관 및 식습관에 대해 이야기 나누기 - 나라마다 음식 먹는 방법은 다르지만 모두 즐겁게 음식을 먹음에 대하여 이야기 나누기	10분	• 가능하다면 선택 활동의 다양성을 확보해 주는 것이 좋다.
		【활동 2】 우리나라 음식 보며 이야기 나누기 - 칠판에 붙인 우리나라의 여러 가지 음식을 보며 이야기 나누기 - 자신이 먹고 싶은 이유를 발표하기 - 우리나라 음식에 많이 들어가는 재료는 무엇인지 살펴보기 - 일본 음식과 우리 음식의 같은 점과 다른 점 찾기	10분	
		【활동 3】 광고 만들기 - 모둠별로 소개하고 싶은 음식 정하기 - 소개하고 싶은 음식의 특징 알아보기 - 세계 여러 나라에 우리나라 음식과 일본 음식을 소개하는 광고 만들기 - 모둠별로 완성된 광고 발표하기	10분	• 광고의 수준이나 완성도에 초점을 맞추지 않도록 한다.
적용 및 발전	적용 및 발전	■ **학습활동 정리하기** - 광고글 만들 때의 느낌 발표하기 - 오늘 수업에서 새롭게 알게 된 사실 이야기하기 ■ **학습과제 안내하기** - 부모님과 함께 만들 수 있는 일본 음식을 한 가지씩 정하여 보고 직접 만들어 보기	5분	

다문화교육 창의적 체험활동 학습지	**음식 광고문 만들기**	4학년 (　)반 (　)번
		이름(　　　　　)

◎ 우리나라와 일본의 음식 중에서 홍보하고 싶은 음식을 골라 신문에 실을 광고문을 만들어 봅시다.

참고자료 일본의 음식 BEST 10

음 식	사 진	설 명
1. 라멘		수타면이나 기계로 뽑은 면을 삶아 다양한 재료를 혼합해 만든 육수에 부어주는 음식. 특히 일본에서는 이 라멘이란 음식이 상당히 보편화되어 있어, 어느 지역을 가더라도 쉽게 먹을 수 있다.
2. 오니기리		김으로 겉을 싼 주먹밥 오니기리. 휴대하기에 간편하고 나름대로 맛도 있어 간단히 한 끼 때우기에 좋다.
3. 타코야키		다이쇼 시대 밀가루 반죽에 곤약을 넣어 야타이(포장마차)에서 철판에 구워 팔던 것이 시초이다.
4. 스시		생선의 보관방법 중 하나였던 스시는 쌀과 생선을 함께 삭히는 일종의 발효식품이었다. 에도 시대에는 소금에 절인 생선을 밥 위에 올려먹는 형태로 변하게 되었고, 이후 교통의 발달과 함께 야채, 신선한 활어(또는 굽거나 익힌 것) 등을 올려 먹게 되었던 것이다.
5. 벤토		일본만큼 벤토 종류가 많은 나라도 드물 것이다. 백화점 식품매장, 벤토 전문점, 편의점 등지에서 벤토를 쉽게 구매할 수 있다. 헤이안 시대부터 먹기 시작하였으며 이러한 벤토의 특징 중 하나는 에키벤(駅弁)이 유명하다는 것이다.
6. 돈부리		한 손으로 딱 잡기 좋은 사발에 밥을 넣고, 그 위에 다양한 반찬을 올려 먹는 덮밥. 이전에는 밥과 반찬을 따로따로 먹는 것이 일반적이었지만, 19세기에 우나기돈을 시작으로 같은 그릇에 밥과 반찬을 넣어 먹는 형식의 돈부리가 유행하게 되었다.
7. 카레라이스	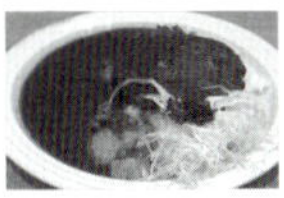	일본에서는 다양한 카레 음식을 먹을 수 있다. 인도인이 경영하는 카레전문점도 길가 곳곳에서 볼 수 있고, 체인 음식점에서도 쉽게 먹을 수 있다.
8. 테이쇼쿠		반찬에 밥과 국이 나오는 정식메뉴. 각기 따로 시키는 것보다 테이쇼쿠로 시키는 것이 저렴하다.
9. 타베호다이		정해진 음식을 한정된 시간 동안 마음대로 먹을 수 있는 뷔페를 일반적으로 타베호다이 또는 바이킹구(バイキング)라고 한다.
10. 와가시		일본의 전통적 제조법으로 만들어진 과자나 떡 종류. 메이지 시대 유럽 등지에서 일본으로 들어온 요가시(洋菓子)에 대한 대응 개념으로 사용되기 시작했다.

출처 : 일본여행 커뮤니티 제이히로바.

참고자료 일본의 식습관 및 식사예절

1. 일본요리는 우리나라의 밥상보다 작고 굽이 낮은 상(젠=선)에 1인분씩 차려서 냅니다.
2. 밥은 왼쪽, 국은 오른쪽에 놓으며, 숟가락은 사용하지 않고 젓가락(하지 : 저)만으로 식사를 합니다.
3. 국은 떠먹지 않고 국그릇 안에 젓가락을 세워서 입을 대고 마십니다. 이는 국물을 마실 때 국 건더기가 함께 입으로 들어가는 것을 막기 위함이며 남은 건더기는 젓가락으로 건져서 먹습니다. 숟가락은 죽이나 국밥과 같이 젓가락으로 집을 수 없는 요리나 오므라이스, 카레라이스, 볶음밥을 먹을 때만 사용합니다.
4. 밥도 밥공기를 왼쪽에 들고 입가까지 가져와서 젓가락으로 먹는데 보통 경사 때에는 밥부터 먹고 흉사 때에는 국부터 마십니다.
5. 그릇의 뚜껑은 밥 · 국 · 보시기의 차례대로 여는데, 밥공기의 뚜껑을 오른손으로 열어 왼손으로 옮겨서 왼쪽에 놓고, 식사가 끝나면 뚜껑을 덮어 놓습니다.
6. 밥공기는 작은 공기를 이용하기 때문에 더 먹고 싶을 때는 공기를 비우지 않고 조금 남기며 깨끗이 비웠을 때는 다 먹었음을 의미합니다. 손님으로 초대받았을 때 한 공기로 끝내는 것은 실례이며 보통 2~3공기를 먹습니다.
7. 감자나 무 등으로 만든 반찬은 젓가락으로 찔러보는 것은 실례이며, 음식에 대해 새로 간을 맞추지 않습니다.

2) 교수학습 과정안(2)

<table>
<tr><td>영 역</td><td>다양성(창의적 체험활동)</td><td>일 시</td><td colspan="4">2024. OO. OO.</td></tr>
<tr><td>단 원</td><td>생각이 다를 수 있어요.</td><td>교수자</td><td colspan="4">OOO</td></tr>
<tr><td>학습주제</td><td>자신과 다른 사람의 입장의 차이를 알아보고 이해하는 태도를 가지기</td><td>수업시간</td><td>40분</td><td>학 년</td><td colspan="2">4학년
(전 학년 가능)</td></tr>
<tr><td>학습목표</td><td colspan="6">자신과 다른 사람의 입장의 차이를 알아보고 이해하는 태도를 가질 수 있다.</td></tr>
<tr><td>학습의 주안점</td><td colspan="6">다문화가정의 구성원들이 가장 어려워하는 것이 우리나라 사람들의 편견 어린 시선이라 해도 과언이 아닐 만큼 다문화가정을 보는 시각의 차이가 각양각색이다. 이러한 생각들을 학습을 통해서 함께 살아가는 똑같은 한가족일 수 있음을 알려주고자 한다.</td></tr>
<tr><td rowspan="2">학습자료</td><td>교사</td><td colspan="5">체크리스트, 사진 자료, 학습지</td></tr>
<tr><td>학생</td><td colspan="5">필기도구</td></tr>
<tr><td rowspan="4">나만의 수업전략</td><td>수업 모형</td><td colspan="5">일반수업모형</td></tr>
<tr><td rowspan="2">학습 형태</td><td>활동 1</td><td colspan="2">활동 2</td><td colspan="2">활동 3</td></tr>
<tr><td>자신과 다른 사람의 입장의 차이 알기</td><td colspan="2">차이를 수용하는 방법 알기</td><td colspan="2">자신과 다른 사람의 입장을 이해하는 태도 갖기</td></tr>
<tr><td colspan="6">1. 다문화가정의 이해를 돕는 영상을 활용하여 실생활에서의 전이를 돕는다.
2. 체크리스트를 통하여 자기 자신의 마음속에 있는 편견을 들여다본다.
3. 상호 간 토의활동을 통하여 다문화가정에 대한 폭넓고 깊은 이해를 돕는다.</td></tr>
</table>

<table>
<tr><td colspan="5">▣ 학습평가계획 ▣</td></tr>
<tr><td>평가목표</td><td colspan="4">자신과 다른 사람의 입장의 차이를 알아보고 이해하는 태도를 가질 수 있다.</td></tr>
<tr><td>평가방법</td><td colspan="4">○ 교사관찰평가 : 수업 중 활동모습 – 활동지 1
○ 상호평가 : 수업 중 모둠활동</td></tr>
<tr><td rowspan="2">평가척도</td><td>내 용</td><td>잘함</td><td>보통</td><td>부족</td></tr>
<tr><td>○ 자신과 다른 사람의 입장의 차이를 알 수 있는가?
○ 자신과 다른 사람의 입장의 차이를 이해하는 태도를 가질 수 있는가?</td><td>◎</td><td>○</td><td>△</td></tr>
</table>

학습 단계	학습 과정	교수 - 학습활동	시간	자료 및 유의점
문제 파악	주의집중 및 동기유발	■ **동기유발 자료 감상** - 다문화가족 캠페인 영상 시청하기 (한국다문화센터 : www.cmck.kr/bbs/board_view.php?bbs_code=bbsIdx5&sub_code=&bbs_number=103&page=1&keycode=&keyword=) - 평소에 자신은 다문화가정에 대하여 어떻게 생각하고 있었는지 이야기해 보기	3분	• 문화적 차이를 경험하는 정도로 가볍게 다루도록 한다.
		■ **학습문제 확인하기** 자신과 다른 사람의 입장의 차이를 알아보고 이해하는 태도를 가질 수 있다.	2분	
문제 추구 및 해결	학습활동	**【활동 1】 자신과 다른 사람의 입장의 차이 알기** - 다른 사람과 의견이 달랐던 경우 발표하기 - 서로의 입장이 맞섰을 때 느낌이 어떠했는지 발표하기	10분	• 자신의 생각이 반드시 옳다고는 볼 수 없으며 다른 사람의 입장에서 한 번쯤 생각해 보는 태도를 가지도록 한다.
		【활동 2】 차이를 수용하는 방법 알기 - 자신의 생각을 끝까지 굽히지 않았을 경우에 일어날 수 있는 일 알아보기 - 다른 사람의 입장에서 생각해 본 경험 발표하기	10분	
		【활동 3】 자신과 다른 사람의 입장을 이해하는 태도 갖기 - 자신의 주장에 대해 다시 한번 생각해 보는 태도 가지기 - 다른 사람의 입장을 먼저 생각할 줄 아는 태도 가지기	10분	
적용 및 발전	적용 및 발전	■ **학습활동 정리하기** - 자신과 다른 사람의 입장을 이해하기 위한 노력 이야기하기 - 오늘 수업에서 새롭게 알게 된 사실 이야기하기 ■ **학습과제 안내하기** - 부모님과 함께 만들 수 있는 일본 음식을 한 가지씩 정하여 보고 직접 만들어 보기	5분	

다문화교육 창의적 체험활동 학습지	생각이 다를 수 있어요	4학년 (　)반 (　)번
		이름(　　　　　)

◎ 다른 사람과 의견이 달라서 어려움이 있은 후 잘 해결되었던 경험을 4컷만화로 나타내어 봅시다.

차별은 좋지 않아요	

참고자료 참고 사이트 및 체크리스트

참고 사이트 : www.mogef.go.kr/kids(평등 어린이 세상)

* 차별에 관한 체크리스트 : 권순희(전주교육대학교 교수 특강자료)

	내 용	전혀 그렇지 않다	그렇지 않다	보통	그렇다	매우 그렇다
1	흑인을 보면 왠지 무섭다.	5	4	3	2	1
2	네팔이나 필리핀에서 온 친구보다 미국에서 온 친구와 더 친해지고 싶다.	5	4	3	2	1
3	흑인 친구보다 백인 친구와 더 친해지고 싶다.	5	4	3	2	1
4	동남아 사람들은 왠지 더러워 보인다.	5	4	3	2	1
5	외국인 노동자가 우리나라에 오지 않았으면 좋겠다.	5	4	3	2	1
6	국제결혼에 반대한다.	5	4	3	2	1
7	내가 외국인과 결혼한다는 것은 있을 수 없는 일이다.	5	4	3	2	1
8	혼혈아와 친구하고 싶지 않다.	5	4	3	2	1
9	우리나라보다 가난한 나라에 사는 사람들은 우리에게 아무런 도움이 되지 않는다고 생각한다.	5	4	3	2	1
10	우리나라에 탈북자들이 점점 증가하는 것이 싫다.	5	4	3	2	1
11	외국인과 나는 근본적으로 차이가 있다.	5	4	3	2	1

(또는 사회적 거리감에 관한 척도)

	내 용	전혀 그렇지 않다	그렇지 않다	보통	그렇다	매우 그렇다
1	나는 흑인과 기꺼이 친구가 될 수 있다.	5	4	3	2	1
2	나는 동남아시아인과 기꺼이 친구가 될 수 있다.	5	4	3	2	1
3	나는 탈북자와 기꺼이 친구가 될 수 있다.	5	4	3	2	1
4	나는 백인과 기꺼이 친구가 될 수 있다.	5	4	3	2	1
5	나는 흑인과 기꺼이 이웃에 살 수 있다.	5	4	3	2	1
6	나는 동남아시아인과 기꺼이 이웃에 살 수 있다.	5	4	3	2	1
7	나는 탈북자와 기꺼이 이웃에 살 수 있다.	5	4	3	2	1
8	나는 백인과 기꺼이 이웃에 살 수 있다.	5	4	3	2	1
9	나는 흑인과 기꺼이 가족이 될 수 있다.	5	4	3	2	1
10	나는 동남아시아인과 기꺼이 가족이 될 수 있다.	5	4	3	2	1
11	나는 탈북자와 기꺼이 가족이 될 수 있다.	5	4	3	2	1
12	나는 백인과 기꺼이 가족이 될 수 있다.	5	4	3	2	1

3) 교수학습 과정안(3)

<table>
<tr><td>영 역</td><td colspan="2">다양성(창의적 체험활동)</td><td>일 시</td><td colspan="4">2024. OO. OO.</td></tr>
<tr><td>단 원</td><td colspan="2">나와 친구</td><td>교수자</td><td colspan="4">OOO</td></tr>
<tr><td>학습주제</td><td colspan="2">서로 다름 알기</td><td>수업시간</td><td>40분</td><td>학 년</td><td colspan="2">4학년</td></tr>
<tr><td>학습목표</td><td colspan="7">나와 다른 친구를 이해하고, 친구의 장점을 말할 수 있다.</td></tr>
<tr><td>학습의 주안점</td><td colspan="7">나와 다른 친구의 차이를 이해하고, 친구의 장점에 대해 말로 표현할 수 있다.</td></tr>
<tr><td rowspan="2">학습자료</td><td>교사</td><td colspan="6">PPT</td></tr>
<tr><td>학생</td><td colspan="6">학습지</td></tr>
<tr><td rowspan="4">나만의 수업전략</td><td>수업 모형</td><td colspan="6">일반학습모형</td></tr>
<tr><td rowspan="2">학습 형태</td><td>도입</td><td colspan="2">활동 1</td><td colspan="2">활동 2</td><td>정리</td></tr>
<tr><td>전체</td><td colspan="2">전체</td><td colspan="2">전체</td><td>전체</td></tr>
<tr><td colspan="7">- 수업 적용 후 문제가 많아 수정한 뒤 지도안을 발송하였다.
- 칭찬릴레이 진행이 잘 되는 반도 있지만 어려워하는 반도 있었다.(학습지 없이 수업해도 무방했음)</td></tr>
</table>

<table>
<tr><td colspan="5">▣ 학습평가계획 ▣</td></tr>
<tr><td>평가목표</td><td colspan="4">나와 친구의 다름을 이해하고, 친구의 장점을 말할 수 있다.</td></tr>
<tr><td>평가방법</td><td colspan="4">지필 및 수행평가</td></tr>
<tr><td rowspan="2">평가척도</td><td>내 용</td><td>잘함</td><td>보통</td><td>부족</td></tr>
<tr><td>○ 나와 친구의 다름을 아는가?
○ 친구의 장점을 말할 수 있는가?</td><td>◎</td><td>○</td><td>△</td></tr>
</table>

학습 단계	학습 과정	교수 – 학습활동	시간	자료 및 유의점
도입	동기유발	■ **무지개는 여러 색이어야 좋아!** ㅇ 무지개가 한 가지 색이면 어떨지 생각해 보기 – 무지개의 일곱 색깔 중에서 자신이 좋아하는 색에 손을 들어본 뒤, 무지개가 내가 좋아하는 색 한 가지로 변한다면 더 좋을지 이야기해 본다.	4분	
	학습문제 확인	나와 다른 친구를 이해하고, 친구의 장점을 말해 봅시다.	1분	• PPT
전개	활동 1	■ **나와 친구에 대해 생각하기** ㅇ 나의 특징을 적고 손들어보기(문제 1) – 남자/ 여자, 좋아하는 음식, 동물, 특기에 손을 들어본다. ㅇ 친구의 특징을 듣고 누구인지 맞혀보기(문제 2) – 선생님이 즉석에서 내는 다섯 고개를 듣고 맞혀본다. – 그 친구가 나와 같은 점과 다른 점에 손을 들어본다.	8분	• 학습지 • 각자 좋아하는 것이 다양함을 알게 한다.
	활동 2	■ **칭찬릴레이 게임하기** ㅇ 모둠원의 장점을 적고, 칭찬릴레이 게임하기(문제 3) – 한 팀씩 진행한다. – 모둠의 한 명에 대해 돌아가며 한 가지씩 칭찬한다. – 모둠원이 모두 잘 말하면 1점을 얻는다.	7분	• 누구에게나 좋은 면이 많음을 알게 한다.
	활동 3	■ **영상을 보고 새로운 친구에 대해 생각해 보기** ㅇ '내 친구 석호' 영상을 보고 퀴즈로 내용 확인하기 – 정답을 확인하면서 석호의 입장에 대해 생각해 본다. ㅇ 석호와 친구가 될 때의 상황을 떠올려보기(문제 4) – 석호와 친구가 되면 좋은 점을 적고 발표한다. 예 필리핀 음식을 맛보거나 필리핀 말을 알 수 있다. 필리핀에 갈 때 석호와 가거나 물어볼 수 있다. – 석호를 배려해야 할 점을 적고 발표한다. 예 '외국인', '필리핀'이라고 놀리지 않는다. 글을 잘 못 읽어도 이해해 주어야 한다.	18분	
정리	정리	■ **정리하기** ㅇ 다른 것은 틀린 것이 아님을 생각하기 – 친구의 다른 면은 놀림을 받아야 할 약점이 아니고, 우리를 더 풍성하게 해주는 좋은 점임을 강조한다.	3분	

학습활동

(　　)학년 (　　　)반 (　　　)번　이름 (　　　　　　)

차시제목	1. 나와 친구
학습주제	나와 다른 친구를 이해하고, 친구의 장점을 말하여 봅시다.

1. 나는 어떤 사람입니까? 나의 특징을 적고 함께 이야기해 봅시다.
   1) 나는 (남자/ 여자)입니다.
   2) 내가 가장 좋아하는 음식은 (　　　　　　　　　　)입니다.
   3) 내가 가장 좋아하는 동물은 (　　　　　　　　　　)입니다.
   4) 내가 잘하는 것은 (　　　　　　　　　　　　　)입니다.

2. 이 친구는 누구일까요? 선생님의 다섯 고개를 듣고 맞추어 봅시다.
   1) 정답은 (　　　　　)입니다.
   2) 이 친구가 나와 같은 점은 (　　　　　　　　　　　　　　　　)이고,
   이 친구가 나와 다른 점은 (　　　　　　　　　　　　　　　　)입니다.

3. 친구의 장점을 찾아라! 친구 (　　　)의 장점을 적고 게임을 해 봅시다.
   친구 (　　　)의 장점은 (　　　　　　　　　　　　　　　　　)입니다.

4. ‘내 친구 석호’를 보고 나서
   1) 석호와 친구가 되면 어떤 점이 좋을까요?
   ① (　　　　　　　　　　　　　　　　　　　)
   ② (　　　　　　　　　　　　　　　　　　　)
   ③ (　　　　　　　　　　　　　　　　　　　)
   2) 석호와 친구가 되면 어떤 점을 배려해야 할까요?
   ① (　　　　　　　　　　　　　　　　　　　)
   ② (　　　　　　　　　　　　　　　　　　　)
   ③ (　　　　　　　　　　　　　　　　　　　)

> 무지개는 일곱 색깔일 때 아름답고, 우리 반에도 다양한 친구들이 있어서 재미가 있습니다. 나와 똑같은 사람은 한 명도 없으니, 나와 다른 면을 이상하게 생각할 것도 없겠지요! ^^

제 9 장

문화 관련 교수학습지도안

제 09 장

문화 관련 교수학습지도안*

1. 문화 관련 교수학습지도안 1 : 국어

1) 교수학습 과정안(1)

영 역	문 화(국어)	일 시	2024. OO. OO.		
단 원	새로운 출발을 위하여	교수자	OOO		
학습주제	우리나라의 질그릇	수업시간	40분	학 년	4~5학년
학습목표	글을 읽고 내용을 간추리며, 질그릇에 대한 올바른 문화적 태도를 기를 수 있다.				
학습의 주안점	본 차시는 설명하는 글을 읽고 본문의 핵심내용을 간추리고, 우리의 전통문화재인 질그릇에 대한 이해를 넓히고 그 속에 담긴 한국문화의 올바른 태도를 갖추는 데 학습의 초점을 둔다.				
학습자료	교사	질그릇 자료 PPT			
	학생	필기도구, OX 코팅판			
나만의 수업전략	수업모형	일반수업모형			
	학습 형태	도입	활동 1	활동 2	정리
		전체학습	개별/ 전체학습	개별학습	전체학습
	1. 옹기 이야기를 보고, 질그릇에 대한 경험을 말하기 2. 우리 주변에서 볼 수 있는 질그릇과 그의 특징 살펴보며 질그릇에 대한 한국문화에 대한 태도 살펴보기 3. 옹기 질그릇에 대한 자신의 생각(학습 전/ 후) 기록하여 발표하기				

▣ 학습평가계획 ▣				
평가목표	설명글을 간추리고 질그릇에 담긴 한국문화에 대한 올바른 태도를 설명할 수 있다.			
평가방법	○ 교사관찰평가 : 수업 중 활동지 및 활동모습 ○ 상호평가 : 수업 중 모둠활동			
평가척도	내 용	잘함	보통	부족
	○ 질그릇에 담긴 한국문화에 대한 올바른 태도를 알고 있는가? ○ 설명글을 읽을 때의 주의점을 알고 있는가? ○ 글을 읽고 핵심내용을 간추릴 수 있는가?	◎	○	△

* 이 내용은 신재한 외(2014)의 글을 수정하고 보완하여 제안함.

학습 단계	학습 과정	교수 – 학습활동	시간	자료 및 유의점
도입	주의집중 및 동기유발	**■ 주의집중 및 동기유발하기** T : 시장에 가면이라는 게임을 알고 있나요? S : 네.(TV 화면 속에 전통시장 이미지를 본다) T : 그럼 우리들이 잘 알고 있는 시장에 가면이라는 게임을 부르면서 어떤 종류의 물건을 말할 수 있는지 살펴보도록 합시다. S : 시장에 가면~ 생선이 있고 시장에 가면~ 생선이 있고 시금치도 있고 시장에 가면~ 생선이 있고 시금치도 있고 감자도 있고~ T : 네. 정말 많은 물건을 볼 수 있지요? S : 지금 말한 것보다 더 많이 말할 수 있어요. 아직 먹을 것 말고도 여러 물건들이 있어요. T : 그래요. 잘 말해주었어요. 지금 이야기하지 않은 내용 말고도 시장에서 볼 수 있는 다양한 것이 있는데 그중 그릇에 대해 보았던 경험이 있는지 이야기 나눠 봅시다.	5분	• PPT 이미지
		■ 학습문제 제시 우리의 질그릇, 옹기 이야기를 읽고, 질그릇에 대한 여러분의 경험을 말해봅시다.	5분	• 질그릇 자료 PPT
전개	학습목표 제시	**■ 오늘 학습목표 알아보기** 글을 읽고 내용을 간추리며, 질그릇에 대한 올바른 문화적 태도를 기를 수 있다.	10분	• PPT 이미지
	개별활동	**【활동 1】 설명글을 읽고 핵심내용 간추리기** T : 학습활동 전에 여러분은 주변에 볼 수 있는 옹기 또는 질그릇을 보면 어떤 생각이 드나요? 평소의 생각대로 기록해 보도록 합시다. S : (학습지에 자신의 의견을 구체적으로 기록한다) T : 여러분이 기존에 생각하고 있던 의견을 함께 발표해 봅시다. S : 흙으로 만들어서 건강에 좋을 것 같아요. 요즘은 황토로 만들어 낸 물건들이 건강에 좋아서 어른들이 좋아하실 것 같아요. T : 그렇군요. 시골에서 사시는 여러분의 할아버지, 할머니가 계신 곳에서 특히 잘 볼 수 있는 옹기 또는 질그릇에 대한 글을 우리 함께 읽어보면서 우리에게 설명해 주는 이 글을 읽고 중요한 내용을 확인해 보며 간추리는 활동을 해봅시다. S : (학급 학생의 모둠원이 돌아가면서 읽기) T : 지금은 각자 간추린 내용을 친구들에게 발표해 봅시다. 친구들의 요약 내용을 들으면서 설명하는 글을 읽을 때의 주의점에는 어떤 것이 있는지도 함께 확인해 보도록 합니다. S : (설명하는 내용이 무엇인지 생각하며 읽는다)	15분	

학습 단계	학습 과정	교수 – 학습활동	시간	자료 및 유의점
전개	전체활동	**【활동 2】 질그릇에 담긴 한국문화 살펴보기** T : 질그릇을 모르면 한국문화에 대해 이해하지 못한다고 할 만큼 우리 생활 속에서 밀접한 관련이 있는 질그릇에 대해 살펴봅시다. S : 언제부터 한국에는 흙으로 만든 그릇들이 생겨났나요? T : 역사적으로 볼 때에는 신석기 때부터 유물들이 발견되었죠. 오늘은 그릇 중에서도 옹기에 대한 특징과 그 속에 담긴 조상들의 지혜에 대하여 살펴보도록 합니다. 옹기의 자연친화적인 재료와 특징을 확인하면서 부담 없는 생활요소로 자리매김한 옹기, 그리고 자연 속에서 함께 살아가는 조상들의 생활모습과 어디나 어울려 자연미를 나타내는 질그릇을 보며 평범해 보이지만 속에 담긴 태도와 모습을 느껴봅니다.		• PPT 자료와 함께 한국문화 속 옹기에 담긴 조상들의 삶의 모습과 태도를 알아본다.
정리	정리	**【정리】** T : 지금까지 설명하는 글을 읽을 때의 주의점과 글을 간추리는 활동과 질그릇에 담긴 우리 문화에 대하여 알아보았습니다. 평소에 갖고 있던 옹기 또는 질그릇에 대한 생각이 수업 전과 지금은 어떤 부분이 달라졌을까요? 여러분의 생각을 그 학습지에 기록해 보도록 합시다. S : (학습지를 기록 후 학생들과 자신의 생각을 발표한다) T : 다음 시간에는 전통문화를 지키라는 주제로 학습하겠습니다.	5분	

2) 교수학습 과정안(2)

<table>
<tr><td>영 역</td><td>문 화(국어)</td><td>일 시</td><td colspan="3">2024. OO. OO.</td></tr>
<tr><td>단 원</td><td>주고받는 마음</td><td>교수자</td><td colspan="3">OOO</td></tr>
<tr><td>학습주제</td><td>전화예절에 대해 이해하기</td><td>수업시간</td><td>40분</td><td>학 년</td><td>전 학년</td></tr>
<tr><td>학습목표</td><td colspan="5">전화로 대화할 때의 여러 상황에 대해 알고, 이때 지켜야 할 예절에 대해 설명할 수 있다.</td></tr>
<tr><td>학습의 주안점</td><td colspan="5">• 이 수업은 다문화학습을 수업의 제재로 적용한 수업이다.
• 교과서 진행대로 전화로 대화할 때 지켜야 할 예절에 대해 알아보다가 수업 후반부에 다문화 관련 학습을 진행하도록 구성되어 있다.
• 이를 통해 다양한 나라의 전화예절에도 학생들이 관심을 가져야 한다는 점을 강조하고자 한다.</td></tr>
<tr><td rowspan="2">학습자료</td><td>교사</td><td colspan="4">전화대화 PPT</td></tr>
<tr><td>학생</td><td colspan="4">국어 공책</td></tr>
<tr><td rowspan="4">나만의 수업전략</td><td>수업 모형</td><td colspan="4">지식탐구 학습모형</td></tr>
<tr><td rowspan="2">학습 형태</td><td>활동 1</td><td>활동 2</td><td colspan="2">활동 3</td></tr>
<tr><td>전화대화 듣기</td><td>전화예절 이해하기</td><td colspan="2">여러 나라의 문화 생각하기</td></tr>
<tr><td colspan="5">1. 그림보고 상상하기
2. 전화경험 생각하기
3. 전화대화 듣기
4. 전화예절 파악하기
5. 여러 나라의 문화에 대해 생각하기</td></tr>
</table>

교수 학습과정					
단계	학습 요소	교수 – 학습활동		시간	자료 및 유의점
		교 사	학 생		
문제 확인 하기	동기 유발	■ **그림보고 상상하기** T : 전화로 대화할 때에는 어떤 점에 주의해야 하는지 생각해 봅시다.	S : 상대방을 확인하고 용건을 말합니다.	2분	• 교과서 65쪽
		전화로 대화할 때에는 상대방을 직접 만나지 않고 말을 하기 때문에 예절을 좀 더 잘 지켜야 합니다. 전화로 대화할 때의 올바른 예절을 익혀 전화를 걸고 받아 봅시다.		2분	• 판서
	학습 목표 확인	전화로 대화할 때의 여러 상황에 대해 알고, 이때 지켜야 할 예절에 대해 설명할 수 있다.		1분	• 판서
자료 탐색 하기	기본 자료 탐색	■ **전화경험 생각하기** T : 전화예절이 바르다고 웃어른께 칭찬받은 경험을 발표해 봅시다. T : 전화를 하다가 기분이 나빴던 경험이 있다면 발표해 봅시다.	S : 할머니께 인사를 잘하고 공손하게 전화를 받았다고 칭찬을 받았습니다. S : 전화를 받았는데 어떤 아저씨께서 전화를 잘못 거신 뒤에 미안하다는 말도 없이 끊으셔서 기분이 나빴습니다.	2분	• 발문과 대답
	추가 자료 탐색	■ **전화대화 듣기** T : 말과 행동에 주의하며 '전화대화'를 들어 봅시다. T : 그림 1은 어떤 상황입니까? T : 그림 2는 어떤 상황입니까? T : 그림 3은 어떤 상황입니까? T : 그림 4는 어떤 상황입니까?	S : 은실이가 미영이네 집에 전화를 걸어서 자기소개 없이 받은 사람이 누구인지 확인하지도 않고 자기 할 말만 하는 상황입니다. S : 주리는 계속 신나서 떠들고, 현진이는 할 일이 많은데 주리의 전화를 받느라고 할 일을 못 하고 있는 상황입니다. S : 동현이가 할머니와 전화를 하다가 할머니의 말씀이 끝나기도 전에 먼저 끊는 상황입니다. S : 지하철에서 한 사람이 큰 소리로 통화하고 주위 사람들은 그 소리가 시끄러워서 얼굴을 찌푸리고 있는 상황입니다.	5분	• 교과서 66쪽

교수 학습과정					
단계	학습요소	교수 - 학습활동		시간	자료 및 유의점
		교 사	학 생		
자료 탐색 하기	추가자료 심화탐색	■ **전화대화 내용 파악하기** T : 그림 1에서 전화 받는 사람이 '나는 미영이 언니인데….'라고 생각한 까닭은 무엇입니까?	S : 자기소개를 하지 않고 받는 사람이 누구인지도 확인하지 않았으면서, 자기 할 말만 하고 있기 때문입니다.	8분	• 교과서 67쪽
		T : 그림 2에서 현진이가 난처해하는 까닭은 무엇일까요?	S : 상대방을 배려하지 않고 자기 할 말만 계속하고 있고, 상대방에게 피해를 주고 있기 때문입니다.	5분	
		T : 그림 3에서 할머니께서 동현이의 이름을 부르시는 까닭은 무엇입니까?	S : 할머니께서 전화를 끊으시기 전에 먼저 끊었기 때문입니다.		
		T : 그림 4에서 주위에 있는 사람들이 얼굴을 찌푸리고 있는 까닭은 무엇입니까?	S : 지하철에서 큰 소리로 통화하고 있기 때문입니다.		
지식 발견 하기	지식적용	전화로 대화할 때에 지켜야 할 예절 가. 전화를 걸 때에는 상대방의 얼굴을 보지 않고 이야기하므로 자기소개를 먼저 합니다. 나. 상대방이 전화를 받을 수 있는지 상대방의 상황을 고려합니다. 또한 자기만 계속 이야기하지 않습니다. 다. 어른과 통화할 때에는 어른이 먼저 끊으신 다음 전화를 끊습니다. 라. 지하철과 같은 공공장소에서는 큰 소리로 통화하지 않습니다.		3분	• 교과서 67쪽
지식 적용 하기	지식 일반화	■ **여러 나라 문화 알기** T : 외국인과 전화를 한 경험이 있습니까?	S : 아직 없습니다.	7분	
		T : 외국인과 전화통화를 할 때는 방금 전에 배운 전화예절에서 어떤 점을 보완해야 할지 생각해 봅시다.	S : '다. 어른과 통화할 때에는 어른이 먼저 끊으신 다음 전화를 끊습니다.'를 좀 더 보완해야 할 것 같습니다.		
		T : 왜 그렇게 생각합니까?	S : 어른과 아이의 개념은 동양의 문화로서 세계문화와는 차이가 있을 것 같습니다.		
		T : 그럼 오늘 숙제는 세계 여러 나라들의 전화예절(문화)에 대해 조사해 오세요.	S : [숙제로 세계 여러 나라의 전화예절(문화)에 대해 조사한다]		
		T : 이번에는 선생님과 함께 전화할 때 필요한 여러 나라의 인사말에 대해 공부하도록 하겠습니다.	S : (여러 나라의 인사말을 공부한 후, 국어 공책에 정리한다)		• 세계 여러 나라의 인사말

<table>
<tr><th colspan="6">교수 학습과정</th></tr>
<tr><th rowspan="2">단계</th><th rowspan="2">학습요소</th><th colspan="2">교수 – 학습활동</th><th rowspan="2">시간</th><th rowspan="2">자료 및 유의점</th></tr>
<tr><th>교 사</th><th>학 생</th></tr>
<tr><td>지식 적용 하기</td><td>정리</td><td>■ 학습정리
T : 이번 듣기·말하기 수업 시간에는 전화로 대화할 때 지켜야 할 예절에 대해 공부했습니다.
앞으로는 우리나라 전화예절뿐만 아니라 세계 여러 나라의 전화예절(문화)에도 관심을 가져야 합니다.</td><td>S : 숙제를 꼭 하겠습니다.</td><td>3분</td><td>• 발문과 대답</td></tr>
<tr><td></td><td>차시예고</td><td>T : 다음 시간에는 다양한 상황에서 지켜야 할 전화예절에 대해 공부하도록 하겠습니다.</td><td></td><td>2분</td><td></td></tr>
</table>

<table>
<tr><th rowspan="5">평가 내용</th><th colspan="2">평가 관점</th><th>평가방법</th></tr>
<tr><td colspan="2">전화로 대화할 때의 여러 상황에 대해 알고, 이때 지켜야 할 예절에 대해 설명할 수 있다.</td><td rowspan="4">관찰평가</td></tr>
<tr><td>▹ 전화로 대화할 때의 여러 상황에 대해 잘 알고 있으며, 이때 지켜야 할 예절에 대해서도 잘 알고 있음</td><td>상</td></tr>
<tr><td>▹ 전화로 대화할 때의 여러 상황에 대해서는 잘 알고 있으나, 이때 지켜야 할 예절에 대해서는 잘 알지 못함</td><td>중</td></tr>
<tr><td>▹ 전화로 대화할 때의 여러 상황에 대해서도 잘 이해하고 있지 못하며, 이때 지켜야 할 예절 또한 잘 알지 못함</td><td>하</td></tr>
</table>

참고자료 세계 여러 나라의 인사

• 세계의 친구를 만나면 어떻게 인사할까요?

중국

양손을 모아 잡고 허리를 숙이면서 "니하오"라고 말한다.

인도

손끝을 입에 대었다 떼면서 "살라모어"라고 말한다.

스페인

서로 정답게 껴안으면서 "부에노스 디아스"라고 말한다.

에스키모

서로 코를 비비며 한 사람이 "부댄니"라고 말하면 다른 한 사람이 "융흥" 하며 큰 소리를 낸다.

하와이

한 사람은 상대방의 목, 다른 사람은 상대방의 허리를 감싸 안고 "알로하"라고 말한다.

이스라엘

서로 양팔을 펼쳐 상대방의 어깨를 주무르며 "살롬"이라고 말한다.

미국

만났을 때 "헬로"라고 말하며 미소 짓는다.

프랑스

서로 악수하며 "봉주르" 라고 말한다.

중국 친구는 "니하오"	인도 친구는 "살라모어"
스페인 친구는 "부에노스 디아스"	에스키모 친구는 "부댄니"
하와이 친구는 "알로하"	이스라엘 친구는 "살롬"
미국 친구는 "헬로"	프랑스 친구는 "봉주르"

2. 문화 관련 교수학습지도안 2 : 사회

1) 교수학습 과정안(1)

<table>
<tr><td>영 역</td><td colspan="3">문 화(사회)</td><td>일 시</td><td colspan="3">2024. OO. OO.</td></tr>
<tr><td>단 원</td><td colspan="3">고장의 자연과 우리의 생활</td><td>교수자</td><td colspan="3">OOO</td></tr>
<tr><td>학습주제</td><td colspan="3">지형과 기후에 따른 생활 모습</td><td>수업시간</td><td>90분</td><td>학 년</td><td>3학년</td></tr>
<tr><td>학습목표</td><td colspan="7">고장의 자연환경에 따른 사람들 생활 모습을 알 수 있다.</td></tr>
<tr><td>학습의 주안점</td><td colspan="7">다문화교육은 문화의 다양성을 존중하고 개인이 적어도 한 개 이상의 문화집단에 소속되어 있으면서 동시에 서로 다른 문화집단과도 상호 연결되어 있음을 인식하는 데서 출발한다. 즉, 다양한 문화들이 동등하게 가치가 있고 문화적으로 평등하다는 것을 전제로 한다. 우리 고장에 대한 바른 이해를 통하여 서로 다른 문화집단이 공유하고 있는 문화현상의 차이뿐만 아니라 유사성에 관하여 비교적으로 인식하는 과정과 편견이나 왜곡된 점들을 새롭게 인식하고 시정하려는 교육적 노력을 포함하고 있다.</td></tr>
<tr><td rowspan="2">학습자료</td><td>교사</td><td colspan="6">- '물' 관련 VCR 시청
- 읽기자료
- 학습지</td></tr>
<tr><td>학생</td><td colspan="6">책 만들기 재료, 색연필, 도화지</td></tr>
<tr><td rowspan="4">나만의 수업전략</td><td>수업 모형</td><td colspan="6">주제통합학습</td></tr>
<tr><td rowspan="2">학습 형태</td><td>활동 1</td><td colspan="3">활동 2</td><td colspan="2">활동 3</td></tr>
<tr><td>옛날과 오늘날의 땅의 이용모습</td><td colspan="3">이야기책 꾸미기</td><td colspan="2">이야기 또는 시로 표현하기</td></tr>
<tr><td colspan="7">1. 옛날과 오늘날의 땅의 이용모습 토론하기
2. '오랫동안 비가 내리지 않는다면' 이야기책 꾸미기
3. 이야기 또는 시로 표현하기
4. 학습결과 발표하기</td></tr>
</table>

학습 단계	학습 과정	교수 – 학습활동	시간	자료 및 유의점
도입	주의집중 및 동기유발	**■ 집중모임** – 마음열기 – 동기유발- '물' 관련 VCR 시청 **■ 오늘 학습문제 알아보기** 산, 들, 물의 이용모습 보고 떠오르는 생각이나 느낌 나타내기	10분	• 물의 순환과 이용하는 영상 모습 보여주기 • 전 차시의 우리 고장 그림지도
전개	학습활동	**■ 학습활동** **【활동 1】 모둠별 토의활동** – 옛날과 오늘날의 땅의 이용모습 – 들이 우리 생활에 이용되는 경우와 잘 이용하기 위해 노력하는 일 – 산과 들을 이용하는 모습	15분	• 교과서, 백과사전류, 물과 관련된 자료 준비(개별 학습지, 색연필, 크레용)
		【활동 2】 개별활동 – 비가 내리지 않는다면? – 이야기책 꾸미기	15분	
		【활동 3】 개별활동 – 물 부족 국가의 조사한 내용을 바탕으로 느낌 나타내기 – 이야기 혹은 시로 표현하기	15분	• 활동이 끝난 학생은 교사의 확인 받기
정리	선택활동	**■ 선택활동** – 생각은⋯ : 신문기사 읽고 생각 쓰기 – 물이 되어 간 곳은? 그리고 한 일은?	25분	• 교과서에 없는 창의적인 생각이 발표될 수 있도록 격려한다.
	정리	**■ 모둠활동 – 마을 지도 위에 만든 것을 붙여서 우리 마을의 특징을 살리면서 마을 꾸미기**		
	차시예고	**■ 학습결과 발표** – 주변 정리 정돈·토의 및 마무리 – 우리 생활에 이용되는 경우는? – 여러 나라에 한 달 동안 비가 오지 않는다면? **■ 집중모임** – 이 시간 공부를 하면서 생각한 점은? 느낀 점은? – 더 알아보고 싶은 것이 있다면? – 차시예고	10분	

활동지 땅과 물의 이용에 대해 알아보기

■ **필리핀으로 여행을 가려고 합니다. 필리핀 전통가옥을 소개하는 안내장을 만들어 보세요.**

- 필리핀에 대한 사진이나 설명 자료를 미리 수집합니다.
- 8절 도화지를 세로로 4칸 접기를 하여 아코디언 북으로 안내장을 제작합니다.
- 더 많은 양의 자료를 넣으려면 도화지를 더 연결할 수 있습니다.
- 들어갈 내용

꼭 봐야 하는 BEST 3	
여행하기 좋은 계절	
여행할 때 가지고 가야 할 것	
전통가옥의 구조와 특징	
그 밖에 소개하고 싶은 것	

■ **'세계 여러 나라에 한 달 동안 비가 오지 않는다면?'이라는 주제를 가지고 이야기책을 꾸미려고 합니다. 활동 전에 스토리보드를 작성하세요.**

①	②	③
④	⑤	⑥
⑦	⑧	⑨

참고자료 필리핀의 전통가옥과 자연환경 알아보기

1. 필리핀의 전통가옥

고온 다습하고 열대성 나무들이 많아 그 위에 집을 짓고 더위를 피한다.

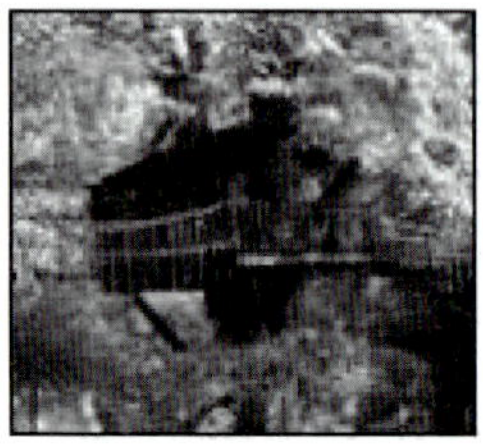

필리핀의 수상(樹上)가옥

2. 필리핀의 자연환경

▷ 11월~3월

필리핀에서 가장 좋은 시기인 건기이다. 낮에는 평소와 비슷한 30도 초반대 온도를 보이지만, 밤에는 20도 초반대 온도를 보이며, 시원한 편이고 현지인들은 밤에는 긴팔을 입고 다닌다. 비가 거의 오지 않고 건조하여 여행하기에도 좋은 시기이다.

▷ 4월~6월 중순

필리핀의 초절정 건기이다. 이때는 온도가 최고 40도까지 올라간다. 덥고 건조하며 태양 빛을 받으면 따갑다는 느낌이 든다. 필리핀은 이때가 방학이라서 휴양지의 비용이 많이 오른다고 한다.

▷ 6월 중순~10월

우기이다. 특히 7, 8월은 초절정 우기라서 일주일 내내 비가 오는 경우도 있다. 태풍이 자주 발생하며, 홍수피해도 잦은 시기이다. 온도는 30도 초·중반에 습도까지 높아서 불쾌지수가 오르는 시기이다. 갑자기 소나기가 내리다가 그치는 경우도 빈번하다. 이 시기엔 항상 우산을 가지고 다녀야 한다.

2) 교수학습 과정안(2)

<table>
<tr><td>영 역</td><td colspan="3">문 화(사회)</td><td>일 시</td><td colspan="5">2024. OO. OO.</td></tr>
<tr><td>단 원</td><td colspan="3">세계 여러 나라의 명절과 기념일</td><td>교수자</td><td colspan="5">OOO</td></tr>
<tr><td>학습주제</td><td colspan="3">민속놀이 알아보기</td><td>수업시간</td><td colspan="2">40분</td><td colspan="2">학 년</td><td>3학년</td></tr>
<tr><td>학습목표</td><td colspan="9">세계 여러 나라의 기념일에 하는 놀이에 대해 알 수 있다.</td></tr>
<tr><td>학습의 주안점</td><td colspan="9">오늘날 이웃 간, 고장 간, 지역 간, 국가 간에 존재하는 문화의 특수성과 보편성을 이해함으로써 우리 문화에 대한 정체성 형성과 다른 문화에 대한 상호 존중의 마음을 가지게 하고자 설정되었다. 이를 위해 놀이, 친교, 단체활동 등을 통해 학생문화에 대하여 이해하고, 고장, 지역, 국가의 서로 다른 학생문화를 파악하도록 한다. 고장의 독특한 문화적인 특성을 이해하고 그러한 특성이 만들어지게 된 자연적·역사적 환경에 대하여 이해하도록 한다. 또한 우리나라의 여러 기념일들의 특징과 의미를 외국의 경우와 비교하여 파악함으로써 그 문화적인 특성을 이해하도록 한다.</td></tr>
<tr><td rowspan="2">학습자료</td><td>교사</td><td colspan="8">- 컴퓨터 녹음 프로그램
- 동영상
- PPT 자료
- 학습지
- 세계지도</td></tr>
<tr><td>학생</td><td colspan="8">민속놀이 조사 과제</td></tr>
<tr><td rowspan="4">나만의 수업전략</td><td>수업 모형</td><td colspan="8">조사발표학습</td></tr>
<tr><td rowspan="2">학습 형태</td><td>활동 1</td><td colspan="3">활동 2</td><td colspan="2">활동 3</td><td colspan="2">심화활동</td></tr>
<tr><td>민속놀이 계절별 나누기</td><td colspan="3">민속놀이 대륙별 나누기</td><td colspan="2">민속놀이 놀이하는 사람에 따라 나누기</td><td colspan="2">모둠학습</td></tr>
<tr><td colspan="9">1. 제재 관련 생활경험 이야기
2. 조사자료 발표하기
3. 민속놀이 기준 정하기
4. 각 모둠별로 전문가를 한 명씩 두어 분류하기</td></tr>
</table>

학습 단계	학습 과정	교수 - 학습활동	시간	자료 및 유의점
도입	주의집중 및 동기유발	■ **학습동기유발** - 노래를 함께 들어 봅시다. 어떤 내용을 노래하고 있습니까? - 연날리기 노래입니다. - 놀이와 관련된 다른 노래는 없을까요?	3분	• 동요 테이프 • PPT 자료
		■ **제재 관련 생활경험 이야기** - 여러 가지 민속놀이를 해본 경험이 있습니까? - 지난 시간에 도서관에서 어떤 자료를 수집하였습니까? - 우리 고장 및 다른 나라의 전통 민속놀이에 대해 수집하였습니다. ■ **학습목표 확인하기** - 이번 시간에 공부할 문제를 말해 봅시다. 나라별로 기념일에 하는 민속놀이에 대해 알아보고 분류해 봅시다.	2분	• 분류 기준을 명확히 제시하도록 한다.
전개	수업하기	■ **조사자료 발표하기** - 여러분이 조사한 민속놀이에는 어떤 것들이 있습니까? ■ **민속놀이 기준 정하기** - 여러분이 조사한 세계 여러 나라 민속놀이를 어떤 기준으로 나누면 좋을까요? ■ **분류 기준 정하기** - 민속놀이를 ① 계절별로 나누어 봅니다. ② 대륙별로 나누어 봅니다. ③ 놀이하는 사람에 따라 나누어 봅니다.	5분	• 메모지, 필기도구
		■ **학습과제 선정하기** - 학습과제가 주어진 전문가 활동지에서 한 가지를 정합니다. 〈활동 1〉 세계 여러 나라 민속놀이를 계절별로 나누어 봅시다. 〈활동 2〉 세계 여러 나라 민속놀이를 대륙별로 나누어 봅시다. 〈활동 3〉 세계 여러 나라 민속놀이를 놀이하는 사람에 따라 나누어 봅시다.	10분	• 모든 학생들이 참여하여 과제를 해결할 수 있도록 임장 지도한다.
정리	정리하기	■ **각 모둠별로 전문가를 한 명씩 두어 과제 해결하기**		
		■ **분류활동하기** - 각 활동별로 모인 여러분들이 전문가가 되어 활동과제를 해결해 봅시다.	10분	• PPT 자료
		■ **전문가 활동하기** - 조사한 자료를 바탕으로 하여 민속놀이를 기준에 따라 분류해 봅시다.	5분	
		■ **전문가 활동내용 통합하기** - 전문가 활동을 통해 정리된 내용을 모둠 친구들에게 전달해 봅시다. - 전달한 내용을 간단하게 표로 정리하고 발표해 봅시다.	5분	
		■ **학습정리** - 세계 여러 나라의 민속놀이를 조사하여 기준에 따라 분류해 보았습니다. 같이 확인해 봅시다.		
		■ **차시예고** - 다음 시간에는 여러 가지 민속놀이 도구를 실제로 만들어 보는 시간을 갖겠습니다.		

활동지 세계 여러 나라의 민속놀이

팽이치기

(베트남)
팽이는 우리나라의 것과 모양은 약간 다르지만 줄을 감아 돌리는 것과 찍기 후에 손바닥에 올려 세우고 그걸로 다시 상대방의 팽이 위에 올려 공격하는 방식은 우리와 똑같다.

따까우

(베트남)
여러 사람이 원형으로 둘러서서 한 개의 제기가 땅에 떨어지지 않도록 돌려가면서 공중에 높이 차올린다. 무릎으로 살짝 받아서 다시 발로 높이 차는 것이 기본동작이다. 뒷발로 차는 묘기도 볼 수 있다.

켄다마

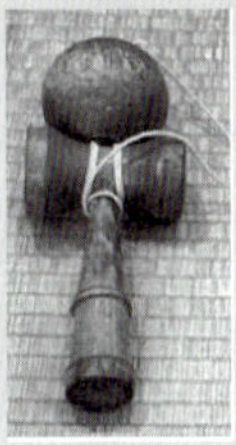

(일본) – 죽방울 –
끈이 달린 나무 공을 공중에 던져서 받침 위에 살짝 얹는 놀이이다.

공기놀이

(태국)
우리나라 친구들이 하는 공기놀이와 아주 똑같으며, 5단에 이르기까지의 과정이 동일하다.

■ 친구들과 함께 다음 민속놀이를 해 보세요.

■ 다른 나라와 우리나라의 전통놀이의 공통점과 차이점을 비교하여 생각해 봅시다.

참고자료 세계의 전통놀이

1. 필리핀의 전통놀이

• 필리핀의 '티니클링(tinikling)'

'티니클링'이란 목과 다리가 길고 점잖게 걷는 새의 이름입니다. 이 춤은 쌀을 미끼로 해서 이 새를 새틀로 잡으려고 하지만 먹이만 먹고 피하는 새의 동작을 표현한 춤입니다.

〈음악〉 3/4박자 〈스텝〉 홉, 점프

〈놀이방법〉

- 2명이 대나무 장대 양 끝을 손으로 잡는다.
- 음악에 맞추어 제 1, 2박에는 대나무 장대를 벌린 상태로 각목 양쪽에서 2회 친다.
- 제 3박에는 각목의 중앙에서 대나무 장대를 마주 친다.
- 춤을 추는 사람은 대나무 주위를 돌아 춤을 추거나 대나무 사이를 닿지 않게 걸어가며 율동을 한다.

2. 여러 나라의 민속놀이

1) 일본

일본은 하네츠키, 연날리기, 팽이돌리기, 가루타, 스고로쿠(윷놀이와 비슷함) 등 여러 가지가 있다. 그러나 현재는 이러한 놀이들은 거의 행해지고 있지 않다.

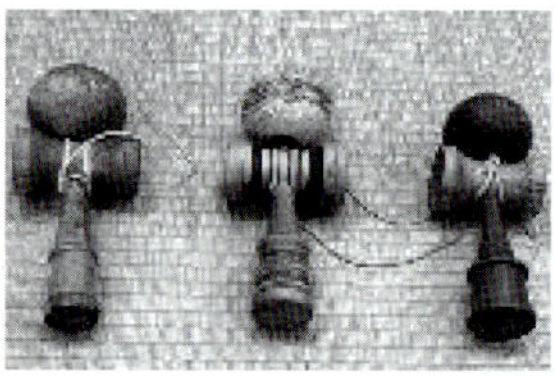

2) 베트남

베트남의 민속놀이로는 따까우(제기차기), 팽이치기, 고무줄놀이, 연날리기, 꺼드엉(co tuong, 장기) 등이 있다.

3) 태국

태국의 민속놀이로는 땅따먹기, 나무배 놀이, 팽이돌리기, 실뜨기, 비석치기, 공기놀이 등이 있다. 공기놀이는 우리의 공기놀이와 아주 똑같으며, 5단에 이르기까지의 과정이 동일하다. 비석치기(사방치기)는 편이 정해지면 손으로 비석을 던져 맞추면 이기는 놀이로 우리의 비석치기(사방치기)와 동일하다. 차이는 열대의 납작한 열매를 이용한다는 사실이다.

3. 문화 관련 교수학습지도안 3 : 창체

1) 교수학습 과정안(1)

<table>
<tr><td>영 역</td><td colspan="3">문 화(창의적 체험활동)</td><td>일 시</td><td colspan="3">2024. OO. OO.</td></tr>
<tr><td>단 원</td><td colspan="3">세계의 민속놀이</td><td>교수자</td><td colspan="3">OOO</td></tr>
<tr><td>학습주제</td><td colspan="3">세계의 민속놀이</td><td>수업시간</td><td>40분</td><td>학 년</td><td>전 학년 가능</td></tr>
<tr><td>학습목표</td><td colspan="7">세계 여러 나라의 민속놀이의 차이를 이해할 수 있다.</td></tr>
<tr><td>학습의 주안점</td><td colspan="7">세계 여러 나라의 민속놀이의 차이점을 알아보고 문화 차이를 이해하게 한다.</td></tr>
<tr><td rowspan="2">학습자료</td><td>교사</td><td colspan="6">세계 여러 나라 민속놀이 PPT</td></tr>
<tr><td>학생</td><td colspan="6">민속놀이 학습지</td></tr>
<tr><td rowspan="4">나만의 수업전략</td><td>수업 모형</td><td colspan="6">역할놀이 수업모형</td></tr>
<tr><td rowspan="2">학습 형태</td><td>도입</td><td>스토리텔링</td><td colspan="2">발표하기</td><td colspan="2">토의 및 평가</td></tr>
<tr><td>전체학습</td><td>모둠학습</td><td colspan="2">모둠학습</td><td colspan="2">전체학습</td></tr>
<tr><td colspan="7">1. 우리나라의 민속놀이로 흥미를 유발하도록 한다.
2. 세계 여러 나라의 민속놀이가 다름을 알도록 한다.</td></tr>
</table>

<table>
<tr><td colspan="5">▣ 학습평가계획 ▣</td></tr>
<tr><td>평가목표</td><td colspan="4">세계 여러 나라의 민속놀이의 차이를 이해할 수 있다.</td></tr>
<tr><td>평가방법</td><td colspan="4">○ 교사관찰평가 : 수업 중 활동모습
○ 상호평가 : 수업 중 모둠활동</td></tr>
<tr><td rowspan="2">평가척도</td><td>내 용</td><td>잘함</td><td>보통</td><td>부족</td></tr>
<tr><td>○ 세계 여러 나라의 민속놀이의 차이를 알고 있는가?
○ 각 나라마다 다른 민속놀이가 문화의 차이라는 점을 인지하고 있는가?
○ 모둠학습에 적극적으로 참여하는가?</td><td>◎</td><td>○</td><td>△</td></tr>
</table>

학습 단계	학습 과정	교수 – 학습활동	시간	자료 및 유의점
도입	동기유발	▪ **우리나라의 민속놀이 알아보기** T : 여러분이 알고 있는 우리나라 민속놀이에는 무엇이 있나요? S : 제기차기, 자치기…. T : 다른 나라에도 민속놀이가 있을까요? S : 네. T : 어떤 것이 있는지 알아볼까요? S : 네.	3분	
	학습목표 확인	▪ **학습목표 및 학습활동 확인하기** T : 오늘의 학습목표를 확인해 볼까요? 세계 여러 나라의 민속놀이의 차이를 이해할 수 있다.	1분	
역할 놀이 준비	활동 1 여러 나라의 민속놀이	▪ **세계의 민속놀이를 좀 더 자세히 살펴보기** T : 선생님이 준비한 PPT 자료를 보도록 하겠습니다. S : (PPT를 본다) T : 어느 나라의 민속놀이 같나요? S1 : 중국이요. S2 : 일본이요. S3 : 필리핀이요…. T : 네. 선생님이 보여준 자료는 일본과 중국의 민속놀이입니다.	5분	• PPT
	활동 2 발표하기	▪ **발표 준비** T : 모둠별로 각 나라의 민속놀이를 조사해 오도록 했는데 다 해왔나요? S : 네. T : 그러면 모둠별로 조사해 온 민속놀이를 발표해 봅시다. S1 : (태국의 민속놀이) S2 : (베트남의 민속놀이) S3 : (인도의 민속놀이) S4 : (미국의 민속놀이 등)	15분	• 집중해서 잘 듣도록 지도한다.
시연	활동 3 여러 나라의 몸짓 민속놀이 익히기	▪ **각 나라의 몸짓 민속놀이 살펴보기** T : 선생님이 주는 학습지를 살펴보고 여러분이 더 알고 싶은 우리나라의 민속놀이를 써 보세요. 집에 가서 숙제로 더 조사해 보세요. 다음 시간에 한 번 더 확인해 보겠습니다. S : (학습지에 나라를 적어본다)	10분	
토의 및 평가	학습내용 정리하기	▪ **오늘 배운 내용 정리하기** T : 오늘 배운 내용을 정리해 볼까요? 여러 나라의 민속놀이를 알아보면서 어떤 느낌이었나요? S1 : 나라마다 민속놀이가 다르다는 것이 무척 재미있었습니다. S2 : 다른 나라의 민속놀이를 직접 해보고 싶었습니다. S3 : 다른 나라의 문화라는 점을 알았고 받아들일 줄 알아야 한다는 생각이 들었습니다.	6분	

제 10 장

정체성 관련 교수학습지도안

1. 정체성 관련 교수학습지도안 1 : 국어
2. 정체성 관련 교수학습지도안 2 : 사회
3. 정체성 관련 교수학습지도안 3 : 체육
4. 정체성 관련 교수학습지도안 4 : 미술
5. 정체성 관련 교수학습지도안 5 : 창체

제 10 장

정체성 관련 교수학습지도안*

1. 정체성 관련 교수학습지도안 1 : 국어

1) 교수학습 과정안(1)

<table>
<tr><td>영 역</td><td colspan="2">정체성(국어)</td><td>일 시</td><td colspan="3">2024. OO. OO.</td></tr>
<tr><td>단 원</td><td colspan="2">알아보고 떠나요</td><td>교수자</td><td colspan="3">OOO</td></tr>
<tr><td>학습주제</td><td colspan="2">필요한 정보 찾아보기</td><td>차 시</td><td>4 / 6</td><td>교과서</td><td>읽기 98~101쪽</td></tr>
<tr><td>학습목표</td><td colspan="7">필요한 정보를 찾으면서 글을 읽을 수 있다.</td></tr>
<tr><td>학습의 주안점</td><td colspan="7">본 차시는 주어진 주제에 필요한 정보를 찾아보는 활동이다. 우리나라의 전통놀이 중 비사치기에 대하여 알아보고, 우리나라의 다른 전통놀이와 세계 여러 나라의 전통놀이에 대하여 학습한다.</td></tr>
<tr><td rowspan="2">학습자료</td><td>교사</td><td colspan="6">동영상(비사치기), 사전 과제 활동지, 실물화상기, 활동지</td></tr>
<tr><td>학생</td><td colspan="6">교과서, 사전 과제 학습지, 활동지</td></tr>
<tr><td rowspan="4">나만의 수업전략</td><td>수업 모형</td><td colspan="6">일반교수모형</td></tr>
<tr><td rowspan="2">학습 형태</td><td colspan="3">활동 1</td><td colspan="3">활동 2, 3</td></tr>
<tr><td colspan="3">전체학습</td><td colspan="3">개별학습</td></tr>
<tr><td colspan="7">1. 비사치기 동영상을 제시하여 학습자의 흥미와 관심을 유발한다.
2. 정보를 찾는 여러 가지 방법을 이해하고 실제 활용할 수 있도록 한다.
3. 우리나라의 전통놀이뿐 아니라 세계 여러 나라의 전통놀이를 조사해 보도록 사전에 과제로 제시하여 학습의 효과를 높인다.</td></tr>
</table>

<table>
<tr><td colspan="5">▣ 학습평가계획 ▣</td></tr>
<tr><td>평가목표</td><td colspan="4">필요한 정보를 찾으면서 글을 읽을 수 있다.</td></tr>
<tr><td>평가방법</td><td colspan="4">○ 교사관찰평가 : 수업 중 활동모습
○ 상호평가 : 수업 중 활동 – 활동지 활용</td></tr>
<tr><td rowspan="2">평가척도</td><td>내 용</td><td>잘함</td><td>보통</td><td>부족</td></tr>
<tr><td>○ 주어진 주제에 맞는 정보를 찾을 수 있는가?
○ 세계 전통놀이에 대하여 이해하고 학습활동에 적극적으로 참여하는가?</td><td>◎</td><td>○</td><td>△</td></tr>
</table>

* 이 내용은 신재한 외(2014)의 글을 수정하고 보완하여 제안함.

학습 단계	학습 과정	교수 - 학습활동	시간	자료 및 유의점
도입	동기유발	■ **흥미 유발하기** T : 이것이 무엇입니까? (비사치기 자료 제시) S : 비사치기 놀이를 할 때 쓰는 것입니다. ■ **동영상 보여주기** T : 동영상 속 친구들이 무엇을 하고 있나요? S : 놀이를 하고 있습니다. T : 무슨 놀이 같은가요? S : 우리나라의 비사치기 놀이 같습니다. T : 그래요. 선생님이 보여준 동영상은 우리나라의 비사치기를 하고 있는 친구들의 모습입니다. 오늘은 우리나라 비사치기 놀이에 대한 설명을 듣고 필요한 정보를 찾아보는 활동을 하겠습니다.	4분	• 비사치기 • 동영상(비사치기 놀이) 
	학습목표 확인	■ **학습목표 및 학습활동 확인하기** T : 오늘의 학습목표를 확인해 볼까요? 필요한 정보를 찾으면서 글을 읽어 봅시다.	2분	
전개	활동 1	■ **학습할 내용 탐색하기** T : 지난 시간에 선생님이 과제로 내준 세계 여러 나라의 전통놀이를 조사해 왔나요? S : (조사해 온 과제를 꺼낸다) T : 자신이 조사해 온 과제를 친구들에게 발표해 봅시다. S : (친구들에게 발표한다) T : 이렇게 세계 여러 나라에는 다양한 전통놀이가 있습니다. 오늘은 그중에서 우리나라의 비사치기 놀이에 대하여 알아보겠습니다. 교과서 98~100쪽의 비사치기를 읽어 봅시다. S : (교과서를 읽는다) T : 비사치기는 어디서 유래하였나요? S : 비석은 죽은 사람을 위해 세워졌는데…(하략). T : 비사치기에서 이기려면 어떻게 해야 하나요? S : 자신의 말로 상대편의 말을 넘어뜨리면서…(하략). T : 말을 넘어뜨리는 방법에는 어떤 것들이 있나요? S : 던져 맞히기, 한발 뛰기…(하략). T : 말을 머리에 올려놓고 걸어가 상대편의 말을 넘어뜨리는 방법을 왜 떡장수라고 불렀을까요? S : 옛날에 떡장수는 떡을 넣은 커다란…(하략).	14분	• 실물화상기 • 사전과제 학습지  • 학생들이 과제로 조사해 온 것을 게시판에 게시하여 일정 기간 학습할 수 있도록 한다.

학습 단계	학습 과정	교수 - 학습활동	시간	자료 및 유의점
전개	활동 2	■ **지식 정리하기** T : 세린이가 두 번째 문제를 푸는 데 필요한 정보를 찾아 교과서 101쪽에 정리하여 봅시다. S : (정보를 찾아 101쪽에 정리한다) 비사치기의 놀이 방법 ① 일정한 거리에 (금)을 긋고, (편)을 둘로 나눕니다. ② (진 쪽의 말을 금 위에 세워 놓습니다) ③ 여러 단계를 순서대로 통과하면서 상대편의 (말)을 넘어뜨립니다. ④ (만약 상대편의 말을 넘어뜨리지 못하거나 중간에 말을 떨어뜨리면 순서를 바꿉니다) ⑤ (모든 단계를 순서대로 먼저 통과하면 이깁니다) T : 내가 필요한 내용을 잘 정리했는지 확인해 봅시다. S : (교사가 제시하는 내용과 비교하며 잘 정리했는지 확인하고, 필요한 경우 수정한다)	5분	• 교과서
	활동 3	■ **지식 적용하기** T : 지금까지 우리나라의 전통놀이인 비사치기에 대하여 공부하였지요? S : 예. T : 지금부터는 선생님이 중국의 전통놀이 중 한 가지인 죽마놀이에 대한 이야기를 들려주겠습니다. 선생님이 들려주는 이야기를 잘 듣고 필요한 정보를 찾아 정리해 봅시다. S : (교사의 이야기와 활동지를 활용하여, 필요한 정보를 찾아 정리한다)	10분	• 활동지 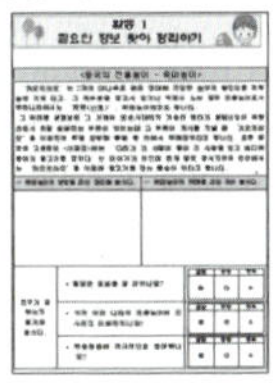
정리	학습내용 정리하기	■ **정리하기** T : 자신이 찾은 정보를 친구들에게 발표해 봅시다. S1 : 저는 중국의 전통놀이인 죽마놀이의 놀이 방법에 대하여 정리하였습니다. '까오치아오'는 2개의 대나무로 만든 장대에 적당한 높이의 발걸이를 끼워 놓은 것을 타고, 그 윗부분을 잡고서 걷거나 뛰면서 노는 중국 전통놀이로서 우리나라에서는 '죽족(竹足)', 죽마놀이라고도 합니다. S2 : 저는 죽마놀이의 유래에 대하여 정리하여 보았습니다. 죽마놀이의 유래를 살펴보면 그 기원이 요순시대까지 거슬러 올라가 토템신앙이 유행하면서 학을 숭배하는 부족이 있었는데 그 부족이 제사를 지낼 때 '가오치아오'를 이용하여 학을 모방해 춤을 춘 것에서 유래되었다고 합니다.	4분	
	차시예고	■ **차시예고하기** T : 오늘 모두 잘하였습니다. 다음 시간에는 〈서울의 궁궐〉에 관한 이야기를 읽고 필요한 정보를 찾아 내용을 정리해 보겠습니다. S : (배울 내용을 확인한다)	1분	

사전과제학습 세계 여러 나라의 전통놀이

국 가	놀이명	놀이의 특징(방법)
예 일본	스고로쿠	스고로쿠는 그림이 그려져 있는 판 위에서 출발점부터 시작하여 말을 진행시켜 가는데, 먼저 나는 사람이 이기는 우리나라의 윷놀이와 유사한 놀이이다. 말을 진행시키는 데는 주사위를 사용하며 주사위에 나온 수만큼 말을 이동시킨다.

활동 1 필요한 정보 찾아 정리하기

〈중국의 전통놀이 - 죽마놀이〉

‘까오치아오’는 2개의 대나무로 만든 장대에 적당한 높이의 발걸이를 끼워 놓은 것을 타고그 윗부분을 잡고서 걷거나 뛰면서 노는 중국 전통놀이로서 우리나라에서는 ‘죽족(竹足)’, 죽마놀이라고도 합니다.
그 유래를 살펴보면 그 기원이 요순시대까지 거슬러 올라가 토템신앙이 유행하면서 학을 숭배하는 부족이 있었는데 그 부족이 제사를 지낼 때 ‘가오치아오’를 이용하여 학을 모방해 춤을 춘 것에서 유래되었다고 합니다. 또한 중국의 고문헌인 〈산해경〉에는 ‘다리가 긴 사람이 팔이 긴 사람을 업고 바다에 들어가 물고기를 잡았다’는 이야기가 있으며 현재 중국 광서지역의 연안에서는 ‘까오치아오’를 이용해 물고기를 잡는 풍습이 있다고 합니다.

아래 두 가지 중에서 한 가지 정보를 찾아 정리해 봅시다.	
☞ 죽마놀이의 방법을 찾아 정리해 봅시다.	☞ 죽마놀이의 유래를 찾아 적어 봅시다.

친구가 잘했는지 평가해 봅시다.		잘함	보통	부족
	○ 필요한 정보를 잘 찾았나요?	◎	○	△
	○ 세계 여러 나라의 전통놀이에 조사하고 이해하였나요?	◎	○	△
	○ 학습활동에 적극적으로 참여했나요?	◎	○	△

2) 교수학습 과정안(2)

<table>
<tr><td>영 역</td><td colspan="2">정체성(국어)</td><td>일 시</td><td colspan="3">2024. OO. OO.</td></tr>
<tr><td>단 원</td><td colspan="2">둘째마당 2. 자연과 더불어</td><td>교수자</td><td colspan="3">OOO</td></tr>
<tr><td>학습주제</td><td colspan="2">묘사방법 익히기</td><td>수업시간</td><td>40분</td><td>학 년</td><td>6학년</td></tr>
<tr><td>학습목표</td><td colspan="6">묘사방법으로 글을 쓸 수 있다.</td></tr>
<tr><td>학습의 주안점</td><td colspan="6">세계 여러 나라 사람들의 모습을 묘사의 방법으로 글을 써 보도록 한다.</td></tr>
<tr><td rowspan="2">학습자료</td><td>교사</td><td colspan="5">멀티비전, 동영상자료, 컴퓨터(PPT), 사진자료, 실물화상기</td></tr>
<tr><td>학생</td><td colspan="5">활동지</td></tr>
<tr><td rowspan="4">나만의 수업전략</td><td>수업 모형</td><td colspan="5">원리탐구 수업모형</td></tr>
<tr><td rowspan="2">학습 형태</td><td>자유탐구활동</td><td>토의학습</td><td colspan="2">토의발표</td><td>익히기</td></tr>
<tr><td>전체학습</td><td>모둠학습</td><td colspan="2">전체학습</td><td>개별학습</td></tr>
<tr><td colspan="6">1. 세계 여러 나라 사람의 모습을 제시하면서 학생들의 흥미를 유발하도록 한다.
2. 묘사하는 방법을 익히게 한다.
3. 여러 나라 사람의 모습을 묘사하는 방법으로 말을 해보고 친구의 모습을 묘사하는 방법으로 글로 써 본다.</td></tr>
</table>

<table>
<tr><td colspan="5">▣ 학습평가계획 ▣</td></tr>
<tr><td>평가목표</td><td colspan="4">묘사하는 방법을 알고 있는가?</td></tr>
<tr><td>평가방법</td><td colspan="4">○ 교사관찰평가 : 수업 중 활동모습
○ 상호평가 : 수업 중 모둠활동</td></tr>
<tr><td rowspan="2">평가척도</td><td>내 용</td><td>잘함</td><td>보통</td><td>부족</td></tr>
<tr><td>○ 세계 여러 나라의 사람들 모습을 알고 있는가?
○ 묘사의 방법으로 글을 잘 썼는가?
○ 모둠학습에 적극적으로 참여하는가?</td><td>◎</td><td>○</td><td>△</td></tr>
</table>

학습 단계	학습 과정	교수 - 학습활동	시간	자료 및 유의점
자유 탐구 활동	동기유발	■ **학습 분위기 조성** T : 남일그룹 회장님 댁의 아주 중요한 보물을 가져간 범인을 찾기 위해 범인을 알고 있는 신모씨를 만나보도록 하겠습니다. 범인을 알고 있는 신모씨의 증언 : 삐죽삐죽 짧은 머리의 젊은 남자예요. 항상 갈색 선글라스를 쓰고 다니고 코 옆에 엄지 손톱만한 검은 점이 있어요. 산타할아버지 마냥 콧수염과 턱수염이 북슬북슬 나서 입이 있는지 없는지 알 수가 없답니다. - 범인은 누구일까요?	5분	
	학습목표 확인	■ **학습목표 및 학습활동 확인하기** T : 오늘의 학습목표를 확인해 볼까요? 묘사방법으로 글을 쓸 수 있다.	2분	
학습할 원리와 관련한 토의 활동	활동 1 묘사방법 알아보기	■ **묘사방법 알아보기** T : 묘사의 방법에는 어떤 것이 있을까요? S : 전체에서 부분으로 묘사하는 방법이 있습니다. S : 순서를 정하여 묘사하는 방법이 있습니다. 인상적인 부분을 강조하여 묘사하는 방법이 있습니다. T : 묘사할 때 어떤 점에 주의해야 할까요? S : 눈으로 볼 수 있는 겉모습에 대한 것을 묘사합니다. 상대방이 이해하기 쉽도록 묘사합니다. 상황에 따라 필요한 내용과 정보를 결정하여 묘사합니다.	10분	
	활동 2 인물묘사 하기	■ **인물 묘사하기** T : 모둠 한 사람씩 사진 속의 인물을 묘사의 방법으로 이야기해 보도록 하세요. T : 모둠 전원이 일어서서 사진 속 인물을 한 가지씩 묘사의 방법으로 이야기해 보세요. S : (묘사의 방법으로 이야기한다) S : (세계 여러 나라 사람의 모습을 여러 가지 묘사의 방법으로 설명해 본다)	10분	
	활동 3 묘사하여 글쓰기	■ **묘사하는 글쓰기** T : 묘사의 방법으로 활동지의 친구를 묘사하는 글을 쓴 후 짝꿍과 이야기합니다. 묘사를 할 때에는 내용을 나타내기에 알맞은 낱말이나 표현을 생각하면서 쓰도록 합니다. S : (사진 속 친구들의 모습을 묘사하는 방법으로 글을 써 본다)	10분	• 학습지
익히기 및 적용	학습내용 정리하기	■ **오늘 배운 내용 정리하기** T : 오늘 배운 내용을 정리해 볼까요? S : 묘사하는 방법으로 글을 써 봤습니다.	3분	

2. 정체성 관련 교수학습지도안 2 : 사회

1) 교수학습 과정안(1)

<table>
<tr><td>영 역</td><td colspan="2">정체성(사회)</td><td>일 시</td><td colspan="3">2024. OO. OO.</td></tr>
<tr><td>단 원</td><td colspan="2">도전활동 – 우리는 태권동자</td><td>교수자</td><td colspan="3">OOO</td></tr>
<tr><td>학습주제</td><td colspan="2">여러 나라의 전통무예 알아보기</td><td>수업시간</td><td>40분</td><td>학 년</td><td>4학년
(전 학년 가능)</td></tr>
<tr><td>학습목표</td><td colspan="7">여러 나라의 전통무예를 체험하여 전통무예를 계승하는 까닭과 자신감을 기를 수 있다.</td></tr>
<tr><td>학습의 주안점</td><td colspan="7">태권도를 비롯한 여러 나라의 무예는 몸과 마음을 다스리고 자신감과 도전정신을 기르는 데에 초점을 두고 있다. 이 차시에서는 태권도를 비롯한 여러 나라의 무예의 기본 동작을 익혀 전통무예를 계승하는 까닭과 자신감을 기를 수 있도록 한다.</td></tr>
<tr><td rowspan="2">학습자료</td><td>교사</td><td colspan="6">– 2010 충주무술축제 시연영상(www.martialarts.or.kr/)
– 여러 나라의 무예영상
– 학습지</td></tr>
<tr><td>학생</td><td colspan="6">간편복, 간편화, 필기도구</td></tr>
<tr><td rowspan="4">나만의 수업전략</td><td>수업 모형</td><td colspan="6">일반수업모형</td></tr>
<tr><td rowspan="2">학습 형태</td><td colspan="2">활동 1</td><td colspan="2">활동 2</td><td colspan="2">활동 3</td></tr>
<tr><td colspan="2">여러 나라의 무예의 특징 살펴보기</td><td colspan="2">여러 나라의 무예동작 따라해 보고 느낌 이야기하기</td><td colspan="2">전통무예에 대한 내 느낌 이야기하기</td></tr>
<tr><td colspan="7">1. 아동들의 흥미를 이끌기 위한 여러 나라의 무예영상 준비
2. 쉽게 따라할 수 있는 가장 기본적인 동작 준비
3. 여러 나라 무예의 특징을 자유롭게 이야기해 보기
4. 각 나라마다 전통무예를 계승하려는 까닭과 무예 체험에 대한 생각 이야기해 보기</td></tr>
</table>

<table>
<tr><td colspan="5">▣ 학습평가계획 ▣</td></tr>
<tr><td>평가목표</td><td colspan="4">여러 나라의 전통무예를 체험하여 전통무예를 계승하는 까닭과 자신감을 기를 수 있다.</td></tr>
<tr><td>평가방법</td><td colspan="4">ㅇ 교사관찰평가 : 수업 중 활동모습 – 활동지 1
ㅇ 상호평가 : 수업 중 모둠활동</td></tr>
<tr><td rowspan="2">평가척도</td><td>내 용</td><td>잘함</td><td>보통</td><td>부족</td></tr>
<tr><td>ㅇ 여러 나라의 전통무예를 체험하여 전통무예를 계승하는 까닭을 알 수 있는가?
ㅇ 여러 나라의 전통무예를 체험하여 자신감을 기를 수 있는가?</td><td>◎</td><td>○</td><td>△</td></tr>
</table>

<table>
<tr><th>학습
단계</th><th>학습
과정</th><th>교수 – 학습활동</th><th>시간</th><th>자료 및
유의점</th></tr>
<tr><td rowspan="2">문제
파악</td><td>주의집중
및
동기유발</td><td>■ 동기유발 자료 감상
2010 충주무술축제의 인트로 영상을 보여준다.
– 무엇을 소개해 주기 위한 영상일까요?
– 이 축제에 대하여 들어본 적이 있나요?
– 이 축제는 한국의 고유 무술인 택견의 중심지인 충주에서 여러 나라의 무술인을 초청하여 전통무예를 선보이는 축제입니다.
■ 학습문제 확인하기
여러 나라의 전통무예를 체험하여 전통무예를 계승하는 까닭과 자신감을 기를 수 있다.</td><td>3분</td><td>• 홈페이지 자료를 활용하여 각 나라의 전통무예에 대한 호기심을 유발한다.</td></tr>
<tr><td>학습활동</td><td>■ 학습활동 안내하기
T : 이번 시간에 공부할 학습활동에 대한 안내를 하겠습니다.
【활동 1】 여러 나라의 무예의 특징 살펴보기
【활동 2】 여러 나라의 무예동작 따라해 보고 느낌 이야기하기
【활동 3】 전통무예에 대한 내 느낌 이야기하기</td><td>2분</td><td></td></tr>
<tr><td rowspan="3">문제
추구
및
해결</td><td>확인</td><td>【활동 1】 여러 나라의 무예의 특징 살펴보기
T : 자, 여러분에게 우리나라를 비롯한 여러 나라의 전통무예가 생겨나게 된 까닭과 시연영상을 소개하겠습니다.<table><tr><td>우리나라</td><td>택견(한국)</td></tr><tr><td>아시아</td><td>펜칵시라트(인도네시아)</td></tr><tr><td>아시아</td><td>무에타이(태국)</td></tr><tr><td>아프리카</td><td>낙바부카(마사이족)</td></tr><tr><td>아메리카</td><td>까보엘라(브라질)</td></tr><tr><td>유럽</td><td>사바떼(프랑스)</td></tr></table>– 각 나라의 전통무예의 특징은 무엇일까요?</td><td>10분</td><td>• 영상 시청의 목적이 무예의 우열을 가리려 하기 보다는 발생근원과 다양한 복장과 동작에 초점을 두어 설명한다.</td></tr>
<tr><td>발표</td><td>【활동 2】 여러 나라의 무예동작 따라해 보고 느낌 이야기하기
– 각 나라의 전통무예의 기본 동작을 따라해 봅시다.
– 느낌이 어떠한가요?</td><td>10분</td><td rowspan="2">• 시연영상을 보고 간단한 동작을 따라한다.</td></tr>
<tr><td>발표</td><td>【활동 3】 전통무예에 대한 내 느낌 이야기하기
– 전통무예의 모습이 나라마다 다른 까닭은 무엇인가요?
– 이렇게 나라마다 전통무예를 지금까지 계승한 까닭은 무엇일까요?</td><td>10분</td></tr>
<tr><td>적용
및
발전</td><td>정리</td><td>■ 학습활동 안내하기
– 태권도의 역사 알아보기
– 태권도를 잘 배우기 위한 방법 알아보기</td><td>5분</td><td></td></tr>
</table>

다문화교육 사회 학습지	여러 나라의 전통무예 알아보기	4학년 ( )반 ( )번 이름( )

■ 여러 나라의 전통무예를 보고 특징과 느낀 점을 자유롭게 써 봅시다.

무예 이름	사 진	특 징
택견 (한국)		
펜칵시라트 (인도네시아)		
무에타이 (태국)		
낙바부카 (마샤이족)		
까보엘라 (브라질)		
사바떼 (프랑스)		

■ 여러 나라의 전통무예를 보고 비슷한 점과 다른 점을 써 봅시다.

참고자료 세계의 여러 전통무예 학습하기

출처 : 충주세계무술축제 홈페이지(www.martialarts.or.kr/).

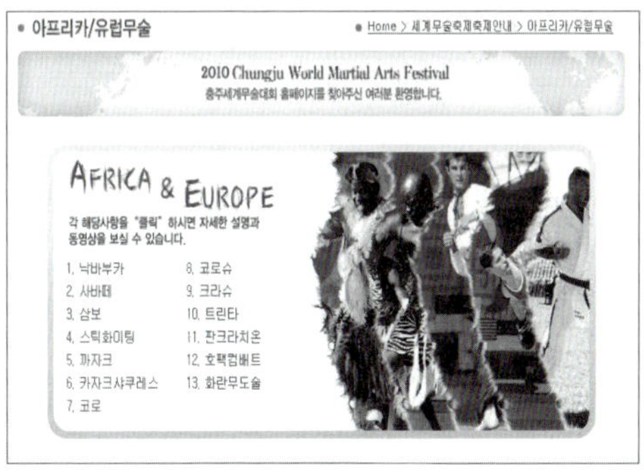

2) 교수학습 과정안(2)

<table>
<tr><td>영 역</td><td colspan="3">정체성(사회)</td><td>일 시</td><td colspan="3">2024. OO. OO.</td></tr>
<tr><td>단 원</td><td colspan="3">민족을 다시 통일한 고려
- 역경을 이겨내며 꽃피운 고려문화</td><td>교수자</td><td colspan="3">OOO</td></tr>
<tr><td>학습주제</td><td colspan="3">북방민족의 침략과 극복</td><td>수업시간</td><td>40분</td><td>학 년</td><td>6학년</td></tr>
<tr><td>학습목표</td><td colspan="7">고려가 북방민족의 침략에 대항한 과정 및 그 원동력을 설명할 수 있다.</td></tr>
<tr><td>학습의 주안점</td><td colspan="7">제재에서는 북방민족의 침략 배경, 과정, 고려의 항쟁에 대해 알아보는 활동을 통해 고려를 둘러싼 주변국들과의 균형을 유지하고, 북진정책을 펴면서 끊임없는 북방민족의 침략의 어려움을 극복한 용감하고 자주적인 나라 고려를 자랑스러워하고 조상들의 용기와 슬기를 본받으려는 태도를 갖는 데 주안점이 있다.</td></tr>
<tr><td rowspan="2">학습자료</td><td>교사</td><td colspan="6">- 시대별 낱말카드
- 고려항쟁 연표
- PPT
- 토론 읽기자료
- 학습지</td></tr>
<tr><td>학생</td><td colspan="6">필기도구, 사인펜 등</td></tr>
<tr><td rowspan="4">나만의 수업전략</td><td>수업 모형</td><td colspan="6">소집단 협동학습</td></tr>
<tr><td rowspan="2">학습 형태</td><td>활동 1</td><td>활동 2</td><td colspan="2">활동 3</td><td colspan="2">활동 4</td></tr>
<tr><td>북방민족의 침략 배경 및 과정</td><td>고려의 활약상</td><td colspan="2">북방민족 침략의 공통점</td><td colspan="2">비판적 의견 쓰기</td></tr>
<tr><td colspan="7">1. 시각화 자료를 통한 역사 이해 - 고려항쟁 확대연표 적용
2. 비판적 사고력의 신장 - 토론 읽기자료를 통한 비판적 글쓰기</td></tr>
</table>

학습 단계	학습 과정	교수 – 학습활동		시간	자료 및 유의점
		교 사	아 동		
도입	전시학습 상기	■ **시대 흐름 잡기** ○ 지금까지 학습한 내용을 시대 순으로 정리하기 – 지난 시간까지 우리가 배운 역사를 시대와 해당 국가별로 이야기해 볼까요?	○ 지금까지 학습한 시대를 낱말카드를 보면서 대답하고, 시대에 해당하는 국가를 말한다. – 구석기 ⇒ 신석기 ⇒ 청동기(고조선) ⇒ … ⇒ 고려	2분	• 시대별 낱말카드 • PPT 사진자료, 당시 국제정세 이야기 자료
	동기유발	○ 고려항쟁에 관한 그림 또는 인물 둘러보기 – 이 곳은 어디일까요? – 이 곳과 관련된 역사인물은 누구일까요? – 다음은 어느 나라의 전성기를 나타낸 것일까요?	○ 고려항쟁에 관한 그림 또는 인물 사진을 보며 답한다. – 낙성대 – 강감찬 장군 – 몽고 제국의 영역	3분	
전개	학습문제 확인	■ **학습문제 제시하기**		2분	• PPT 자료 • 고려항쟁 확대 연표
		고려가 북방민족의 침략에 대항한 과정과 그 원동력을 설명할 수 있다.			
		○ 학습문제 확인하기 – 고려는 고려를 둘러싼 주변국들과의 균형을 유지하고 북진정책을 펴면서 끊임없는 북방민족 침략의 어려움을 겪었습니다. 오늘은 이러한 어려움을 극복한 용감하고 자주적인 나라 고려에 대해 알아보도록 하겠습니다.			
	활동 1	■ **북방민족의 침략 배경, 과정, 고려의 항쟁에 대해 알아보기** ○ 거란의 침략 알아보기 ○ 여진의 침략 알아보기 ○ 몽고의 침략 알아보기	○ 북방민족 침략의 원인, 과정, 극복, 결과에 대한 설명을 듣는다.	15분	
	활동 2	■ **각각의 활약상 정리하기** ○ 서희의 담판 알아보기 ○ 강감찬 장군의 귀주대첩 알아보기 ○ 윤관의 여진정벌 알아보기	○ 북방민족의 침략과 관련된 인물들의 활약상을 정리한다.	3분	

<table>
<tr><th rowspan="2">학습 단계</th><th rowspan="2">학습 과정</th><th colspan="2">교수 – 학습활동</th><th rowspan="2">시간</th><th rowspan="2">자료 및 유의점</th></tr>
<tr><th>교 사</th><th>아 동</th></tr>
<tr><td></td><td>활동 3</td><td>■ 북방민족 침략의 공통점 찾기
○ 북방민족이 고려를 침략한 내용 정리하기
– 지금까지 북방민족의 고려 침략에 대하여 공부하였습니다. 학습지의 읽기자료를 통해 정리해 봅시다.
– 북방민족들은 자기 나라가 어떤 상황일 때 고려를 침략하였는지 공통점을 말해 볼까요?</td><td>○ 북방민족들은 자기 나라가 어떤 상황일 때 고려를 침략하였는지 그 공통점을 찾아 쓰고 발표한다.
– 힘의 균형이 깨질 때
– 강성한 시기일 때</td><td>3분</td><td>• 학습지

• 토론 읽기 자료</td></tr>
<tr><td></td><td>활동 4</td><td>■ 비판적 의견 쓰기
○ 고려가 북방민족의 침략을 받기만 했다는 주장에 대한 비판적 글쓰기
– 항상 침략을 당하기만 하고 북방 정벌은 하지 못했다는 주장에 대해 여러분은 어떻게 생각하나요? 이 의견에 대한 여러분의 생각을 말하여 모둠별로 서로 이야기해 보고 글로 써 봅시다.</td><td>○ 영수의 주장을 읽고 반대 의견을 생각한다.
○ 영수의 주장과 관련하여 북방민족의 침략에 대항한 고려에 대하여 모둠별로 토의하며 의견을 공유한다.
○ 자신의 의견을 글로 쓰도록 한다.</td><td>8분</td><td></td></tr>
<tr><td rowspan="2">정리</td><td>학습정리</td><td>■ 선생님을 이겨라!
○ 북방민족에 대항하는 고려의 모습 정리하기
– "선생님을 이겨라" 퀴즈게임으로 오늘 배운 내용을 정리해 볼까요?
– 가위, 바위, 보로 진 사람은 선생님이 낸 문제를 맞추도록 합니다.</td><td>○ "선생님을 이겨라" 가위, 바위, 보 게임하기
○ 진 사람은 선생님이 내는 문제에 답하기</td><td rowspan="2">4분</td><td rowspan="2"></td></tr>
<tr><td>학습활동 평가 및 반성</td><td>■ 수업을 하면서 느낀 점 발표하기</td><td></td></tr>
</table>

평점	평가 기준
상	북방민족의 침략에 대항한 고려의 항쟁사와 시대상황, 공통점을 잘 말할 수 있으며, 충실성·일목 요연성·창의성이 잘 드러나도록 비판적 의견을 글로 쓴다.
중	북방민족의 침략에 대항한 고려의 항쟁사와 시대상황, 공통점을 알고 말할 수 있으나, 충실성·일목 요연성·창의성이 잘 드러나도록 비판적 의견을 글로 쓰지 못한다.
하	북방민족의 침략에 대항한 고려의 항쟁사와 시대상황, 공통점을 말하는 데 어려움이 있었으며, 충실성·일목 요연성·창의성이 잘 드러나는 비판적 의견을 글로 쓰지 못한다.

1–(2) 민족을 다시 통일한 고려 27~31쪽	**북방민족의 침략과 극복**	6학년 ( )반 ( )번 이름( )

■ **북방민족이 고려를 침략한 내용을 읽고 물음에 답하시오.**

거 란	고려가 건국될 무렵에 일어난 거란은 발해를 멸망시키고 세력을 키워 중국 북부까지 지배한 뒤 나라 이름을 '요'라고 하였다. 세력이 더욱 강성해진 거란은 고려가 북쪽으로 영토를 넓히려는 정책과 송나라와 가깝게 지내는 정책에 불만을 품고 3차례(993년, 1010년, 1018년)에 걸쳐 고려를 침입하였다. 1차 침입은 서희가 적장 소손녕과 담판하여 물러나게 하고 강동 6주를 얻었다. 2차 침입 때에는 고려 군대의 강력한 저항으로 철수하였고, 3차 침입 때에는 소배압이 이끄는 10만 대군을 강감찬이 귀주에서 물리쳤다.
여 진	동부 만주에 살던 여진은 고려 초기에는 고려를 상국으로 섬겼다. 고려는 여진을 회유하여 무역을 허락해 주고, 귀화인에게는 가옥과 토지를 주어 살게 하였다. 그러나 세력이 커지자 고려의 국경을 위협하였고, 결국 고려와 무력 충돌을 하게 되었다. 고려는 윤관으로 하여금 '별무반'이라는 특수 부대를 편성하여 지금의 함경도 지역에 있던 여진족을 물리치고 9성을 쌓게 하였다.
몽 고	몽고는 중국을 정복하고 나라 이름을 '원'이라고 하였다. 강력한 군대로 아시아의 대부분과 유럽의 일부까지 지배했던 몽고는 고려를 점령하기 위하여 여섯 차례나 침략하였다. 고려는 몽고에 대항하기 위해 도읍을 강화도로 옮겨 강력하게 저항하였고, 삼별초 군대도 끝까지 싸웠다. 그러나 결국 고려는 몽고에 굴복하여 약 200년 동안 정치적 간섭을 받게 되었다.

1. 북방민족들은 자기 나라가 어떤 상황일 때 고려를 침략하였는지 그 공통점을 찾아 써 봅시다.

2. 위의 내용을 참고하여 '영수'의 주장에 대해 비판하는 글을 써 봅시다.

> 영수 : "고려 시대에는 국방을 튼튼히 하지 못해 거란과 여진의 침략을 받았어. 또 몽고가 침략했을 때에는 강화도로 도읍을 옮겨서 싸웠지만, 결국에는 몽고의 간섭을 받고야 말았어. 항상 침략을 당하기만 하고 고구려의 광개토대왕처럼 북방정벌은 하지 못하다니 정말 가슴이 아파."

3. 정체성 관련 교수학습지도안 3 : 체육

1) 교수학습 과정안(1)

<table>
<tr><td>영 역</td><td colspan="2">정체성(체육)</td><td>일 시</td><td colspan="3">2024. OO. OO.</td></tr>
<tr><td>단 원</td><td colspan="2">움직임 세상 속으로</td><td>교수자</td><td colspan="3">OOO</td></tr>
<tr><td>학습주제</td><td colspan="2">여러 나라의 무용작품을 감상하고
느낀 점을 이야기해 보기</td><td>수업시간</td><td>40분</td><td>학 년</td><td>3학년
(전 학년 가능)</td></tr>
<tr><td>학습목표</td><td colspan="6">무용작품을 감상하고, 느낀 점을 이야기할 수 있다.</td></tr>
<tr><td>학습의
주안점</td><td colspan="6">학생들에게 세계에는 여러 나라가 있고, 각 나라는 자신의 정체성을 대변하는 민속문화를 가지고 있다는 것을 알게 함으로써 학생들이 문화에 대한 다양성을 이해하고 각 나라가 가지고 있는 정서와 느낌에 대해서 자각하는 능력을 기를 수 있게 한다는 데 그 중심을 두어야 한다.
학생들이 우리 것을 이유 없이 너무 경시하지도, 또 남의 것을 너무 낮게 보는 문화적 편견 없이 문화를 문화 그대로 받아들일 수 있도록 지도하여 학생들이 집중력을 가지고 진지한 마음으로 감상할 수 있는 분위기를 교사가 사전에 조성하여야 한다.</td></tr>
<tr><td rowspan="2">학습자료</td><td>교사</td><td colspan="5">승무, 호두까기 인형, 훌라댄스, 압사라춤 동영상 프로젝션 TV</td></tr>
<tr><td>학생</td><td colspan="5"></td></tr>
<tr><td rowspan="4">나만의
수업전략</td><td>수업
모형</td><td colspan="5">일반수업모형</td></tr>
<tr><td rowspan="2">학습
형태</td><td>활동 1</td><td colspan="2">활동 2</td><td colspan="2">활동 3</td></tr>
<tr><td>각 나라의 무용작품 감상하기</td><td colspan="2">감상문 기록하기</td><td colspan="2">느낀 점 발표하기</td></tr>
<tr><td colspan="6">1. 아동들의 흥미를 위하여 여러 나라의 춤 사진 보여주기
2. 각 나라의 문화의 다양성을 이해할 수 있도록 감상문 기록하기
3. 다양한 무용에 대한 수용력과 안목을 높일 수 있도록 지도하기</td></tr>
</table>

학습 단계	학습 과정	교수 – 학습활동	시간	자료 및 유의점
동기 유발	주의집중 및 동기유발	■ **경험 이야기하기** TV나 공연장에서 다양한 나라의 무용을 본 경험 발표하기 T : 이 사진은 무슨 춤을 추는 사진인가요? S : 발레요. T : 이 사진은 어떤 춤을 추는 사진인가요? S : 탈춤이요. T : 선생님이 보여준 사진 말고 또 다른 무용을 TV나 공연장에서 직접 보았던 경험과 그 춤에 느낌에 대해서 이야기해 봅시다. S : TV에서 비보이 댄스를 보았습니다. 비보이 댄스는 격렬하고 매우 신이 났습니다. S : 공연장에서 뉴질랜드 원주민 춤을 보았습니다. 뉴질랜드 원주민의 전투적이고 무서운 느낌이 들었습니다. T : 여러분이 본 것처럼 세계의 많은 나라에는 각각의 무용이 있고 각기 다른 특징들을 지니고 있습니다. T : 오늘은 여러 나라의 무용작품을 감상하고 감상문을 작성하여 발표하는 수업을 하도록 하겠어요.	5분	• 발레, 탈춤 사진 • 다양한 나라의 다양한 무용을 이야기할 수 있도록 독려해야 한다.
	학습활동 안내	여러 나라의 무용작품을 감상하고 느낀 점을 이야기해 보기		
전개	작품감상	**【활동 1】 무용작품 감상하기** T : 먼저 우리나라의 민속무용인 승무를 감상하도록 하겠어요. 승무는 불교에서 스님들이 추는 춤이라는 의미를 가지고 있어요. 무용수의 손동작과 전체적인 느낌에 유의해서 감상해 보도록 합시다. (승무 동영상을 4분간 시청한다) T : 잘 보았나요? 무용수의 동작에서 어떤 느낌을 받았는지 이야기해 봅시다. S : 슬픈 느낌이 들었습니다. S : 조용하고 사뿐사뿐한 느낌이 들었습니다. T : 다음은 유럽의 민속무용인 발레를 보도록 하겠습니다. 무용수의 표정과 발끝, 손끝 동작에 유의해서 감상하도록 합시다. (발레 동영상을 4분간 시청한다) T : 발레 동영상을 보고 어떠한 느낌이 들었는지 발표해 봅시다. S : 우아하고 아름다운 느낌이 들었습니다. T : 이어서 하와이의 민속무용인 훌라댄스 영상을 보도록 하겠습니다. 허리의 움직임과 팔과 손의 동작에 유의해서 감상하도록 합시다. (훌라댄스 동영상을 4분간 시청한다) T : 훌라댄스 동영상을 보고 어떠한 느낌이 들었는지 발표해 봅시다. S : 신나고 흥겨운 느낌이 들었습니다.	15분	• 승무 동영상 • 작품 하나하나의 내용과 동작 파악보다는 무용 전체에서 느껴지는 느낌에 대한 차이점을 인식할 수 있도록 유도한다.

학습 단계	학습 과정	교수 - 학습활동	시간	자료 및 유의점
	감상문 기록	**【활동 2】 감상문 기록하기** T : 지금부터 선생님이 나누어주는 학습지에 감상문을 기록해 보도록 합시다. 감상문을 기록할 때에는 작품의 이름, 날짜, 장소, 내용, 느낀 점 등을 꼼꼼히 기록하는 태도를 지녀야 합니다. 작품의 느낌에 중점을 두고 감상문을 기록하여 봅시다.	7분	• 감상문 기록장
	발표	**【활동 3】 느낀 점 발표하기** T : 지금부터 자신이 쓴 감상문을 바탕으로 이번 시간에 여러분이 느낀 점을 발표해 봅시다. S : 각 나라마다 무용이 서로 다른 특징을 가지고 있는 것이 신기하게 느껴졌습니다. S : 훌라댄스는 신나게 느껴졌고 승무는 조금 슬펐습니다.	10분	• 많은 아이들이 발표하도록 한다.
정리하기	정리 및 차시예고	**【정리】** T : 여러분이 이야기한 것처럼 무용은 표현하는 사람의 표정과 몸짓에 따라 슬프게도 기쁘게도, 또 아름답게도 무섭게도 느껴집니다. 몸짓도 말과 마찬가지로 자신의 생각을 전달하는 방법으로 사용될 수 있습니다. 다음 시간부터는 우리가 실제로 우리 몸이나 도구를 이용하여 여러 가지 표현을 해보도록 하겠습니다.	3분	

참고자료 감상문 기록하기

( )초등학교 ( )학년 ( )반 이름 ( )

제재	무용작품 감상하기
• 작품 이름 :	
• 감상한 날짜 :	
• 감상한 장소 :	

■ **세 가지 작품 각각의 느낌을 써 봅시다.**

1. 승무

2. 발레

3. 훌라댄스

■ 세 가지 작품을 보고 나라마다 표현하는 동작이나 느낌이 다른 이유에 대한 자신의 생각을 적어 봅시다.

4. 정체성 관련 교수학습지도안 4 : 미술

1) 교수학습 과정안(1)

<table>
<tr><td>영 역</td><td>정체성(미술)</td><td>일 시</td><td colspan="3">2024. ○○. ○○.</td></tr>
<tr><td>단 원</td><td>표정과 느낌</td><td>교수자</td><td colspan="3">○○○</td></tr>
<tr><td>학습주제</td><td>캐릭터 그리기를 통한
자아정체성 확립하기</td><td>수업시간</td><td>40분</td><td>학 년</td><td>3학년
(전 학년 가능)</td></tr>
<tr><td>학습목표</td><td colspan="5">자신의 모습이 변화하는 캐릭터를 통해 그리고 설명할 수 있다.</td></tr>
<tr><td>학습의 주안점</td><td colspan="5">다문화가정의 아이들에게 자신의 뿌리를 알고, 스스로 현재의 자신의 모습과 처지를 파악하며, 미래의 꿈을 세울 수 있도록 해주는 것이 중요하다. 이번 수업은 잘 그리는 것에 중점을 두는 것이 아니라 얼마나 자신을 잘 표현하는가에 있다. 또한 자기 스스로 생각하는 자신과 타인이 느끼는 자신을 통해 자아정체성을 찾아가는 데 그 중심이 있다.
캐릭터가 자신의 모습이라고 생각하고 진지하게 그리도록 하며, 캐릭터를 너무 잘 그리려고 하면 그림을 잘 못 그리는 아동의 경우 거부감이 생길 수도 있으므로 자유롭게 그리도록 유도하되, 낙서를 하거나 그냥 포기하는 일이 없도록 조심스럽게 유도한다. 발표 시에도 상대방의 캐릭터를 존중하고 진지하게 경청하는 자세를 갖도록 유도한다.</td></tr>
<tr><td rowspan="2">학습자료</td><td>교사</td><td colspan="4">- 피츄, 피카츄, 라이츄(포켓몬스터 주인공의 진화단계 모습)
- 참고 사이트 : degree.maru.net/
- 동서양의 자화상 그림, 캐리커처, 일반 캐릭터
- 캐릭터 학습지</td></tr>
<tr><td>학생</td><td colspan="4">스케치 도구, 색연필, 사인펜 등의 간단한 채색도구</td></tr>
<tr><td rowspan="4">나만의 수업전략</td><td>수업 모형</td><td colspan="4">일반수업모형</td></tr>
<tr><td rowspan="2">학습 형태</td><td>활동 1</td><td colspan="2">활동 2</td><td>활동 3</td></tr>
<tr><td>자화상 살펴보기</td><td colspan="2">캐릭터 그려보기</td><td>캐릭터 발표하기</td></tr>
<tr><td colspan="5">1. 아동들의 흥미를 이끌기 위한 만화 캐릭터 준비
2. 유명한 화가들의 자화상 살펴보기
3. 자신의 과거, 현재, 미래의 캐릭터 그리기
4. 캐릭터 설명하기</td></tr>
</table>

학습 단계	학습 과정	교수 - 학습활동	시간	자료 및 유의점
동기 유발	주의집중 및 동기유발	■ **동기유발 자료 감상** 피카츄 사진을 보여준 뒤 피츄와 라이츄 사진을 보여준다. T : 이 캐릭터 이름이 뭔지 아는 사람? S : 피카츄요. T : 이 캐릭터 이름은 뭔가요? S : 피츄요. T : 피츄는 어떤 상태인가요? S : 아직 피카츄로 진화하기 전 상태예요. T : 피츄는 강한가요? S : 아직 약해요. T : 그럼 이 사진은 누구인가요? S : 라이츄요. T : 라이츄는 누구죠? S : 피카츄가 진화한 상태요. T : 피카츄와 라이츄가 만약 결투를 한다면 누가 이길까요? S : 라이츄요. T : 왜 그렇죠? S : 라이츄는 어른 피카츄고 전기도 피카츄보다 몇 배나 세요. T : 그럼 피츄는 사람으로 비교한다면 어느 시기일까요? S : 아기요. T : 그럼 피카츄요는? S : 학생이요. T : 그렇다면 라이츄는요? S : 어른이요.	3분	• 피카츄 진화사진 • 포켓몬스터 이야기로 너무 오래 시간을 끌지 않는다. 동기유발은 3~4분이면 족하다. • 포켓몬스터는 전 세계적으로 유명한 만화지만 혹시 모르는 아동이 있을 수도 있으므로 유의해서 설명해 주도록 한다.
개념 학습	기본개념 학습	**【활동 1】 자화상 살펴보기** T : 이 그림은 렘브란트라는 유명한 화가가 자신의 자화상을 그린 거예요. 왼쪽 사진(20살)은 몇 살 때 그린 것 같나요? S : 17살, 20살, 25살, 30살, 40살이요. T : 그렇다면 오른쪽의 사진(51살)은 몇 살인 것 같나요? S : 40살, 50살, 60살이요. T : 이 분은 우리나라 옛날 화가 윤두서라는 분이에요. 그림의 느낌이 어떤가요? S : 무서워요, 귀가 없어요, 귀신 같아요…. T : 이번 그림은 캐리커처예요. 캐리커처는 어떤 사람이나 사물의 특징을 과장하여 우스꽝스럽게 풍자한 그림이나 글을 말해요. 이 캐리커처의 주인공은 누구일가요? S : 박지성, 유재석이요. T : 이번엔 캐릭터를 볼 텐데요. 캐릭터는 동물이나 인물의 모습을 독특하고 재미있게 꾸민 것을 말해요. 이 캐릭터는 누구일까요? S : 엽기토끼요, 포돌이, 포순이요.	6분	• 동서양 자화상 캐리커처, 캐릭터

학습 단계	학습 과정	교수 – 학습활동	시간	자료 및 유의점
	학습문제 제시	■ **오늘 학습문제 알아보기** [자신의 캐릭터 그리기] T : 선생님이 자화상이나 캐리커처, 캐릭터를 보여줬는데 오늘은 무슨 수업을 할 것 같은가요? S : 자화상이나 캐리커처, 캐릭터 그리기요. T : 맞았어요. 그런데 그냥 그림을 따라 그리는 것이 아니라 여러분 자신의 캐릭터를 그려보려고 해요. 여러분의 현재 모습과 미래의 모습을 그려보는 것이에요. "나는 어떤 사람인데 나중에 이렇게 변할 것이다"라고 그림을 그려보고 발표하는 시간을 갖도록 하겠어요. 우리가 앞에서 피카츄의 진화 모습을 본 것처럼 여러분의 지금과 미래 모습을 그려보세요.	3분	• 학습문제 제시
개별 활동	캐릭터 그리기 활동	**【활동 2】 캐릭터 그리기** T : 지금부터 자신의 캐릭터를 그려보세요. 현재와 미래의 모습을 그리고 설명을 적어보세요. "나는 누구이다. 나는 미래에 어떤 사람이 될 것이다"와 같이 적는데 자세하게 적어보세요. 먼저 밑그림을 그리고 나중에 색칠을 하도록 하세요. 그 후에 설명을 쓰도록 하세요.	10분	• 캐릭터 학습지
그룹 활동	발표	**【활동 3】 자신의 캐릭터 발표하기** T : 지금부터는 자신의 캐릭터를 발표하도록 하겠어요. S : 이것은 저의 지금 모습입니다. 저는 지금은 키도 작고 힘도 약하지만 열심히 운동을 해서 이 그림처럼 멋진 축구선수가 될 것입니다. T : 지금 이 그림을 보니 정말 ○○ 같군요. 열심히 노력하면 ○○도 멋진 축구선수가 될 수 있을 거예요. 다 같이 박수를 쳐 줍시다. 이번엔 누가 발표를 해볼까요?	13분	• 모든 아이들이 발표하도록 한다. 작품의 소중함을 인식시키고 진지하게 감상하도록 한다.
정리 하기	정리	**【정리】** T : 여러분은 아직 피츄나 피카츄처럼 어리지만 곧 라이츄처럼 어른이 될 거예요. 하지만 아무런 노력을 하지 않고 매일 놀기만 한다면 어떻게 될까요? S : 가난한 사람이요. 게으른 사람이 돼요. T : 우리 주변을 보세요. 참 다양한 사람들이 있습니다. 이 사람들이 모두 같은 모습과 같은 생각, 같은 꿈을 가지고 있는 것은 아닙니다. 다른 사람들의 외모, 생각, 꿈을 인정해 보고 그 속에서 함께 어울려 살아가는 여러분이 되었으면 좋겠습니다. 또한 꿈이 없으면 나중에 아무것도 이룰 수가 없습니다. 꼭 꿈을 가진 어린이가 되도록 하세요.	5분	• 피카츄 진화사진

참고자료 자화상 감상하기

렘브란트, 1626년경(20세)
〈머리를 어지럽힌 자화상〉

렘브란트, 1657년경(51세)
〈자화상〉

고흐, 1889년
〈귀에 붕대감은 자화상〉

윤두서,
〈자화상〉

참고자료 캐릭터 학습지 작성하기

( )초등학교 ( )학년 ( )반 이름 ( )

제 재	과거의 나의 모습
설 명	1. 나의 어떤 모습인가요?
	2. 이러한 모습을 그린 이유는 무엇인가요?

제 재	현재의 나의 모습
설 명	1. 나의 어떤 모습인가요?
	2. 이러한 모습을 그린 이유는 무엇인가요?

제 재	미래의 나의 모습 1 - 저의 꿈은 (　　　　　　)입니다.
설 명	1. 나의 어떤 모습인가요?
	2. 이러한 모습을 그린 이유는 무엇인가요?
	3. 이렇게 되려면 나는 어떻게 하면 되나요?

제 재	미래의 나의 모습 2 - 저의 꿈은 (　　　　　　)입니다.
설 명	1. 나의 어떤 모습인가요?
	2. 이러한 모습을 그린 이유는 무엇인가요?
	3. 이렇게 되려면 나는 어떻게 하면 되나요?

5. 정체성 관련 교수학습지도안 5 : 창체

1) 교수학습 과정안(1)

<table>
<tr><td>영 역</td><td colspan="2">정체성(창의적 체험활동)</td><td>일 시</td><td colspan="3">2024. OO. OO.</td></tr>
<tr><td>단 원</td><td colspan="2">여러 나라의 집과 옷</td><td>교수자</td><td colspan="3">OOO</td></tr>
<tr><td>학습주제</td><td colspan="2">여러 나라의 집과 옷 알기</td><td>수업시간</td><td>40분</td><td>학 년</td><td>4학년</td></tr>
<tr><td>학습목표</td><td colspan="7">여러 나라의 집과 옷에 대해 알아보고 서로의 문화를 존중하는 태도를 지니도록 합시다.</td></tr>
<tr><td>학습의 주안점</td><td colspan="7">- 여러 나라의 집과 옷에 대해 알기
- 여러 나라의 문화를 존중하는 태도 갖기</td></tr>
<tr><td rowspan="2">학습자료</td><td>교사</td><td colspan="6">PPT</td></tr>
<tr><td>학생</td><td colspan="6">학습지</td></tr>
<tr><td rowspan="4">나만의 수업전략</td><td>수업 모형</td><td colspan="6">일반수업모형</td></tr>
<tr><td rowspan="2">학습 형태</td><td>도입</td><td>활동 1</td><td colspan="2">활동 2</td><td colspan="2">정리</td></tr>
<tr><td>전체학습</td><td>모둠학습</td><td colspan="2">개별학습</td><td colspan="2">전체학습</td></tr>
<tr><td colspan="7">- 활동 3에서 곧바로 색칠을 하기보다 PPT 그림을 보고 어느 나라 옷인지 맞춰 보고(나라 이름 지워서) 그런 옷을 입는 배경을 자연환경과 관련해 설명하는 활동이면 더 좋을 듯하다(보충자료 필요).
- 색칠은 개별적으로 소요시간이 다르므로 정리 후 하면 좋겠다.</td></tr>
</table>

<table>
<tr><td colspan="5">▣ 학습평가계획 ▣</td></tr>
<tr><td>평가목표</td><td colspan="4">여러 나라의 집과 옷에 대해 알아보고 서로의 문화를 존중하는 태도를 지니도록 한다.</td></tr>
<tr><td>평가방법</td><td colspan="4">지필평가, 수행평가</td></tr>
<tr><td rowspan="2">평가척도</td><td>내 용</td><td>잘함</td><td>보통</td><td>부족</td></tr>
<tr><td>○ 여러 나라의 집과 옷에 대해 알고 있는가?
○ 여러 나라의 문화를 존중하는 태도를 가지고 있는가?</td><td>◎</td><td>○</td><td>△</td></tr>
</table>

학습 단계	학습 과정	교수 – 학습활동	시간	자료 및 유의점
도입	동기유발	■ **여러 나라의 집과 옷의 다양한 모습 비교하기** ○ 한옥/ 수상가옥, 한복/ 인도 전통옷 사진 보기 – 서로 다른 집의 모습에 대해 자유롭게 이야기한다. – 서로 다른 옷의 모습에 대해 자유롭게 이야기한다.	4분	• PPT
	학습문제 확인	여러 나라의 집과 옷에 대해 알아보고 서로의 문화를 존중하는 태도를 지니도록 합시다.	1분	
전개	활동 1	■ **여러 나라의 다양한 전통가옥의 모습 살펴보기** ○ 다양한 전통가옥에 쓰인 재료와 모습 비교하기 – 각 전통가옥에 쓰인 재료는 무엇인지 알아본다. – 왜 각각 다른 재료로 집을 만들었는지 생각해 본다. – 공통점은 무엇인지 발표한다. – 차이점은 무엇인지 발표한다.	10분	• PPT, 학습지 • 차이점이 생기는 이유를 생각해 보도록 지도한다.
	활동 2	■ **여러 나라의 다양한 옷의 모습 살펴보기** ○ 다양한 옷의 모습 비교하기 – 어느 나라 옷인지 알아본다. – 제일 마음에 드는 옷을 선택하고 이유를 발표한다. – 공통점은 무엇인지 발표한다. – 차이점은 무엇인지 발표한다.	10분	• PPT, 학습지 • 옷 색칠자료 (확대복사 요함)
	활동 3	■ **여러 나라의 전통옷 색칠해 보기** ○ 여러 나라의 전통옷을 예쁘게 색칠하기 – 전통옷을 예쁘게 색칠해 본다. – 전통옷의 주인공이 되어 자기소개를 한다.	10분	• 단순히 재미있었다는 반응으로 끝나지 않도록 지도한다.
정리	정리	■ **정리하기** ○ 활동 내용 정리하기 – 활동 후 느낀 점 발표하기 – 여러 나라의 집과 옷 문화를 이해하는 마음 갖기	5분	

학습지 학습지 작성하기

(　　)학년 (　　)반 (　　)번　이름 (　　　　　)

차시제목	9. 여러 나라의 집과 옷
학습주제	여러 나라의 집과 옷에 대해 알아보고 서로의 문화를 존중하는 태도를 지닙시다.

1. 여러 나라의 집의 모습을 살펴보고 비교해 봅시다.

집의 모습	 몽고의 집[파오]	 에스키모의 집[이글루]	 아프리카의 집
재 료			
차이점			
공통점			
다른 이유			

2. 여러 나라의 옷의 모습을 살펴보고 비교해 봅시다.

옷의 모습				
나라 이름			베트남	
차이점				
공통점				
가장 마음에 드는 옷과 그 이유				

2) 교수학습 과정안(2)

<table>
<tr><td>영 역</td><td colspan="2">정체성(창의적 체험활동)</td><td>일 시</td><td colspan="3">2024. OO. OO.</td></tr>
<tr><td>단 원</td><td colspan="2">우리 안에 있는 세계</td><td>교수자</td><td colspan="3">OOO</td></tr>
<tr><td>학습주제</td><td colspan="2">세계 속 우리 알기</td><td>수업시간</td><td>40분</td><td>학 년</td><td>4학년</td></tr>
<tr><td>학습목표</td><td colspan="6">국가 간 교류의 모습을 통해 '우리 안에 있는 세계'를 알 수 있다.</td></tr>
<tr><td>학습의 주안점</td><td colspan="6">- 국가 간 교류의 모습 살펴보기
- '우리 안에 있는 세계'를 알아보기</td></tr>
<tr><td rowspan="2">학습자료</td><td>교사</td><td colspan="5">PPT</td></tr>
<tr><td>학생</td><td colspan="5">학습지</td></tr>
<tr><td rowspan="4">나만의 수업전략</td><td>수업 모형</td><td colspan="5">일반수업모형</td></tr>
<tr><td rowspan="2">학습 형태</td><td>도입</td><td>활동 1</td><td>활동 2</td><td colspan="2">정리</td></tr>
<tr><td>전체학습</td><td>모둠학습</td><td>개별학습</td><td colspan="2">전체학습</td></tr>
<tr><td colspan="6">- 진행 시간이 매우 짧았다. 그래서 〈세계가 100명의…〉 영상을 1회 본 뒤, 다시 한번 끊어가며 보면서 차별/ 4대종교/ 부의 편중 등을 주제로 설명하고 뒤에 관련된 〈지식채널ⓔ〉 2개를 삽입하자 시간이 맞았다. 영상을 바탕으로 설명할 수 있는 보충자료만 추가된다면 활동량도 늘고 효과도 좋을 듯하다.
- PPT에 〈지식채널ⓔ〉 링크가 필요하다. (학습지는 활용 안 했음)</td></tr>
</table>

<table>
<tr><td colspan="5">▣ 학습평가계획 ▣</td></tr>
<tr><td>평가목표</td><td colspan="4">국가 간 교류의 모습을 통해 '우리 안에 있는 세계'를 알 수 있다.</td></tr>
<tr><td>평가방법</td><td colspan="4">지필평가, 수행평가</td></tr>
<tr><td rowspan="2">평가척도</td><td>내 용</td><td>잘함</td><td>보통</td><td>부족</td></tr>
<tr><td>○ 국가 간 교류의 모습을 설명할 수 있는가?
○ '우리 안에 있는 세계'를 이해할 수 있는가?</td><td>◎</td><td>○</td><td>△</td></tr>
</table>

학습 단계	학습 과정	교수 - 학습활동	시간	자료 및 유의점
도입	동기유발	■ **〈100명의 지구 마을〉 속에서 나의 모습 찾아보기** ○ '만약 지구가 100명의 마을이라면'(동영상) 감상하기 – 세계 속에서 내 위치를 생각해 보기 (세계 속의 나, 우리 안에 있는 세계를 이해하고 마음열기) – 이웃들이 가진 어려움을 알고 도움 방안 생각해 보기 (지구 마을이 국경을 넘어 유기적 관계가 있음을 인식하기)	8분	•『지구가 100명의 마을이라면』 책으로 대체 가능 • 지구 마을을 더 친밀하게 느끼고 이웃들이 겪는 어려움은 함께해야 해결 가능하다는 것을 인식하게 하는 데 초점을 맞춘다.
전개	학습문제 확인	■ **학습문제 확인하기** 국가 간 교류의 모습을 통해 '우리 안에 있는 세계'를 알 수 있다.	15분	
	활동 1	■ **"함께 나누어 풍성한 먹을거리, 쓸거리" 찾아보기** ○ 전자 제품이 많은 한국과 과일이 넘치는 동남아의 물물교환 – 국가 간 무역이 없어진다면 음식이나 물건이 지금과 어떻게 다르게 유통될지 생각하고 발표해 본다. ○ '범진이의 하루 소비'에서 '우리 안에 자리 잡은 세계 여러 나라의 물건' 찾아보기 – 우리 속에서 찾아볼 수 있는 세계의 먹거리, 쓸거리들을 찾아보고, 세계인의 모습을 담아 '○○이의 하루 소비'라는 제목으로 바꿔 써 본다.	10분	• 서로의 풍족함을 나누어 부족함을 채우는 무역을 통해 세계가 서로 돕고 살아야 하는 것을 인식하게 한다. • 학습지
	활동 2	■ **세계인의 만남의 모습** ○ 메시(아르헨티나), 호날두(포르투갈), 루니(영국), 정대세(일본), 박지성(한국) 등 각 나라의 스타 선수를 한자리에서 볼 수 있는 축제 알아보기 ○ 월드컵 이외에 다양한 국적의 사람들을 한자리에서 만나볼 수 있는 자리 알아보기 ○ 다양한 국적의 외국인들과 직접 만나본 경험 발표하기	5분	• 선수들의 사진 자료 준비 • 학습지
	활동 3	■ **'우리가 함께 해결해야 할 국제 문제들' 발표하기** ○ 다양한 문제로 어려움을 겪고 있는 이웃들의 모습을 보면서 우리가 함께 해결해 나가야 할 국제 문제들에는 어떤 것들이 있는지 발표해 보기(전쟁, 자연재해, 기아, 의료, 환경 오염 등)	2분	• 다양한 문제의 사진자료
정리	정리	■ **'느낀 점' 발표하기** ○ 우리 안의 세계에 대해 새롭게 알게 되거나 느낀 점 발표하기 – 우리 주변의 물건이나 사람들 속에서 쉽게 세계의 모습을 찾아볼 수 있고 우리는 도움을 주고받으며 즐거움을 함께 누릴 뿐 아니라 어려운 일도 함께 도와서 해결해야 하는 유기적 관계임을 상기시키고 정리한다.		

학습지 　학습지 작성하기

(　　)학년 (　　)반 (　　)번　이름 (　　　　)

차시제목	10. 우리 안에 있는 세계
학습주제	국가 간 교류의 모습을 통해 '우리 안에 있는 세계'를 알 수 있다.

1. <100명의 지구 마을>에서 나의 모습을 찾아보세요.

1) 100명의 지구인 중에서 나는 어떤 사람인지 생각나는 대로 적어봅시다.
(　　　　　　　　　　　　　　　　　　　　)

2) 이웃들이 겪는 어려움들에는 어떤 것들이 있습니까?
(　　　　　　　　　　　　　　　　　　　　)

2. 함께 나누어 풍성한 먹을거리, 쓸거리를 생각해 봅시다.

1) 도시에 사는 한국이네와 시골에 사는 동남아네의 풍족함과 부족함

① 한국이네와 동남아네에게 풍족함과 부족함에 차이가 생기는 이유는 무엇일까요?
(　　　　　　　　　　　　　　　　　　　　)

② 국가 간 무역이 없어진다면 내 삶에 어떤 부족함이 생길까요?
(　　　　　　　　　　　　　　　　　　　　)

2) 우리 안에 자리잡은 세계 여러 나라의 물건(범진이의 하루 소비를 읽고)

① 우리가 즐겨먹는 세계인의 음식을 찾아봅시다.
(　　　　　　　　　　　　　　　　　　　　)

② 하루의 소비 문화를 상기하며 '나의 하루 소비'를 써 봅시다.

____

____

____

3. 세계인들과 만남의 경험이 있다면 언제, 어떤 기회로 만나게 됐는지 써 봅시다.

(언제, 어떻게 만나 무슨 이야기를 나누었습니까? 어떤 생각이 들었습니까?)

____

____

____

4. 우리가 함께 해결해야 할 국제 문제들에는 어떤 것들이 있는지 생각해 봅시다.

____

____

____

제 11 장

협력/ 평등성 관련 교수학습지도안

제 11 장

협력/ 평등성 관련 교수학습지도안*

1. 협력 관련 교수학습지도안 1 : 국어・사회

1) 국 어

(1) 교수학습 과정안(1)

영 역	협 력(국어)		일 시	2024. OO. OO.	
단 원	알아보고 떠나요		교수자	OOO	
학습주제	필요한 정보 찾아 정리하기		차 시	6 / 6	교과서	읽기 102~109쪽
학습목표	필요한 정보를 찾아 정리하며 글을 읽을 수 있다.				
학습의 주안점	본 차시는 필요한 정보를 찾아 정리하며 글을 읽어보는 활동이다. 세계 여러 나라의 궁궐 이야기에서 필요한 정보를 찾아보고, 친구들에게 다른 나라의 궁궐을 소개하는 편지를 써 보는 활동을 전개한다.				
학습자료	교사	PPT(세계의 궁궐), 사전 과제 활동지 1, 2, 실물화상기, 활동지, 왕관			
	학생	교과서, 사전 과제 학습지, 인터넷 검색이 가능한 컴퓨터			
나만의 수업전략	수업모형	일반교수모형			
	학습 형태	활동 1	활동 2, 3		
		모둠학습	개별학습		
	1. 세계 여러 나라의 궁궐 사진을 제시하여 학생들의 이해를 돕고 흥미를 유발한다. 2. 사전 과제 학습지를 제시하여 필요한 자료를 자세하고 정확하게 찾아볼 수 있도록 한다. 3. 우리나라 및 세계 여러 나라의 궁궐을 학습해 봄으로써 문화의 다양성과 정체성을 함양한다.				

▣ 학습평가계획 ▣				
평가목표	필요한 정보를 찾아 정리하며 글을 읽을 수 있다.			
평가방법	ㅇ 교사관찰평가 : 수업 중 활동모습 및 활동지 1, 2 활용 ㅇ 자기평가 : 활동지 2 활용			
평가척도	내 용	잘함	보통	부족
	ㅇ 필요한 정보를 찾아 내용을 정리하였는가? ㅇ 문화의 다양성을 이해하고 한민족으로서의 자긍심을 갖고 있는가? ㅇ 학습활동에 적극적으로 참여하는가?	◎	○	△

* 이 내용은 신재한 외(2014)의 글을 수정하고 보완하여 제안함.

<table>
<tr><th>학습
단계</th><th>학습
과정</th><th>교수 - 학습활동</th><th>시간</th><th>자료 및
유의점</th></tr>
<tr><td rowspan="2">도입</td><td>동기유발</td><td>■ 흥미 유발하기
T : 제가 누구 같나요? (교사가 왕관을 쓰고 나타난다)
S : 임금님 같습니다.
T : 임금님은 어디에 사나요?
S : 궁궐에 삽니다.
■ 사진자료 보여주기
T : 그래요. 다음 사진들은 무엇인가요?
S : 궁궐입니다.
T : 어느 나라 궁궐일까요?
S : 중국입니다. 일본입니다. …
T : 그래요. 세상에는 이렇게 많은 궁궐들이 있습니다. 지난 시간에는 우리나라의 궁궐에 대하여 공부했지요? 오늘은 세계 여러 나라의 궁궐에 대하여 공부하고 필요한 정보를 찾아 정리해 보도록 하겠습니다.</td><td>4분</td><td>• 왕관
• PPT(세계의 궁궐)</td></tr>
<tr><td>학습목표
확인</td><td>■ 학습목표 및 학습활동 확인하기
T : 오늘의 학습목표를 확인해 볼까요?
필요한 정보를 찾아 정리하며 글을 읽을 수 있다.</td><td>2분</td><td></td></tr>
<tr><td>전개</td><td>활동 1</td><td>■ 학습할 내용 탐색하기
T : 지난 시간에 선생님이 과제로 내준 세계 여러 나라의 궁궐에 대하여 조사해 왔지요?
S : (조사해 온 과제를 꺼낸다)
T : 모둠별로 조사해 온 과제를 친구들에게 발표해 봅시다.
S1 : 저희 모둠은 일본의 성에 대하여 조사하였습니다. 일본의 성은…(하략).
S2 : 저희 모둠은 태국의 성에 대하여 조사하였습니다. 태국의 성은…(하략).
S3 : 저희 모둠은 영국의 성에 대하여 조사하였습니다. 영국의 성은…(하략).
T : 각 모둠에서 조사해 온 자료를 모둠별로 1장씩 나누어 주겠습니다.
S : (모든 자료를 받았는지 확인한다)</td><td>10분</td><td>• 실물화상기
• 사전과제 학습지
• 사전 과제를 모둠별로 편성하여 한 국가씩 조사를 해오도록 하여 모든 모둠에게 나누어준다.</td></tr>
</table>

학습 단계	학습 과정	교수 – 학습활동	시간	자료 및 유의점
전개	활동 2	■ **필요한 정보 찾기** T : 친구들이 조사해온 자료에서 내가 알고 싶거나 공부하고 싶은 자료를 우선 고르세요. S : (내가 알고 싶은 자료를 고른다) T : 자신이 선택한 자료에서 궁금했던 내용이나 새롭게 알게 된 내용, 친구들에게 알려주고 싶은 내용을 정리해 봅시다. S : (활동지 1을 활용하여 내용을 정리한다)	8분	• 활동지 1 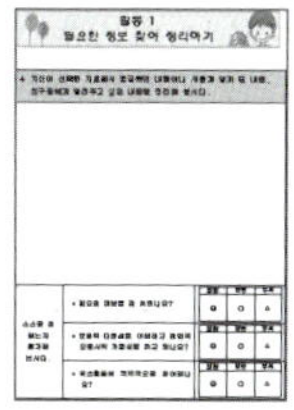
	활동 3	■ **편지글 쓰기** T : 자신이 정리한 내용을 발표해 봅시다. S1 : 저는 일본의 성의 특징에 대하여 정리하여 보았습니다. 일본의 성은…(하략). S2 : 저는 영국의 성의 모습에 대하여 정리하여 보았습니다. 영국의 성은…(하략). T : 자신이 정리한 내용을 바탕으로 친구들에게 그 국가의 궁궐을 소개하는 편지를 써 봅시다. S : (친구들에게 소개하는 편지를 쓴다)	10분	• 필요한 경우 인터넷을 활용하여 필요한 정보를 찾게 한다. • 활동지 2 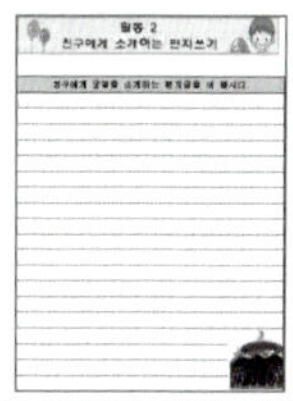
정리	학습내용 정리하기	■ **정리하기** T : 자신이 쓴 편지를 발표해 봅시다. S1 : 안녕. 나는 OOO야. 잘 지냈니? 지난번에 가족들과 TV를 보는데, 거기서 멋진 일본의 성이 나왔어. 그래서…(하략). S2 : 보고 싶은 친구 OOO에게. 잘 지냈니? 그동안 연락 못해서 미안해. 수업시간에 이란의 궁전에 대하여 공부했는데, 너무 멋있어서 너에게 소개해 주려고 해…(하략).	5분	
	차시예고	■ **차시예고하기** T : 다음 시간에는 '당나귀를 팔러 간 아버지와 아들'에 관한 이야기를 읽고 의견이 적절한지 판단하며 읽어 보겠습니다. S : (배울 내용을 확인한다)	1분	

사전과제학습 세계 여러 나라 궁궐(성, 궁전) 알아보기

구 분	내 용
어느 나라의, 어떤 궁궐인가요?	
궁궐과 관련된 내용을 조사하여 봅시다. (특징, 역사, 모습 등)	
사진을 찾아 붙여봅시다. (사진이 없으면 그려도 됩니다)	

활동 1 필요한 정보를 찾아 정리하기

☀ 자신이 선택한 자료에서 궁금했던 내용이나 새롭게 알게 된 내용, 친구들에게 알려주고 싶은 내용을 정리해 봅시다.

스스로 잘했는지 평가해 봅시다.	평가 항목	잘함	보통	부족
	ㅇ 필요한 정보를 잘 찾았나요?	◎	○	△
	ㅇ 문화의 다양성을 이해하고 한민족으로서의 자긍심을 갖고 있나요?	◎	○	△
	ㅇ 학습활동에 적극적으로 참여했나요?	◎	○	△

활동 2 친구에게 소개하는 편지쓰기

친구에게 궁궐을 소개하는 편지글을 써 봅시다.

우리 편지 쓰기
합시다!!!

(2) 교수학습 과정안(2)

<table>
<tr><td>영 역</td><td colspan="2">협 력(국어)</td><td>일 시</td><td colspan="3">2024. OO. OO.</td></tr>
<tr><td>단 원</td><td colspan="2">더 나아가기</td><td>교수자</td><td colspan="3">OOO</td></tr>
<tr><td>학습주제</td><td colspan="2">주장과 근거가 드러나는 글쓰기</td><td>수업시간</td><td>40분</td><td>학 년</td><td>3학년
(전 학년 가능)</td></tr>
<tr><td>학습목표</td><td colspan="6">주장과 근거가 분명하게 드러나는 글을 쓸 수 있다.</td></tr>
<tr><td>학습의
주안점</td><td colspan="6">현대 사회는 흔히들 지구촌 사회라고 이야기한다. 우리는 지금 이 순간도 서로에게 도움을 주고 또 도움을 받으면서 살아가고 있다. 하지만 지구촌 사회 역시 많은 문제점을 내포하고 있는 것 또한 사실이다. 따라서 학생들이 이 차시를 통하여 지구촌 사회의 문제점을 발견하고 서로 의견을 나누어 그 문제를 해결하려는 의지를 가지고, 자신의 주장과 근거를 논리적으로 쓸 수 있도록 지도하여야 한다.</td></tr>
<tr><td rowspan="2">학습자료</td><td>교사</td><td colspan="5">2010 남아공월드컵 참가국가 소개하는 영상</td></tr>
<tr><td>학생</td><td colspan="5">교과서</td></tr>
<tr><td rowspan="4">나만의
수업전략</td><td>수업
모형</td><td colspan="5">쓰기 중심 학습</td></tr>
<tr><td rowspan="2">학습
형태</td><td colspan="2">활동 1</td><td colspan="3">활동 2</td></tr>
<tr><td colspan="2">교과서 그림 확인하기</td><td colspan="3">주장하는 글 쓰고 발표하기</td></tr>
<tr><td colspan="6">1. 학생들이 다양한 문화에 대해서 인식하고 각 나라, 민족별로 서로 도우며 살아야 한다는 지구촌 공동체 의식을 함양할 수 있도록 동기유발을 한다.
2. 주제에 알맞은 주장과 그 주장에 알맞은 근거를 찾는 연습을 자신의 의견 발표를 통해서 교사가 지도하는 것이 아니라 학생과 서로 간에 피드백이 이루어질 수 있도록 한다.</td></tr>
</table>

<table>
<tr><th>학습 단계</th><th>학습 과정</th><th>교수 - 학습활동</th><th>시간</th><th>자료 및 유의점</th></tr>
<tr><td>논제 분석</td><td>주의집중 및 동기유발</td><td>■ 월드컵 경기에 대해서 이야기하기
T : 오늘은 수업에 앞서 먼저 영상 하나를 보고 이야기를 해보도록 하겠습니다. 내용에 유의하여 잘 감상하도록 합시다.
S : (2분간 월드컵 영상을 시청함)
T : 무엇에 관련된 내용이었나요?
S : 월드컵에 관련된 이야기입니다.
T : 월드컵은 여러 대륙의 여러 나라가 참여하는 지구촌 축제 중에 하나입니다. 여러분이 보고 느낀 월드컵은 어떠했는지 느낌을 발표해 봅시다.
S : 재미있었습니다./ 조마조마 하였습니다./ 신기했습니다.
T : 이번 시간에는 지구촌 문제에 대해서 주장과 근거가 드러나는 글을 쓰는 시간을 갖도록 하겠어요.</td><td>5분</td><td>• 2010 남아공월드컵 참가국가 소개하는 영상</td></tr>
<tr><td>학습 목표</td><td>학습활동 안내</td><td>주장과 근거가 분명하게 드러나는 글을 쓸 수 있다.</td><td></td><td></td></tr>
<tr><td>개요 짜기</td><td>문제확인 하기</td><td>【활동 1】 교과서 그림 확인하기
T : 교과서의 그림을 먼저 봅시다. 무엇이 보이나요.
S : 해외 봉사하는 그림이 보입니다./ 해외에서 공사하는 그림이 보입니다./ 월드컵 경기장의 모습이 보입니다.
T : 그림에서와 같이 세계의 여러 민족은 어울려 서로 도움을 주기도 하고, 또 같이 즐기면서 살아가고 있어요. 그림에 나온 것 외에도 세계 여러 민족이 더불어 살아가는 예를 발표해 보도록 합시다.
S : 서로 여행을 다닙니다./ 4년에 한 번 올림픽을 엽니다./ 인터넷을 통해 서로 소통하며 삽니다.</td><td>5분</td><td>• 지구촌 문제를 서로 돕고 해결할 때만 행복한 지구촌이 될 수 있음을 알 수 있게 한다.</td></tr>
</table>

학습 단계	학습 과정	교수 – 학습활동	시간	자료 및 유의점
개요 짜기	문제해결 하기	**【활동 2】 주장하는 글 쓰고 발표하기** T : 여러분이 이야기한 것처럼 지구에는 여러 민족이 어울려서 서로 도우며 살아가고 있습니다. 이번 시간에는 지구촌의 여러 민족이 평화롭게 살아가는 방법에 대하여 토의를 해보고 지구촌 여러 민족이 평화롭게 살아가는 방법에 대한 주장하는 글을 써 보도록 하겠습니다. T : 먼저 주장하는 글에 어울리는 제목을 지어보도록 합시다. 제목은 글의 핵심적인 내용을 포함하게끔 지어보세요. S : (제목을 작성한다) T : 제목을 썼으면 자신의 생각을 자유롭게 발표해 보도록 합시다. S : 세계의 어려운 상황에 있는 어린이들을 도와야 합니다. T : 그렇게 생각한 이유는 무엇입니까? S : 어린이야말로 미래를 이끌어 갈 사람이기 때문입니다./ 기아에 허덕이는 아이들도 지구에서 같이 살아가는 친구이기 때문입니다. T : 또 다른 주장을 해봅시다. S : (다양한 주장 및 근거를 발표한다)	5분	• 지구촌 문제를 토의하고 주장과 근거를 정리해 볼 수 있는 시간을 둔다.
표현 하기	평가하기	T : 지금까지 이야기한 내용을 바탕으로 주장과 근거가 분명하게 드러나는 글을 써 봅시다. S : (주장과 근거가 드러나는 글을 115쪽에 쓴다) T : 쓴 글을 모둠별로 돌려 읽고 글쓴이에게 조언을 해줍시다. S : 주장과 근거가 어울리지 않는 것 같아./ 맞춤법이 틀렸어. T : 모둠에서 한 편을 선정하여 글쓴이가 발표해 봅시다. S : ○○모둠 대표 ○○입니다. 제 글의 제목은 ○○○○○입니다. T : 주장과 근거가 잘 드러났나요? 그렇게 생각하는 이유는 무엇인가요?	15분 5분	• 친구가 쓴 글을 읽고 잘된 부분과 보충할 부분을 표시할 수 있도록 한다.
정리 하기	정리 및 차시예고	**■ 정리학습–주장과 근거가 분명히 드러나도록 글쓰는 방법 정리하기** T : 이번 시간에는 주장과 근거가 드러나는 글을 써 봤습니다. 주장과 근거를 분명히 하기 위해서는 어떤 방법이 있을까요? S : 주장과 근거가 같은 내용이어야 합니다./ 주제에 맞는 주장을 선택해야 합니다. T : 다음 시간에는 주장에 대한 근거와 적절성을 판단하여 글을 읽는 연습을 하도록 하겠어요.	5분	

2) 사 회

(1) 교수학습 과정안

<table>
<tr><td>영 역</td><td>협 력(사회)</td><td>일 시</td><td colspan="3">2024. OO. OO.</td></tr>
<tr><td>단 원</td><td>우리나라의 경제 성장
- 세계로 뻗어가는 우리 경제</td><td>교수자</td><td colspan="3">OOO</td></tr>
<tr><td>학습주제</td><td>세계 속의 우리 경제</td><td>차 시</td><td>8 / 14</td><td>교과서</td><td>사회 26~35쪽
사탐 23~33쪽</td></tr>
<tr><td>학습목표</td><td colspan="5">자원이 부족한 나라가 살아가기 위해 무역과 기술이 필요함을 발표할 수 있다.</td></tr>
<tr><td>학습의 주안점</td><td colspan="5">다양한 사람들과 상호작용하는 능력을 증진시키도록 하는 내용에 주안점을 둔다.</td></tr>
</table>

<table>
<tr><td rowspan="2">학습자료</td><td>교사</td><td colspan="5">피자 모형, 교사 제작 PPT, 활동지 1, 활동지 2</td></tr>
<tr><td>학생</td><td colspan="5">빙고판, 사인펜, 교과서, 보조교과서</td></tr>
<tr><td rowspan="4">나만의 수업전략</td><td>수업 모형</td><td colspan="5">문제해결 학습모형</td></tr>
<tr><td rowspan="2">학습 형태</td><td>문제의 직면</td><td>활동계획</td><td>활동의 전개</td><td>적용 및 발전</td><td>정리</td></tr>
<tr><td>전체학습</td><td>모둠학습</td><td>모둠학습</td><td>모둠학습</td><td>전체학습</td></tr>
<tr><td colspan="6">• 교수·학습의 효과를 높이기 위하여 적절한 극화 자료 및 멀티미디어 자료를 활용한다.
• 학교와 지역사회의 특성, 학교 및 국가의 행사 등을 고려하여 초등학교 5학년이 속해 있는 지역사회나 가정, 또래 문화를 반영한 문화적으로 적합한 교재·교구 자료를 수집 활용한다.
• 학습주제와 내용에 따라 직간접적인 체험활동을 위한 적절한 읽기 자료, 극화 자료, 멀티미디어 자료, 엽서, 사진, 동영상을 활용한 활동, 박물관 견학 및 공연 관람 등의 현장학습, 문화적으로 다양한 외래인사 초청 활동 등을 제공한다.</td></tr>
</table>

<table>
<tr><td colspan="5">▣ 학습평가계획 ▣</td></tr>
<tr><td>평가목표</td><td colspan="4">자원이 부족한 나라가 살아가기 위해 무역과 기술이 필요함을 발표할 수 있다.</td></tr>
<tr><td>평가방법</td><td colspan="4">○ 교사관찰평가 : 수업 중 활동모습 - 활동지 1
○ 상호평가 : 수업 중 모둠활동</td></tr>
<tr><td rowspan="2">평가척도</td><td>내 용</td><td>잘함</td><td>보통</td><td>부족</td></tr>
<tr><td>○ 무역이 필요한 까닭을 설명할 수 있는가?
○ 우리나라가 무역을 통해 경제 발전을 이룩할 수 있었던 까닭을 말할 수 있는가?</td><td>◎</td><td>○</td><td>△</td></tr>
</table>

학습 단계	학습 과정	교수 - 학습활동	시간	자료 및 유의점
도입	선수학습 상기	○ 도시와 농촌에 사는 사람들이 필요한 물자를 얻는 방법 이야기하기 - 도시에서 생산된 공산품의 이동 - 농촌에서 생산된 농산물의 이동	4분	• PPT 자료
	학습문제 파악	■ **학습문제 알아보기** 자원이 부족한 나라가 살아가기 위해 무역과 기술이 필요함을 발표할 수 있다.		• 석유와 열대과일을 비롯한 그림들
전개	학습활동	**【활동 1】 자원이 부족한 나라에서 필요한 경제 정책 알아보기** ○ 자연에서 얻을 것이 풍부하지 않는 나라에서 부족한 자원을 알아보고 얻는 방법 토의하기 ○ 자원이 부족한 우리나라에서 필요한 자원을 얻기 위한 방법 토의하기	10분	• 수입된 물건을 파악하여 자국생산물이 아님을 강조 • 집에 있는 물건 중 외국에서 가져온 물건 • 수입국의 위치가 있는 지도
		【활동 2】 나라와 나라 사이에 무역이 필요한 까닭 알아보기 ○ 생활에 사용되는 물건 중에서 수입된 물건 알아보기 ○ 필요한 물건이 수입되지 않으면 어떤 일이 벌어질지 알아보기 ○ 중국, 미국, 러시아, 베트남 등 국가별로 수입 물건을 찾아보기 ○ 수입을 하는 가장 중요한 이유 알아보기 - 각 나라마다 생산되는 자원의 종류가 다름 - 각 나라마다 기술의 차이가 있음 - 자연환경의 차이가 있음 ○ 무역이 국민 생활에 필요한 까닭을 이야기하기 - 부족한 자원과 기술의 문제를 해결함	15분	
정리	학습내용 정리	■ **학습내용 정리하기** ○ 우리나라가 무역이 필요한 까닭을 이야기하기 - 천연자원이 부족함 - 자연환경이 차이가 남 - 우수한 기술을 가지고 있음	7분	
	형성평가 및 과제제시	○ 형성평가 - 무역이란 무엇인가? ○ 과제제시 - 물건의 원산지 조사하기(세 가지씩) - 시대에 따라 우리나라 수입품과 수출품은 어떻게 다른지 조사하기 (1960~1970년대, 1980~1990년대, 2000년 이후)	4분	

참고자료 무역의 정의 및 관련 사이트

1. 무역

국가 간의 상품 교환을 말한다. 초기의 무역은 서로의 산물을 교환하는 것이었다. 오늘날 우리가 사용하고 있는 넓은 뜻으로는 단순한 상품의 교환과 같이 보이는 무역뿐만 아니라 기술 및 용역과 같이 보이지 않는 무역 및 자본의 이동까지도 포함한다.

2. 관련사이트

- www.kita.or.kr
- www.puam-e.es.kr/puam-pds/Upfiles/1/5/1/유통관광업/무역1.htm

다문화교육 사회 학습지	다문화 이해교육 **무역의 필요성 알아보기**	학년 반 이름( )

■ **다음 글을 읽고 물음에 답해 보시오.(1~3)**

우리나라는 국토의 대부분이 넓은 평야를 이루고 있어 각종 농산물이 풍부합니다. 그러나 지하자원과 목재 등 자원이 매우 부족합니다. 집이나 가구를 만들 수 있는 원목도 부족하고 각종 산업의 에너지 자원도 매우 부족한 실정입니다.

우리나라 사람들은 부족한 자원을 이용하여 새로운 상품을 만들기 위하여 부지런히 일하고 있습니다. 앞으로도 새로운 상품을 더욱 많이 개발하게 될 것입니다.

1. 이 나라에서 풍부한 자원은 무엇입니까?

2. 부족한 자원은 무엇입니까?

3. 부족한 자원을 구해서 쓸 수 있는 방법을 이야기해 보시오.

4. 다음 도표를 보고 우리나라 수출상품 비율의 주된 변화를 써 보시오.

	중화학제품	경공업제품	1차 상품
1980년	43.9%	48.4%	7.7%
1985년	57.0%	37.7%	5.3%
1990년	56.5%	38.5%	5.0%
1995년	72.6%	22.5%	4.9%
1999년	77.4%	18.1%	4.4%
2006년	83.1%	8.3%	8.7%

5. 다음 토의 주제에 대해 잘못 말한 사람은 누구인지 찾으시오.

토의 주제 : 우리나라 상품이 세계에서 인정받는 상품이 되도록 하기 위한 노력

① 혜정 : 더 좋은 물건을 만들기 위해서 제품에 대한 연구를 해야 한다.
② 예리 : 우수한 상품을 좀 더 싸게 만들어 다른 나라와의 경쟁에서 이겨야 한다.
③ 예슬 : 더 튼튼하고 오래 쓸 수 있는 물건을 만들어야 한다.
④ 석환 : 운동을 열심히 해서 세계적인 대회에서 금메달을 받아야 한다.
⑤ 영주 : 독특하고 아름다운 디자인을 개발해야 한다.

2. 협력 관련 교수학습지도안 2 : 창체

(1) 교수학습 과정안

<table>
<tr><td>영 역</td><td colspan="3">협 력(창의적 체험활동)</td><td>일 시</td><td colspan="3">2024. OO. OO.</td></tr>
<tr><td>단 원</td><td colspan="3">다양한 가족</td><td>교수자</td><td colspan="3">OOO</td></tr>
<tr><td>학습주제</td><td colspan="3">다양한 가족 알기</td><td>수업시간</td><td>40분</td><td>학 년</td><td>4학년</td></tr>
<tr><td>학습목표</td><td colspan="7">다양한 가족의 모습을 이해하고 소중히 여기는 태도를 지닌다.</td></tr>
<tr><td>학습의 주안점</td><td colspan="7">- 다양한 가족의 모습을 이해한다.
- 다양한 가족 유형에 대한 소중히 생각하는 태도를 지닌다.</td></tr>
<tr><td rowspan="2">학습자료</td><td>교사</td><td colspan="6">다문화가족 사진, 신문기사, 동영상, 『모든 가족은 특별해요』 동화책, PPT</td></tr>
<tr><td>학생</td><td colspan="6">가족사진, 학습지</td></tr>
<tr><td rowspan="4">나만의 수업전략</td><td>수업 모형</td><td colspan="6">일반수업모형</td></tr>
<tr><td rowspan="2">학습 형태</td><td>도입</td><td>활동 1</td><td colspan="2">활동 2</td><td colspan="2">정리</td></tr>
<tr><td>전체학습</td><td>모둠학습</td><td colspan="2">개별학습</td><td colspan="2">전체학습</td></tr>
<tr><td colspan="7">- 시간과 흥미상 기사물을 읽어주기보다 영상 위주로 보고, 몇 회 투입 후 학습순서를 바꾸어 봤다. 학습지 활동을 기사문 작성 대신 자기상황의 상상글로 투입했는데, 상상글이 역할몰입에 효과적인 듯했다.
- 시간이 조금 길어져서 빨리 진행해야 했으나 가족의 다양성에 대해서나 나와 다른 가정 상황을 이해하는 데에 효과적이었다.(*학습지 유효)</td></tr>
</table>

<table>
<tr><td colspan="5">▣ 학습평가계획 ▣</td></tr>
<tr><td>평가목표</td><td colspan="4">다양한 가족의 모습을 이해하고 소중히 여기는 태도를 지닌다.</td></tr>
<tr><td>평가방법</td><td colspan="4">지필 및 수행평가</td></tr>
<tr><td rowspan="2">평가척도</td><td>내 용</td><td>잘함</td><td>보통</td><td>부족</td></tr>
<tr><td>○ 다양한 가족의 모습을 이해하고 있는가?
○ 다양한 가족 유형에 대한 소중히 생각하는 태도를 지니고 있는가?</td><td>◎</td><td>○</td><td>△</td></tr>
</table>

학습 단계	학습 과정	교수 – 학습활동	시간	자료 및 유의점
도입	동기유발	**■ 가족사진 보기** ○ 사진 보여주고 이들의 관계에 대해 유추해 보기 – 일반 가족, 결혼이민자 가족, 외국인 근로자 가족, 새터민 가족, 소년소녀가장, 한부모가족, 조손가족 등 다양한 가족사진을 보여준 후 어떤 관계일지 유추한다.	3분	• 가족사진, 신문기사, 동영상, PPT • 다양한 가족사진을 보여주면서 이들의 관계에 대해서는 밝히지 않고 유추하게 한다. • 가족을 소개할 때는 동정의 시각을 갖지 않게 한다.
전개	학습문제 확인	다양한 가족의 모습을 이해하고 소중히 여기는 태도를 지닌다.	1분	
	활동 1	**■ 다양한 가족의 모습을 갖추게 된 이유 생각해 보기** ○ 일반 가족에 대해 알기 – 일반적으로 알고 있는 학생들의 가족에 대해 이야기를 나눈다. ○ 결혼이민자 가족, 외국인 근로자 가족에 대해 알기 – 결혼 과정을 동영상으로 본다. ○ 소년소녀가장, 조손가족, 한부모가족에 대해 알기 – 소년소녀가장, 조손가족, 한부모가족이 된 과정을 신문기사로 본다. ○ 새터민 가족에 대해 알기 – 귀순하게 된 과정과 가족에 대한 신문기사로 본다.	11분	
	활동 2	**■ 『모든 가족은 특별해요』를 읽고 다양한 가족의 모습을 인정하고 소중하게 생각하기** ○ 부모님이 안 계시거나 한쪽 부모님만 계시거나, 조부모님께서 키워주셔도 소중한 가족임을 알기 ○ 가족 간에 말씨, 생김새(피부색, 머리색깔 등)가 서로 달라도 소중한 가족임을 알기 ○ 다양한 가족의 모습에 대한 느낀 점 말해보기	13분	• 토트파의 『모든 가족은 특별해요』, 문학동네 어린이 • 이 책을 읽은 후 다양한 다문화가족의 모습을 인정하고 존중하도록 한다. • 신문기사 • 신문기사를 쓸 때는 다문화가족에 대한 실제 기사를 참고자료로 제시해 준다.
정리	활동 3	**■ 다문화가족에 대한 기사 쓰기** ○ 인상적인 다문화가족에 대한 기사 작성하기	10분	
	정리	**■ 다문화가족에 대한 기사 발표 및 전시하기** ○ 전체 발표나 모둠별로 돌려 읽고 게시판에 전시하기	2분	

학습지 학습지 작성하기

( )학년 ( )반 ( )번 이름 ( )

차시제목	2. 다양한 가족
학습주제	다양한 가족의 모습을 이해하고 소중히 여기는 태도를 지닌다.

1. 아래 사진을 보고 각각 사진을 함께 찍은 사람들은 어떤 관계인지 빈칸에 써 봅시다.

2. 『모든 가족은 특별해요』라는 책을 읽고 느낀 점을 써 봅시다.

( )

3. 다문화가족에 대한 기사를 써 봅시다.

1) 인상 깊었던 다문화가족은 어떤 가족입니까?

( )

2) 왜 그렇게 생각하였습니까?

( )

3) 인상 깊었던 다문화가족에 대해 알고 있는 것을 간단히 써 봅시다.

( )

4) 위의 내용을 바탕으로 아래의 신문기사를 직접 써 봅시다.

제목: ____________________

( )네 가족사진

참고자료 동영상 및 신문기사

1. KBS 〈러브 인 아시아〉 2010년 8월 10일 234회 방송 동영상 다시보기(10:58~17:47)

www.kbs.co.kr/1tv/sisa/loveasia/view/vod/index.html

(로그인 후 무료시청)

2. [소년소녀가장] 5평짜리 방에서 네 식구 생활 이아름 양

국민일보[2005. 3. 18.]

이아름(12 · 초등6) 양은 서울 창신동 달동네에서도 가장 높은 곳에 산다. 네 세대가 함께 세 들어 있는 낡은 양옥 뒤쪽, 창문도 없는 작은 쪽방이 아름이네 보금자리다. 5평짜리 방에는 어머니 강덕희(45) 씨와 첫째 오빠(17 · 고2), 둘째 오빠(14 · 중2)와 아름이가 함께 지낸다. 옆에 붙은 더 작은 방은 온갖 잡동사니들이 자리를 차지하고 있다.

5년 전 추운 겨울 어느 날 집을 나간 아버지는 여태 소식이 없다. 아버지가 네 식구에게 남긴 것은 수천만 원의 빚과 가슴의 상처뿐이다. 화물차를 운전하던 아버지는 IMF를 거치면서 돈벌이가 되지 않자, 도박에 빠져들었다. 카드, 경마에 경륜까지 손을 대던 아버지는 이웃에서 이리저리 돈을 빌리더니 사채까지 끌어다 썼다. 보름에서 한 달, 집에 안 들어오는 날이 점점 늘었다. 어쩌다 집을 찾더라도 취해 집기를 부수는 등 집안을 난장판으로 만들어 놓고 잠들었다가는 다음날 사라지곤 하더니 어느 날 집을 나간 이후 소식이 끊겼다. 네 식구는 석유를 사지 못해 보일러도 돌리지 못한 채 그해 겨울을 났다. 어머니는 "요즘도 돈을 빌려준 이웃들이 길에서 마주치면 돈 언제 갚을 거냐고 화를 내곤 한다"며 "갚을 능력이 없으니까 애써 모른 채 지나간다"고 말했다.

인터뷰 도중 엄마 무릎에 누워 오빠들과 툭툭 때리며 장난을 치던 아름이가 아버지 얘기가 나오자 갑자기 울음을 터뜨렸다. 아름이는 아빠를 무서워해 닮았다는 말만 들어도 눈물을 흘린다고 했다. 작은 오빠도 "친구 아빠들이 자동차로 학교로 친구들을 데리러 올 때가 가장 부럽지만, 아빠가 보고 싶지는 않다"며 눈물을 보였다.

어머니는 동사무소에서 마련해 준 자활근로에 나가고 있다. 한 달에 16일 동네를 돌아다니며 쓰레기 줍는 일을 하고 33만 7000원을 받는다. 지난해 가을 숨을 쉴 때마다 가슴이 아파 병원을 찾았다가 폐 아래 혹이 생겼다는 말을 들었다. 의사는 종양일 수도 있으니 다시 검사를 해보자고 했지만, 어머니는 그 후로 다시 병원을 찾지 않았다. "돈도 돈이지만 혹 수술하게 되면 아이들을 돌봐줄 사람이 없어요."

삼남매는 학교가 끝나면 나란히 동네 교회에서 운영하는 공부방에 간다. 자원봉사 대학생들인 공부방 선생님들은 학교 수련회비가 없는 큰오빠 대신 돈을 내주기도 했다. 공부방에서 돌아오면 아름이와 작은오빠는 '지퍼달기'를 한다. 얼마 되지는 않지만 부족한 용돈을 보충하기 위해서다. 아름이 가족은

모두 근처에 있는 교회에 나간다. 어머니는 결혼하기 전부터 교회를 다녔고, 세 남매도 열심이다. 어머니는 "아이들이 교회 생활을 잘하니까 무엇보다 감사하다"며 "신앙이 없었다면 아이들을 뒤로 하고 다른 길을 찾았을지도 모른다"고 웃음을 지었다. 단칸방은 가난하지만 행복한 기운으로 따뜻했다.

3. [소년소녀가장 돕기-양주시 박영호-희준 형제] 몸 불편한 할아버지 자상한 뒷바라지

국민일보[2010. 2. 19.]

올해 중학교 2학년이 되는 박영호(15)와 초등 6학년이 되는 박희준(13) 형제에게는 어머니와 아버지에 대한 기억이 없다. 1998년 스물아홉의 젊은 나이에 아버지가 교통사고로 숨졌을 때 영호는 세 살이었고, 희준은 엄마 뱃속에 있었다. 어머니는 유복자로 태어난 희준이가 젖병을 떼기도 전에 호적까지 정리하고 자식들을 떠났다. 이후 엄마는 아이들을 한 번도 찾아오지 않았다. 아이들도 엄마를 기다리지 않는다. 형제는 경기도 양주시 백석읍 방성리 2500만 원짜리 전셋집에서 할아버지 할머니와 함께 살고 있다. 할머니는 생활비를 벌기 위해 6년 전까지는 다른 지방에서 일했고 요즘도 가까운 식당에 다니고 있어 할아버지가 두 아이를 키우고 있다.

할아버지는 의정부에서 택시운전을 하다 92년 교통사고를 당해 1년여 동안 식물인간 상태로 생사를 넘나들다 깨어났다. 지금도 후유증으로 고생하면서 아이들을 돌보고 있다. 영호 형제의 어머니는 함께 살던 당시 생계비를 벌겠다고 인근 학교 앞에 분식집을 냈다가 보증금을 날렸다. 이후 남편의 사망 보험금 1억여 원을 모두 가져가 남은 가족들은 지금까지도 경제적 어려움에서 벗어나지 못하고 있다.

영호 군은 이웃 유치원장의 도움으로 유치원에 다니면서 이상증세가 감지됐다. 아무것도 가르칠 수 없을 정도로 주위가 산만했던 것. 어렵사리 대학병원을 찾아가 진료를 받은 결과 엄마의 보살핌을 제대로 받지 못해 스트레스를 겪고 있다는 사실이 밝혀졌다.

이때부터 할아버지는 산과 들로 아이를 데리고 다니면서 뛰어놀게 하는 등 치료를 위해 애를 썼다. 한때 증세가 호전되는 듯했으나 초등학교에 들어간 후 수업시간에 멍하게 딴 데만 쳐다보는 증세는 고쳐지지 않았다. 학년이 올라가면서 교과내용이 점점 어려워지자 아이가 더 의기소침해지는 것 같아 할아버지는 늘 안타깝다.

그나마 희준이가 반에서 1, 2등을 다툴 정도로 활기차게 생활하고 있는 게 할아버지 할머니에게는 큰 위안이 되고 있다. 할아버지는 "아이가 궁금한 게 있어 물어볼 때 대답을 못해주는 경우가 많다"면서 "누군가 아이들의 공부라도 가끔 돌봐주면 의지도 되고 좋을 것 같다"고 말했다.

4. [소년소녀가장] 복지사 꿈 키우는 '스마일 소녀'

국민일보[2005. 4. 15.]

전주여상 1학년 강영희(16) 양의 별명은 '백만 달러짜리 미소'다. 가지런한 이를 드러내고 수줍게 웃는 모습을 보고 중학교 때 선생님이 붙여줬다. 그러나 강 양은 올해 고교에 진학하면서 웃음이 줄어들었다. 혼자 힘으로 생활을 꾸려가는 것이 힘에 부치기 때문이다. 강 양은 전북 전주시 진북2동에서 남동생 종철(13)과 둘이 낡은 집을 지키며 산다. 4년 전 가을 뜻하지 않은 사고로 며칠 사이에 아버지와 어머니가 잇따라 돌아가셨기 때문이다. 강 양이 초교 6학년, 동생이 4학년 때였다. 정신적 충격을 미처 이겨낼 새도 없이 달이 가고 해가 바뀌어 어느새 청소년이 됐다. 남매는 아옹다옹 곧잘 다투기도 하지만 서로 의지하며 굳세게 살아가고 있다.

강 양은 얼마 전 무용시간에 처음 스트레칭을 배우며 색다른 체험을 했지만 아무래도 분수에 맞지 않는 것 같아 씁쓸한 기분이 들었다고 한다. 앞으로 대학에 진학해야 할지, 취업전선에 나서야 할지 걱정이다. 동생을 잘 돌보기 위해선 하루빨리 직장을 잡아야 할 것 같은 생각이 든다. 그래도 사회복지사가 되는 꿈은 포기하지 않고 있다. 그동안 자신들을 돌봐준 선생님과 동사무소 사회복지사 언니처럼 남을 도우며 살기 위해서다.

하지만 이런 다짐은 현재로서는 그야말로 꿈같은 얘기다. 동사무소에서 나오는 생계보조비 30만 원과 택시운전을 하던 아버지 몫으로 나오는 연금 7만여 원이 한 달 수입의 전부다. 전기, 전화요금, 부식비, 난방비, 교통비, 학용품값 등을 지불하다 보면 늘 모자란다.

휴대전화나 컴퓨터, MP3 등은 꿈도 꾸지 못한다. 그나마 겨울철을 넘겨 한 달 10만 원 이상 들던 난방비가 다소 줄어들어 다행이다. 이제 제법 여드름이 자리 잡은 종철이는 자주 투덜대면서도 밥도 짓고 청소도 도와준다. 종철이의 꿈은 일류 자동차 기술자가 되는 것. 든든한 뒷바라지가 필요하지만 남매는 주어진 여건에서 최선을 다할 생각이다.

그나마 외삼촌이 같은 지역에 살고 있어 큰 힘이 되고 있다. 거의 유일한 친척인 외삼촌은 넉넉지 않은 살림 속에서도 물심양면으로 조카들을 돌봐줘 큰 도움이 된다.

강 양은 "지금 비록 다른 생각할 여유를 갖기 어려울 만큼 힘들지만 주위의 보살핌과 기대에 어긋나지 않게 올곧게 살아갈 것"이라고 다짐했다.

5. 〈소년체전〉 귀순 이창수 "아들이 내 한 풀 것"

연합뉴스[2010. 8. 13.]

"내 아들은 꼭 올림픽 금메달을 땄으면 좋겠습니다." 한국에 내려온 지 20년째인 이창수(43) 씨는 아직 북한 억양이 그대로였다. 12일 펼쳐진 소년체전 유도 남자중학부 73kg 이하급 결승에서 이문진(15, 서울 보성중)은 업어치기 유효승을 거두고 금메달을 거머쥔 채 아버지에게 달려가 엉엉 울었다.

둘째 아들을 품에 안은 아버지 이창수 씨는 기쁨의 눈물과 함께 오래 삭여야 했던 아픔을 되새겨야 했다. 그는 전 북한 유도 국가대표선수로 지난 1991년 스페인 세계선수권대회에 참가했다가 독일에서 돌연 한국으로 귀순한 새터민이다. 당시 이 '깜짝 망명'은 남북 간 체육회담을 무산시키는 등 작지 않은 파장을 일으켰다. 이창수 씨는 1989년 세계선수권대회에서 동메달을 따내며 북한 유도의 기대주로 올라섰지만 정작 올림픽에는 한 번도 나가지 못했다. 1984년 LA올림픽과 1988년 서울올림픽에 북한 국기를 달고 출전할 수 없었기 때문이다. 그는 한국에 귀순한 지 1년 만에 결혼을 했다. "각종 국제대회를 다니면서 지금 와이프에게 반해 구애를 했다"는 그는 예전 기억을 회상하며 잠시 웃었다. 이창수 씨의 부인 역시 대만 국가대표로 활약한 유도선수였다. 그를 만나 가정을 꾸리면서 이듬해 한국에 귀화했다.

아들 셋을 둔 이 새터민 다섯 가족은 말 그대로 '유도 집안'이다. 이창수 씨는 세 아들이 모두 유도가 하고 싶다고 졸라 어쩔 수 없이 허락했다고 말하며 웃었다. 그는 "너무 힘들다는 걸 잘 알아 반대했지만 녀석들이 타고난 건지 힘도 세고 역량도 출중하다"며 못내 뿌듯해 했다.

둘째 이문진과 셋째 이리진(13) 군을 모두 지도하고 있는 권성세 보성중 유도 감독은 "문진이는 지금 유도를 시작한 지 2년 만에 전국대회에서 우승했다. 이건 정말 놀랄 일이다"라고 말했다. 아테네올림픽 남자 유도 국가대표 감독을 지낸 권 감독은 "막내아들 리진이 역시 유도를 배운 지 6개월밖에 안 됐지만 힘이 형 문진이를 능가할 만큼 엄청나다. 피는 못 속이는 것 같다"라며 혀를 내둘렀다.

첫째 이호진(17) 군도 10년간 태권도를 하다 1년 전 결국 유도로 돌아섰다. 이 세 아들에게 유도는 강요가 아닌 자발적인 선택이었고 '숙명'이었다. 이창수 씨는 "다만 다른 선수들보다 세 녀석이 늦게 유도를 시작해서 걱정이 된다. 그만큼 연구를 많이 하고 노력해야 할 것이다"라고 말하면서도 "이왕 유도를 시작한 만큼 나를 대신해 아들들이 꼭 올림픽 메달을 땄으면 좋겠다"는 희망을 전했다. 2000년부터 한국마사회에서 코치생활을 하다 지금은 마사회 총무팀에서 일하는 그는 "아이들과 함께 어디 시원한 데라도 가고 싶지만 일이 너무 쌓여 있어 불가능할 것 같다"며 "당분간 아이들만큼은 신나게 놀게 할 것"이라고 덧붙였다. 앞으로 이 유도 삼형제가 올림픽에서 멋진 한판승으로 아버지의 한을 풀 수 있길 기대한다.

3. 평등성 관련 교수학습지도안 1 : 사회

(1) 교수학습 과정안

<table>
<tr><th>영 역</th><td colspan="2">평등성(사회)</td><th>일 시</th><td colspan="4">2024. OO. OO.</td></tr>
<tr><th>단 원</th><td colspan="2">환경 보전과 국토 개발
– 자연재해와 환경 문제</td><th>교수자</th><td colspan="4">OOO</td></tr>
<tr><th>학습주제</th><td colspan="2">세계에서 발생하는 자연재해를
조사하고 극복사례 알기</td><th>차 시</th><td>5 / 17</td><th>교과서</th><td colspan="2">사회 104~111쪽
사탐 103~109쪽</td></tr>
<tr><th>학습목표</th><td colspan="8">세계에서 발생하는 자연재해를 조사하고 극복사례를 알 수 있다.</td></tr>
<tr><th>학습의
주안점</th><td colspan="8">세계의 자연재해를 비교 분석하고, 극복사례를 통해 다양한 사회를 이해한다.</td></tr>
<tr><th rowspan="2">학습자료</th><th>교사</th><td colspan="7">뉴스영상물, 신문기사, 인터넷 자료, 돌림판</td></tr>
<tr><th>학생</th><td colspan="7">조사자료, 발언막대기</td></tr>
<tr><th rowspan="4">나만의
수업전략</th><th>수업
모형</th><td colspan="7">문제해결 학습모형</td></tr>
<tr><th rowspan="2">학습
형태</th><td>문제제기</td><td>문제해결</td><td>적용 및 발전</td><td colspan="2">일반화</td><td colspan="2">정리</td></tr>
<tr><td>전체학습</td><td>모둠학습</td><td>모둠학습</td><td colspan="2">모둠학습</td><td colspan="2">전체학습</td></tr>
<tr><td colspan="8">• 설명 위주의 직접 교수보다는 학교행사와 학생들의 특별활동 기회 제공 등의 특별 프로그램 운영을 통하여 직접 해보면서 익히는 다양한 학습방법을 적용하도록 한다.
• 외국인과 직접 접촉할 수 있는 ‘외국인과 함께하는 문화교실’, ‘지역 다문화 축제에 참여하기’ 활동 등을 통해 외국인과 접촉할 수 있는 기회를 제공한다.
• 다문화교육 목표나 내용에 따라 학생들의 발달 단계에 맞게 협동학습(다문화가정 학생과 일반 학생이 서로 협력), 역할극(문화적 갈등해결, 타문화 이해 학습 등), 주제 중심 학습(다양한 주제를 중심으로 타문화를 접하는 수업) 등을 실시한다.</td></tr>
</table>

<table>
<tr><th colspan="5">▣ 학습평가계획 ▣</th></tr>
<tr><th>평가목표</th><td colspan="4">세계에서 발생하는 자연재해를 조사하고 극복사례를 알 수 있다.</td></tr>
<tr><th>평가방법</th><td colspan="4">○ 모둠별 활동 참여도 관찰평가
○ 모둠활동 시 아동 상호평가
○ 학습결과물 수행평가</td></tr>
<tr><th rowspan="2">평가척도</th><th>내 용</th><th>잘함</th><th>보통</th><th>부족</th></tr>
<tr><td>○ 세계에서 발생하는 자연재해를 조사하고 발표할 수 있는가?
○ 세계 여러 나라의 재해 극복사례를 말할 수 있는가?</td><td>◎</td><td>○</td><td>△</td></tr>
</table>

학습 단계	학습 과정	교수 - 학습활동		시간	자료 및 유의점
		교사활동	학생활동		
문제 제기		■ **학습동기유발** ○ 세계 자연재해 관련 뉴스 영상 보여주기	○ 영상을 보고 자신의 느낌 이야기하기	3분	• 영상자료
문제 해결	학습문제 확인	■ **학습문제 확인하기** 세계에서 발생하는 자연재해를 조사하고 극복사례를 알 수 있다.		2분	
	학습활동 안내하기	■ **학습활동 안내하기** 【활동 1】 모둠별 발표하기 【활동 2】 모둠 골든벨! 【활동 3】 극복사례 알아보기			
적용 발전	조사발표 하기	■ **학습활동 전개하기** **【활동 1】 모둠별 발표하기** ○ 모둠별 조사해 온 자료를 다양한 방법으로 발표시키기	○ 모둠별로 조사해 온 자료를 다양한 방법으로 발표하기	10분	• PPT, 사진, 신문자료
	게임하기	**【활동 2】 모둠 골든벨!** ○ 모둠 골든벨! 게임시키기 – 모둠별 조사한 문제를 제시하고 모둠별 게임 진행하기	○ 모둠 골든벨! 게임하기 – 모둠별 문제를 보고 게임을 통해 풀어보기	9분	
일반화		**【활동 3】 극복사례 알아보기** ○ 여러 가지 자료를 제시하고 극복사례 알아보게 하기 – 신문기사, 인터넷 자료를 제시하고 모둠별로 찾은 결과 발표시키기	○ 여러 가지 자료를 보고 극복사례 알아보기 – 모둠별로 찾아보고 그 결과를 발표하기	10분	• 신문기사, 인터넷 자료 • 발언막대기, 타이머 • 허용적인 분위기에서 자유롭게 토의할 수 있도록 한다.

학습 단계	학습 과정	교수 - 학습활동		시간	자료 및 유의점
		교사활동	학생활동		
정리 하기		■ **정리하기** ○ 돌림판 활동시키기 – 돌림판을 돌려 나온 자연재해의 극복사례를 발표시키기	○ 돌림판 활동으로 정리하기 – 돌림판을 돌려 나온 자연재해의 극복사례를 발표하기	5분	• 돌림판
	차시예고	■ **차시예고하기** ○ 다음 차시 안내하기 – 우리 지역의 환경 조사하기	○ 차시내용 및 과제 확인하기	1분	• 다른 지역의 환경 모습을 제시하여 우리지역의 실태에 대한 궁금증을 유발한다.

〈판서 계획〉

3-1-② 자연재해

♣ 세계에서 발생하는 자연재해와 극복사례를 알아보자.

【활동 1】 모둠별 발표하기
【활동 2】 모둠 골든벨!
【활동 3】 극복사례 알아보기

〈자료 활용 계획〉

투입 자료	자료 내용	활용 방법
① 영상자료	세계에서 발생한 자연재해에 관련한 뉴스	요즘 이슈가 되고 있는 뉴스를 보여주고 질문을 통해 학습동기를 유발함.
② PPT, 사진, 신문기사	세계에서 발생한 자연재해 관련 자료	모둠별 발표하기에서 여러 자료를 다양한 방법으로 제시함.
③ 신문기사, 인터넷 자료	세계 자연재해 극복사례와 관련된 자료	모둠별로 여러 가지 자료를 직접 보고 극복사례를 토의하고 알아보게 함.

4. 평등성 관련 교수학습지도안 2 : 창체

(1) 교수학습 과정안

<table>
<tr><td>영 역</td><td colspan="3">평등성(창의적 체험활동)</td><td>일 시</td><td colspan="3">2024. OO. OO.</td></tr>
<tr><td>단 원</td><td colspan="3">다양한 인종</td><td>교수자</td><td colspan="3">OOO</td></tr>
<tr><td>학습주제</td><td colspan="3">다양한 인종 알아보기</td><td>수업시간</td><td>40분</td><td>학 년</td><td>4학년</td></tr>
<tr><td>학습목표</td><td colspan="7">인종의 다양함을 알 수 있으며, 모두 존중받아야 하는 이유를 말할 수 있다.</td></tr>
<tr><td>학습의 주안점</td><td colspan="7">- 인종의 다양함을 알기
- 모두 존중받아야 하는 이유를 발표하기</td></tr>
<tr><td rowspan="2">학습자료</td><td>교사</td><td colspan="6">PPT</td></tr>
<tr><td>학생</td><td colspan="6">학습지</td></tr>
<tr><td rowspan="4">나만의 수업전략</td><td>수업 모형</td><td colspan="6">일반수업모형</td></tr>
<tr><td rowspan="2">학습 형태</td><td colspan="2">도입</td><td>활동 1</td><td>활동 2</td><td colspan="2">정리</td></tr>
<tr><td colspan="2">전체학습</td><td>모둠학습</td><td>개별학습</td><td colspan="2">전체학습</td></tr>
<tr><td colspan="7">- 학생들이 ‘힐더월드’에 완전히 감동함과 동시에 노래 가사를 찾아서 배운다.
- 배우는 시간까지가 40분에 적당하다.</td></tr>
</table>

<table>
<tr><td colspan="5">▣ 학습평가계획 ▣</td></tr>
<tr><td>평가목표</td><td colspan="4">인종의 다양함을 알 수 있으며, 모두 존중받아야 하는 이유를 말할 수 있다.</td></tr>
<tr><td>평가방법</td><td colspan="4">수행평가 및 지필평가</td></tr>
<tr><td rowspan="2">평가척도</td><td>내 용</td><td>잘함</td><td>보통</td><td>부족</td></tr>
<tr><td>○ 인종의 다양함을 알고 있는가?
○ 모두 존중받아야 하는 이유를 발표할 수 있는가?</td><td>◎</td><td>○</td><td>△</td></tr>
</table>

학습 단계	학습 과정	교수 - 학습활동	시간	자료 및 유의점
도입	동기유발	■ **세계의 다양한 세계지도 살펴보기** ○ 다양한 지도들이 무엇을 나타내는지 알아보기 – Quiz를 풀어본다. ○ 인종지도를 보며 사진이 무엇을 나타내는지 맞히기 – Quiz를 풀어본다.	4분	• PPT • 세계 각 지역의 인종 분포알기
전개	학습문제 확인	인종의 다양함을 알 수 있으며, 모두 존중받아야 하는 이유를 말할 수 있다.	1분	
	활동 1	■ 다양한 인종 알아보기 ○ 동영상 속에 등장하는 인물은 모두 몇 명인지 맞히기 – Quiz를 풀어본다. – 학습지의 문제를 풀어본다.  – 위의 사진을 보고 느낀 점을 작성한다.	10분	• 학습지 • 인종의 다양성 알기보기 • 모두 소중함을 인식하기
	활동 2	■ **인종별 위인 알아보기** ○ 사진 속에 등장하는 인물이 누구인지 맞히기 – Quiz를 풀어본다. – 학습지의 문제 2번을 풀어본다.  – 사진 속 위인 외의 위인을 인종별로 적고 발표해 본다.	10분	• 인종별 3명의 위인 제시 • 인종별 위인 2인 발표하기
	활동 3	■ **다양한 인종의 사람들을 대하는 올바른 마음 갖기** ○ 동영상 감상하기 – 학습지의 문제를 풀어본다. – 동영상 자료가 전하고자 하는 내용을 발표하기	10분	
정리	정리	■ **학습활동 정리** ○ Quiz를 통한 학습활동 정리하기 – 다양한 인종이 평등한 존재임을 확인하기 ○ 학습지의 확인 문제 풀기 – 학생들의 문제 해결하기	5분	• 평화와 공존의 마음 갖도록 유도하기

제 12 장

반편견 관련 교수학습지도안

제 12 장

반편견 관련 교수학습지도안*

1. 반편견 관련 교수학습지도안 1 : 국어

1) 교수학습 과정안(1)

<table>
<tr><td>영 역</td><td>반편견(국어)</td><td>일 시</td><td colspan="3">2024. ○○. ○○.</td></tr>
<tr><td>단 원</td><td>다양한 표현</td><td>교수자</td><td colspan="3">○○○</td></tr>
<tr><td>학습주제</td><td>이야기를 극본으로 바꾸기</td><td>수업시간</td><td>40분</td><td>학 년</td><td>6학년</td></tr>
<tr><td>학습목표</td><td colspan="5">극본과 이야기의 차이점을 말할 수 있다.</td></tr>
<tr><td>학습의 주안점</td><td colspan="5">다른 나라의 동화를 듣고 극본으로 바꾸어 보는 활동을 한다.</td></tr>
<tr><td rowspan="2">학습자료</td><td colspan="5">교사 | PPT 자료, 동영상 자료, 그림자료</td></tr>
<tr><td colspan="5">학생 | 그림자료, 동영상 자료</td></tr>
<tr><td rowspan="3">나만의 수업전략</td><td colspan="5">학습형태</td></tr>
<tr><td colspan="5">전체학습 | 모둠학습 | 전체학습 | 개별학습</td></tr>
<tr><td colspan="5">1. 다른 나라의 이야기를 들려주면서 학생들의 흥미를 유발하도록 한다.
2. 이야기를 극본으로 고쳐 쓰는 방법을 알게 한다.</td></tr>
</table>

<table>
<tr><td colspan="5">▣ 학습평가계획 ▣</td></tr>
<tr><td>평가목표</td><td colspan="4">극본과 이야기의 차이점을 말할 수 있다.</td></tr>
<tr><td>평가방법</td><td colspan="4">○ 교사관찰평가 : 수업 중 활동모습
○ 상호평가 : 수업 중 모둠활동</td></tr>
<tr><td rowspan="2">평가척도</td><td>내 용</td><td>잘함</td><td>보통</td><td>부족</td></tr>
<tr><td>○ 이야기를 극본으로 고쳐 쓰는 방법을 알고 있는가?
○ 수업시간에 적극적으로 참여하는가?</td><td>◎</td><td>○</td><td>△</td></tr>
</table>

* 이 내용은 신재한 외(2014)의 글을 수정하고 보완하여 제안함.

<table>
<tr><th>학습 단계</th><th>학습 과정</th><th>교수 - 학습활동</th><th>시간</th><th>자료 및 유의점</th></tr>
<tr><td rowspan="2">자유 탐구 활동</td><td>동기유발</td><td>■ 재미있는 연극 소개하기
T : 재미있게 본 연극을 소개하여 봅시다.
연극을 위하여 쓴 글을 무엇이라고 합니까?
S : (재미있게 본 연극을 발표한다)
극본이라고 합니다.</td><td>5분</td><td rowspan="2"></td></tr>
<tr><td>학습목표 확인</td><td>■ 학습목표 및 학습활동 확인하기
T : 오늘의 학습목표를 확인해 볼까요?
극본과 이야기의 차이점을 말할 수 있다.</td><td>2분</td></tr>
<tr><td rowspan="3">학습할 원리와 관련한 토의 활동</td><td>활동 1 극본과 이야기 읽기</td><td>■ 묘사방법 알아보기
T : 선생님이 들려주는 이야기를 잘 들어보세요.
S : (이야기 듣기)
T : 같은 이야기를 극본으로 꾸민 것도 살펴보세요.
S : (극본 살펴보기)</td><td>10분</td><td>• 다른 나라의 동화와 극본
• 그림 및 동영상 자료</td></tr>
<tr><td>활동 2 글 내용 파악하기</td><td>■ 인물 묘사하기
T : 이야기의 배경은 언제인가요?
S : (시간, 공간적 배경을 발표한다)
T : 등장인물은 누구인가요?
S : (등장인물을 발표한다)
T : 등장인물의 성격은 어떠한가요?
S : (등장인물의 성격을 발표한다)
T : 중심 사건은 무엇인가요?
S : (중심 사건을 발표한다)</td><td>10분</td><td></td></tr>
<tr><td>활동 3 극본과 이야기의 차이점 알기</td><td>■ 묘사하는 글쓰기
T : 극본은 무엇을 위해 쓴 글입니까?
극본은 어떤 것으로 이루어져 있습니까?
극본에서 인물의 성격은 어디에 표현되어 있습니까?
S : 연극을 위해 쓴 글입니다.
극본은 해설, 지문, 대사로 되어있습니다.
대사와 지문에 표현되어 있습니다.</td><td>10분</td><td></td></tr>
<tr><td>익히기 및 적용</td><td>학습내용 정리하기</td><td>■ 오늘 배운 내용 정리하기
T : 오늘 배운 내용을 정리해 볼까요?
S : 이야기와 극본의 차이점을 알아보았습니다.</td><td>3분</td><td></td></tr>
</table>

2) 교수학습 과정안(2)

<table>
<tr><td>영 역</td><td colspan="2">반편견(국어)</td><td>일 시</td><td colspan="3">2024. OO. OO.</td></tr>
<tr><td>단 원</td><td colspan="2">첫째마당 2. 이야기 속으로</td><td>교수자</td><td colspan="3">OOO</td></tr>
<tr><td>학습주제</td><td colspan="2">이야기를 읽고 생각과 느낌을
친구와 비교해 보기</td><td>수업시간</td><td>40분</td><td>학 년</td><td>6학년</td></tr>
<tr><td>학습목표</td><td colspan="7">세계 여러 나라의 이야기를 읽고 생각과 느낌을 비교하여 말할 수 있다.</td></tr>
<tr><td>학습의
주안점</td><td colspan="7">세계 여러 나라의 이야기를 읽고 생각과 느낌을 비교하여 말할 수 있도록 내용을 구성하여 수업한다.</td></tr>
<tr><td rowspan="2">학습자료</td><td>교사</td><td colspan="6">깨비키즈(www.kebikids.com/), 이야기 수수께끼 문제</td></tr>
<tr><td>학생</td><td colspan="6">골든벨 판, 사인펜</td></tr>
<tr><td rowspan="4">나만의
수업전략</td><td>수업
모형</td><td colspan="6">문제해결 학습모형</td></tr>
<tr><td rowspan="2">학습
형태</td><td colspan="2">활동 1</td><td colspan="2">활동 2</td><td colspan="2">활동 3</td></tr>
<tr><td colspan="2">이야기에 대한 생각이나 느낌을
말하는 방법 알아보기</td><td colspan="2">여러 나라의
이야기를 소개하기</td><td colspan="2">수수께끼 릴레이하기</td></tr>
<tr><td colspan="7">이야기에 대한 생각이나 느낌을 말하는 방법을 먼저 알아보고 모둠별로 여러 나라의 이야기를 소개한 후에 수수께끼 릴레이 활동을 실시하여 학습목표를 달성하게 한다.</td></tr>
</table>

학습 단계	학습 과정	교수 - 학습활동	시간	자료 및 유의점
문제 확인하기	동기유발	■ **학습동기유발** ○ 이야기의 한 장면을 보여주기 - 이야기를 간단히 소개시키기 - 이야기에 대한 생각이나 느낌 말하게 하기	3분	• 깨비키즈 (www.kebikids.com/)
	학습문제 확인	■ **학습문제 확인하기** 세계 여러 나라의 이야기를 읽고 생각과 느낌을 비교하여 말할 수 있다.	1분	
문제 해결 방법 찾기	학습활동 안내	■ **학습활동 안내하기** 【활동 1】 이야기에 대한 생각이나 느낌을 말하는 방법 알아보기 【활동 2】 세계 여러 나라의 이야기 소개하기 【활동 3】 수수께끼 릴레이하기	1분	• 다양한 방법을 찾을 수 있도록 유도한다.
문제 해결하기	학습활동 전개	■ **학습활동 전개하기** **【활동 1】** ○ 이야기에 대한 생각이나 느낌을 말하는 방법 알아보기 - 등장인물이 되어 말하기 - 글쓴이가 되어 말하기 - 출판사 사장이 되어 말하기 - 부모님이 되어 말하기 - 이야기가 만들어진 나라의 어린이가 되어 말하기 ○ 이야기에 대한 생각이나 느낌을 나타낼 때 주의할 점 알아보기 - 이야기의 전체 내용 생각하기 - 인물의 말과 행동 성격과 특징 생각하기	5분	
일반화하기		**【활동 2】** ○ 세계 여러 나라의 이야기 소개하기 - 등장인물, 글쓴이, 부모님, 출판사 사장, 이야기가 만들어진 나라 어린이 등 역할을 정해 소개하고 친구의 생각과 비교해 보기 - 1모둠 : 플란더스의 개(벨기에) - 2모둠 : 알라딘의 요술램프(이라크) - 3모둠 : 헨델과 그레텔(독일) - 4모둠 : 피노키오(이탈리아) - 5모둠 : 왕자와 거지(미국)	13분	• 모둠별 발표 자료 • 생각이나 느낌이 드러나도록 한다.

학습 단계	학습 과정	교수 - 학습활동	시간	자료 및 유의점
일반화 하기		【활동 3】 ○ 수수께끼 릴레이하기 – 이야기에 대한 설명을 듣고 제목 맞히기 – 이야기에 대한 설명을 듣고 이야기와 관련된 내용을 맞히기	12분	• 이야기 수수께끼 문제 • 골든벨 • 문제는 학생들이 쓴 독후 활동 결과물을 활용한다.
정리 확인 하기	정리평가	■ **학습내용 정리하기** ○ 이야기 활동을 통한 소감 발표하기	4분	• 허용적인 분위기로 발표하도록 한다.
	차시예고	■ **차시예고하기** ○ 차시 안내하기 – 이야기를 듣고 친구들과 의논하기	1분	

활동지 다른 나라 이야기 소개하기

■ **보기에 제시된 이야기와 관련된 인물 중에서 한 가지를 정해, 내가 그 인물이 되었다고 생각하고 이야기를 소개해 보세요.**

〈 보기 〉 등장인물, 글쓴이, 이야기가 만들어진 나라 어린이, 출판사 사장, 부모님

1. 이야기 제목 :

2. 이야기가 만들어진 나라에 대해 간단히 소개해 보세요.

3. 내가 정한 인물이 되어 그 인물의 생각과 느낌이 드러나도록 이야기를 소개해 보세요.

(　　　　　　　　)가 되어

3) 교수학습 과정안(3)

<table>
<tr><td>영 역</td><td>반편견(국어)</td><td>일 시</td><td colspan="3">2024. OO. OO.</td></tr>
<tr><td>단 원</td><td>한 걸음 더</td><td>교수자</td><td colspan="3">OOO</td></tr>
<tr><td>학습주제</td><td>글을 읽고 내용 요약하기</td><td>수업시간</td><td>40분</td><td>학 년</td><td>6학년</td></tr>
<tr><td>학습목표</td><td colspan="5">글을 읽고 내용을 요약할 수 있다.</td></tr>
<tr><td>학습의 주안점</td><td colspan="5">글을 읽고 내용을 요약하는 활동을 한다.</td></tr>
<tr><td rowspan="2">학습자료</td><td>교사</td><td colspan="4">PPT 자료, 그림자료</td></tr>
<tr><td>학생</td><td colspan="4">학습지</td></tr>
<tr><td rowspan="3">나만의 수업전략</td><td colspan="5">학습형태</td></tr>
<tr><td>전체학습</td><td>모둠학습</td><td>전체학습</td><td colspan="2">개별학습</td></tr>
<tr><td colspan="5">1. 글을 읽고 내용을 요약하는 능력을 키운다.
2. 재미있는 다른 나라의 이야기를 들려주고 내용을 요약하도록 한다.</td></tr>
</table>

<table>
<tr><td colspan="5">▣ 학습평가계획 ▣</td></tr>
<tr><td>평가목표</td><td colspan="4">글을 읽고 내용을 요약할 수 있다.</td></tr>
<tr><td>평가방법</td><td colspan="4">○ 교사관찰평가 : 수업 중 활동모습
○ 상호평가 : 수업 중 모둠활동</td></tr>
<tr><td rowspan="2">평가척도</td><td>내 용</td><td>잘함</td><td>보통</td><td>부족</td></tr>
<tr><td>○ 글의 내용을 요약할 수 있는가?
○ 수업시간에 적극적으로 참여하는가?</td><td>◎</td><td>○</td><td>△</td></tr>
</table>

학습 단계	학습 과정	교수 – 학습활동	시간	자료 및 유의점
자유 탐구 활동	동기유발	**■ 전시학습 상기** T : 둘째마당에서 배운 내용을 발표해 주세요. S : 글을 읽고 내용을 요약해 봤습니다.	5분	
	학습목표 확인	**■ 학습목표 및 학습활동 확인하기** T : 오늘의 학습목표를 확인해 볼까요? 글을 읽고 내용을 요약할 수 있다.	2분	
학습할 원리와 관련한 토의 활동	활동 1 글 읽고 내용 요약하기	**■ 글 읽고 내용 요약하기 1** T : 해치를 본 적이 있나요? T : 어디에서 보았나요? S : (자신의 경험 발표하기) T : 해치에 관련된 글을 읽고 내용을 요약해 봅시다. S : (글 읽고 내용 파악하고 내용 요약하기)	15분	• 해치 동영상 PPT
	활동 2 다른 나라의 이야기 읽고 내용 요약하기	**■ 글 읽고 내용 요약하기 2** T : 우리나라의 독립문을 알고 있나요? 본 적은 있나요? S : (자신의 경험을 발표한다) T : 독립문은 어느 나라의 어떤 건축물의 영향을 받았나요? S : 프랑스의 개선문입니다. T : 개선문에 얽힌 이야기를 알고 있나요? S : …? T : 선생님이 나누어주는 개선문에 대한 학습지를 읽고 글의 내용을 요약해 봅시다. S : (글 읽고 내용 요약하기)	15분	• 개선문 사진 • PPT, 이야기 학습지
익히기 및 적용	활동 3 학습내용 정리하기	**■ 오늘 배운 내용 정리하기** T : 오늘 배운 내용을 정리해 볼까요? S : 글을 읽고 내용을 요약하는 활동을 해봤습니다.	3분	

2. 반편견 관련 교수학습지도안 2 : 미술

1) 교수학습 과정안(1)

<table>
<tr><td>영 역</td><td colspan="3">반편견(미술)</td><td>일 시</td><td colspan="3">2024. OO. OO.</td></tr>
<tr><td>단 원</td><td colspan="3">여러 나라의 민속공예</td><td>교수자</td><td colspan="3">OOO</td></tr>
<tr><td>학습주제</td><td colspan="3">여러 나라의 민속공예품 알아보기</td><td>차 시</td><td>2/7</td><td>교과서</td><td>22~23쪽</td></tr>
<tr><td>학습목표</td><td colspan="7">여러 나라의 민속공예품의 특징을 말할 수 있고 여러 나라의 민속문화를 존중하는 마음을 가진다.</td></tr>
<tr><td>학습의 주안점</td><td colspan="7">여러 나라의 민속공예품의 특징을 조사하여 발표함으로써 여러 나라의 민속문화에 대해 알도록 하고 이를 통해 여러 나라의 민속문화에 대해 관심을 갖고 존중하는 태도를 갖도록 한다.</td></tr>
<tr><td rowspan="2">학습자료</td><td>교사</td><td colspan="6">민속공예품 사진, 세계지도, 동영상자료, 퀴즈 PPT</td></tr>
<tr><td>학생</td><td colspan="6">민속공예품 조사자료 PPT, 모둠별 세계지도, 민속공예품 사진</td></tr>
<tr><td rowspan="4">나만의 수업전략</td><td>수업 모형</td><td colspan="6">탐구학습모형</td></tr>
<tr><td rowspan="2">학습 형태</td><td>자유탐구활동</td><td>조작활동</td><td>원리의 형식화</td><td colspan="3">익히기 및 적용</td></tr>
<tr><td>전체학습</td><td>모둠학습</td><td>모둠학습</td><td colspan="3">전체학습</td></tr>
<tr><td colspan="7">1. 스페인, 아프리카 부족, 중국, 우리나라의 가면 영상을 통해 학습에 대한 흥미 유발 및 학습목표 추측을 자연스럽게 유도한다.
2. 민속공예품을 알아보는 데 그치는 것이 아니라 세계에 다양한 문화가 있음을 알도록 하고 이를 통해 다른 나라 문화에 대한 존중심과 이해를 기르도록 한다.
3. 민속공예품을 조사한 내용을 발표하고 세계지도 활동을 함으로써 아동이 좀 더 다른 모둠 발표에 집중하여 듣도록 유도한다.</td></tr>
</table>

<table>
<tr><td colspan="5">▣ 학습평가계획 ▣</td></tr>
<tr><td>평가목표</td><td colspan="4">여러 나라의 민속공예품의 특징을 말할 수 있고 여러 나라의 민속문화를 존중하는 마음을 가진다.</td></tr>
<tr><td>평가방법</td><td colspan="4">○ 교사관찰평가 : 수업 중 활동모습 – 발표자료, 발표내용, 세계지도활동, 퀴즈활동
○ 상호평가 : 수업 중 모둠활동 – 발표활동, 세계지도활동, 퀴즈활동</td></tr>
<tr><td rowspan="2">평가척도</td><td>내 용</td><td>잘함</td><td>보통</td><td>부족</td></tr>
<tr><td>○ 다른 나라의 민속공예품의 특징을 말할 수 있는가?
○ 다른 나라에 어떤 민속공예품이 있는지 나타낼 수 있는가?
○ 모둠학습에 적극적으로 참여하는가?</td><td>◎</td><td>○</td><td>△</td></tr>
</table>

학습 단계	학습 과정	교수 - 학습활동	시간	자료 및 유의점
문제 확인	동기유발	■ **동영상자료 확인** T : 지금부터 선생님이 동영상을 보여줄 거예요. 함께 보면서 오늘 무엇을 배울지 생각해 보세요. S : (다 함께 동영상을 시청한다) T : 어떤 내용이었나요? S : 아프리카 부족이 가면을 쓰고 춤을 추고 있어요./ 탈놀이 장면이 나왔어요./ 다양한 가면을 파는 가게가 나왔어요. T : 참 잘 찾았어요. 모두 열심히 봤군요. 그렇다면 이번 시간에 무엇을 알아보려고 하는지 생각해 볼까요? 무엇을 배우면 좋을까요? S1 : 다양한 나라 사람들의 가면을 알아볼 것 같아요. S2 : 다양한 나라의 문화에 대해 배우면 좋을 것 같아요. T : 역시 똑똑한 학생들이군요.	3분	• 동영상자료 • 여러 나라의 가면을 보면서 학습목표를 추측해 보도록 한다.
	학습목표 확인	■ **학습목표 확인** T : 오늘의 학습목표를 확인해 볼까요? 여러 나라의 민속공예품의 특징을 말할 수 있고 여러 나라의 민속문화를 존중하는 마음을 가진다.	1분	
지식 발견	학습활동 안내	■ **학습활동 안내** T : 학습목표를 이루기 위해 어떤 활동을 하면 좋을지 알아보도록 합시다. 활동 1 – 민속공예품을 통한 세계여행(여러 나라의 민속공예품 알아보기) 활동 2 – 우리는 하나(민속공예품에 어울리는 나라 찾기) 활동 3 – 내가 민속공예 왕(퀴즈활동하기)	1분	• 학습안내판
	활동 1	■ **활동 1 – 민속공예품을 통한 세계여행** T : 이제부터 민속공예품을 통해 세계 여행을 하려고 합니다. 저번 시간에 미리 민속공예품에 대해 모둠별로 조사를 했어요. 자료 준비해 주시고요. 여행을 하기 전에 작품 감상 시 주의할 점을 먼저 알아보겠습니다. 어떤 점에 주의하면서 발표를 들어야 할까요? S : 작품에 나타난 의도를 잘 찾아봅니다./ 작품의 재료, 방법을 살펴봅니다./ 나라별로 나타난 특징을 찾아보아요. T : 모두 잘 이야기했어요. 작품에 나타난 문화적 특징이나 아름다움에 중점을 두어 발표를 듣도록 합니다. T : 그럼, 1모둠부터 발표해 볼까요? S : (모둠별로 조사한 내용을 PPT로 발표한다) T : 모두 잘 발표했어요. 다양한 나라의 민속공예품과 함께 세계를 여행해 보는 즐거운 시간이었지요? 어떤 나라들이 나왔을까요? S : 스페인, 아프리카, 우리나라, 중국 등이요.	10분	• PPT, 학습지 • PPT를 활용하여 작품 감상 시 주의할 점에 대해 살펴본 후 활동에 들어가도록 한다. • 세계지도(모둠별) • 교사용 세계지도 • 민속공예품 사진

<table>
<tr><th>학습 단계</th><th>학습 과정</th><th>교수 - 학습활동</th><th>시간</th><th>자료 및 유의점</th></tr>
<tr><td rowspan="2">지식 적용</td><td>활동 2</td><td>■ 활동 2 - 우리는 하나
T : 지금까지 알아본 민속공예품이 있는 나라는 어디에 있는지 잘 알고 있나요?
S : 아니요./ 네, 잘 알고 있어요.
T : 여러분이 발표한 민속공예품 사진과 세계지도를 각 모둠장에게 미리 나누어주었어요. 사진을 모둠원끼리 나누어 갖고 세계지도에 붙여 봅시다. 잘 모르는 사진은 다른 모둠 친구들에게 물어서 붙이도록 하세요.
S : (민속공예품 사진을 모둠별로 세계지도에 붙인다)
T : 모두 끝났나요? 선생님과 함께 확인해 보도록 합시다.
⇒ 칠판에 부착한 세계지도에 민속공예품을 아동과 함께 붙이면서 확인한다.</td><td>15분</td><td>• 민속공예품 사진을 세계지도에 붙이면서 다른 나라의 문화에 관심을 갖고 존중하는 마음을 갖도록 한다.

• 퀴즈 PPT</td></tr>
<tr><td>활동 3</td><td>■ 활동 3 - 내가 민속공예왕
T : 마지막 활동입니다. 지금까지 알아본 민속공예품에 관한 퀴즈를 낼 거예요. 함께 맞혀봅시다.
S : (함께 퀴즈를 맞혀본다)
T : 우리 반 학생 모두 열심히 공부했어요. 참 잘했습니다.
오늘 활동하고 난 느낌이 어떤가요?
S1 : 아프리카는 우리보다 발달하지 못했다고 생각했는데 민속공예품을 보니 멋지다고 생각했어요.
S2 : 다른 나라에도 멋지고 훌륭한 민속공예품이 많다는 것을 알게 되었어요.
T : 세계에는 우리가 잘 모르는 훌륭한 문화가 많다는 것을 알게 되었지요?</td><td>8분</td><td></td></tr>
<tr><td>정리</td><td>정리활동</td><td>■ 차시예고
T : 지금까지 여러 나라의 민속공예품에 대해 공부했습니다. 다음 시간에는 여러분이 열심히 배운 민속공예품을 만들어 보도록 할 거예요. 굉장히 재미있겠지요?
그럼, 이번 수업을 여기서 마치겠습니다.</td><td>2분</td><td></td></tr>
</table>

2) 교수학습 과정안(2)

<table>
<tr><td>영 역</td><td>반편견(미술)</td><td>일 시</td><td colspan="3">2024. ○○. ○○.</td></tr>
<tr><td>단 원</td><td>관찰표현</td><td>교수자</td><td colspan="3">○○○</td></tr>
<tr><td>학습주제</td><td>여러 나라 사람들의 생김새 관찰하여 특징 알아보기</td><td>수업시간</td><td>40분</td><td>학 년</td><td>4학년
(전 학년 가능)</td></tr>
<tr><td>학습목표</td><td colspan="5">여러 나라 사람들의 모습을 살펴보고 각 나라 사람들의 얼굴 특징을 말할 수 있다.</td></tr>
<tr><td>학습의 주안점</td><td colspan="5">지구촌 한 가족의 일환으로 여러 나라 사람들의 다양한 생김새를 관찰하고, 이를 바탕으로 각 나라 사람들의 얼굴을 특징적으로 설명할 수 있도록 한다.</td></tr>
<tr><td rowspan="2">학습자료</td><td>교사</td><td colspan="4">- 여러 나라의 사람들의 얼굴 모습
- 학습지</td></tr>
<tr><td>학생</td><td colspan="4">색연필, 4B연필, 사인펜, 도화지</td></tr>
<tr><td rowspan="4">나만의 수업전략</td><td>수업 모형</td><td colspan="4">일반수업모형</td></tr>
<tr><td rowspan="2">모둠 학습</td><td>활동 1</td><td>활동 2</td><td colspan="2">활동 3</td></tr>
<tr><td>얼굴의 특징을 살펴보는 방법 알기</td><td>여러 나라 사람들의 얼굴 생김새 살펴보기</td><td colspan="2">지구촌 한 가족 그림그리기</td></tr>
<tr><td colspan="5">1. 아동들의 흥미를 끌기 위한 여러 나라의 얼굴 사진
2. 여러 나라 사람들 얼굴의 특징을 자유롭게 이야기해 보기
3. 여러 나라의 사람들의 생김새와 우리나라 사람들의 모습과의 차이점에 대한 생각 이야기해 보기</td></tr>
</table>

<table>
<tr><td colspan="5">▣ 학습평가계획 ▣</td></tr>
<tr><td>평가목표</td><td colspan="4">여러 나라 사람들의 모습을 살펴보고 각 나라 사람들의 얼굴 특징을 말할 수 있다.</td></tr>
<tr><td>평가방법</td><td colspan="4">○ 교사관찰평가 : 수업 중 활동모습 - 활동지 1
○ 상호평가 : 수업 중 모둠활동</td></tr>
<tr><td rowspan="2">평가척도</td><td>내 용</td><td>잘함</td><td>보통</td><td>부족</td></tr>
<tr><td>○ 여러 나라 사람들의 모습을 살펴보고 각 나라 사람들의 얼굴 특징을 말할 수 있는가?</td><td>◎</td><td>○</td><td>△</td></tr>
</table>

학습 단계	학습 과정	교수 - 학습활동	시간	자료 및 유의점
문제 파악	주의집중 및 동기유발	■ **동기유발 자료 감상** - 외국인을 본 경험 이야기하기 - 우리나라 사람과 다르게 느낀 점 이야기하기 ■ **학습문제 확인하기** 여러 나라 사람들의 모습을 살펴보고 각 나라 사람들의 얼굴 특징을 말할 수 있다.	3분	• 인종에 관계없이 외국인을 본 사례를 이야기하도록 한다.
문제 추구 및 해결	학습활동	■ **학습활동 안내하기** T. 이번 시간에 공부할 학습활동에 대한 안내를 하겠습니다. 【활동 1】 얼굴의 특징을 살펴보는 방법 알기 【활동 2】 여러 나라 사람들의 얼굴 생김새 살펴보기 【활동 3】 지구촌 한 가족 그림그리기	2분	• 모둠별로 활동할 각국의 민속놀이를 설명하고 게임방법을 알게 한다.
		【활동 1】 얼굴의 특징을 살펴보는 방법 알기 - 사람의 얼굴을 이루는 것은 무엇인지 알아보기 - 학습지에 다양한 방법으로 얼굴을 그려보기	8분	• 얼굴의 특징이 눈, 코, 입, 귀와 각 기관의 위치에 따라 달라보일 수 있음을 알게 함
		【활동 2】 여러 나라 사람들의 얼굴 생김새 살펴보기 - 여러 나라 사람들의 생김새를 관찰하여 보기 - 다른 나라 사람들의 얼굴에서 볼 수 있는 특징 알아보기 - 다른 나라 사람들의 얼굴들의 공통점과 차이점을 찾아보기	8분	
		【활동 3】 지구촌 한 가족 그림그리기 - 지구의 모습 위에 여러 나라 사람들의 얼굴을 각 나라의 특징에 맞게 그려보기 - 다른 사람에게 발표해 보기	14분	• 질서를 지켜 모둠별로 활동하기
적용 및 발전	적용 및 발전	■ **학습활동 정리하기** - 다른 나라의 얼굴 모습을 통하여 우리나라의 얼굴과 같은 점과 다른 점을 말해 봅시다. - 다른 나라 사람들의 얼굴 그리기를 통하여 느낀 점을 발표하여 봅시다. ■ **학습활동 안내하기** - 주변 사물을 관찰하여 표현하기	5분	

<table>
<tr><td rowspan="2">다문화교육
미술 학습지</td><td rowspan="2">여러 나라 사람들의 생김새
관찰하여 특징 알아보기</td><td>4학년 (　)반 (　)번</td></tr>
<tr><td>이름(　　　　　)</td></tr>
</table>

■ 사람의 얼굴을 이루는 것은 무엇인지 알아보고 다양한 방법으로 얼굴을 그려보세요.

■ 지구의 모습 위에 여러 나라 사람들의 얼굴을 각 나라의 특징에 맞게 그려보세요.

참고자료 여러 나라 사람들의 생김새

<자료 1 : 서울 G20 정상회의에 참가한 각 나라의 인물들>

<자료 2 : 각 나라의 다양한 얼굴들>

3. 반편견 관련 교수학습지도안 3 : 창체

1) 교수학습 과정안(1)

<table>
<tr><td>영 역</td><td>반편견(창의적 체험활동)</td><td>일 시</td><td colspan="3">2024. OO. OO.</td></tr>
<tr><td>단 원</td><td>다른 빛깔 다른 무늬(다문화)</td><td>교수자</td><td colspan="3">OOO</td></tr>
<tr><td>학습주제</td><td>다문화사회를 바라보는 시각</td><td>수업시간</td><td>40분</td><td>학 년</td><td>4학년</td></tr>
<tr><td>학습목표</td><td colspan="5">다문화사회에 대한 의미를 알고 올바른 가치관과 시각을 확립할 수 있다.</td></tr>
<tr><td>학습의 주안점</td><td colspan="5">한국사회에 드러나 있는 다문화사회 모습 가운데 주한 외국인들이 한국사회에 유대감을 느끼고 조화로운 모습으로 살아가고 있는 모습을 보여주면서, 영상매체를 통해 다른 모습 다른 언어가 한국을 더욱 다양하고 풍요로운 사회로 만들어주고 있음을 알리는 다문화사회의 긍정적 효과를 얻고자 한다.</td></tr>
<tr><td rowspan="2">학습자료</td><td>교사</td><td colspan="4">플래시 노래파일, 학습자료 PPT, TV 방송 이미지파일</td></tr>
<tr><td>학생</td><td colspan="4">학습지, 색연필, 필기도구, 포스트잇</td></tr>
<tr><td rowspan="4">나만의 수업전략</td><td>수업 모형</td><td colspan="4">일반수업모형</td></tr>
<tr><td rowspan="2">학습 형태</td><td>도입</td><td>활동 1</td><td>활동 2</td><td>정리</td></tr>
<tr><td>전체학습</td><td>모둠학습</td><td>개별학습</td><td>전체학습</td></tr>
<tr><td colspan="5">1. TV 프로그램 내용을 통해서 학생들의 흥미를 유발한다.
2. 다문화의 의미를 이해하고 존중하는 마음을 갖도록 지도한다.
예 내가 만약 다른 나라에서 태어난다면(내가 이곳에 있지 않다면)
3. 다문화사회 속에서 얻을 수 있는 이로운 점을 살펴본다.</td></tr>
</table>

<table>
<tr><td colspan="5">▣ 학습평가계획 ▣</td></tr>
<tr><td>평가목표</td><td colspan="4">다문화사회에 대한 의미를 알고 올바른 가치관과 시각을 확립할 수 있다.</td></tr>
<tr><td>평가방법</td><td colspan="4">○ 교사관찰평가 : 수업 중 활동지 및 활동모습
○ 상호평가 : 수업 중 모둠활동</td></tr>
<tr><td rowspan="2">평가척도</td><td>내 용</td><td>잘함</td><td>보통</td><td>부족</td></tr>
<tr><td>○ 다문화사회의 의미를 알고 있는가?
○ 나라마다 다른 문화의 차이를 이해하고 존중하는가?
○ 모둠학습에 적극적으로 참여하는가?</td><td>◎</td><td>○</td><td>△</td></tr>
</table>

학습 단계	학습 과정	교수 – 학습활동	시간	자료 및 유의점
도입	주의집중 및 동기유발	■ **주의집중 및 동기유발하기** T : 아름다운 세상을 부르며 이번 수업시간 시작합시다. S : 네.(플래시 자료를 보면서 노래부르기) T : 잘 불러 주었어요. 우리가 말하는 아름다운 세상은 어떤 것을 말하는 것인지 자유롭게 이야기해 봅시다. S : 편안하고 서로 돕고 사는 세상이요.	5분	• 플래시 음악 – 아름다운 세상
		■ **학습문제 제시** 〈쾌적한국 미수다〉와 〈지붕 뚫고 하이킥〉 이미지를 보여준다. T : 이 TV 프로그램의 공통점이 무엇인지 아는 사람? S : 연예인이 나와요. 외국인이 있어요. T : 우리 생활 속에 여러 사람들이 우리와 함께 살고 있답니다. 오늘은 우리와 함께 어울려 사는 이들에 대한 공부를 해봅시다.	5분	• PPT 이미지
전개	학습목표 제시	■ **학습목표 알아보기** 다문화사회에 대한 의미를 알고 올바른 가치관과 시각을 확립할 수 있다.	12분	• 학습활동 전, 가치관과 시각에 대한 사전적 의미를 설명한다.
	모둠활동	**【활동 1】 우리 사회 살펴보기** T : 다음 사진을 보면서 공통점과 차이점을 살펴봅시다. (내국인 결혼 모습과 외국의 결혼, 국제결혼의 모습) S : 결혼식 모습입니다. 인종이 다릅니다. T : 방금 선생님이 보여준 TV 프로그램에는 여러 외국인들이 출연하고 있습니다. 우리 주변에서 외국인을 볼 수 있는 곳은 어디가 있을지 적어보고 무슨 이유로 있을지 예상하여 기록해 봅시다. S : (모둠별 자리를 옮기며) (활동지에 모둠별 이야기를 나누며 과제내용을 기록한다) T : 그럼 지금부터 의논하여 정리한 내용을 간단히 발표합시다. S : 학원에서, 식당에서, 거리에서 만날 수 있습니다. TV 프로그램에서 볼 수 있습니다. T : 예전보다 외국인을 쉽게 만나볼 수 있는 사회가 되었어요. 원래부터 우리나라에서 살고 있었을까요? S : 다양한 이유로 우리나라에서 살게 되었습니다. 직장을 얻기 위해서, 결혼을 하고 살게 되었어요. T : 네 그래요. 해외에 살던 분들이 한국으로 오면서부터 우리의 주변 상황이 달라진 예를 살펴봅시다. S : (음식, 옷, 언어 등 이미지 살펴보기) 다양한 생활모습을 갖추고 살게 되었습니다.		• 모둠별 자리를 이동한 후 타이머 프로그램을 이용하여 정해진 시간 동안 진행하고 발표할 수 있도록 안내해 준다.

학습 단계	학습 과정	교수 – 학습활동	시간	자료 및 유의점
	개별활동	**【활동 2】 입장 바꿔 살펴보기** T : 만약 우리가 한국에서 태어나지 않고 다른 나라에서 태어났다면 어떻게 살고 있을까? 미국(인도, 사우디아라비아 등)에서 태어났다면 간단한 그림과 더불어 설명글로 여러분의 생각을 자유롭게 나타내 봅시다. T : 사람들이 사는 사회 속에서 문화의 뜻은 무엇일까요? S : 살아가는 생활모습입니다. 그곳에서 살아오면서 만들어진 여러 가지 것들입니다. T : 이렇게 문화는 자연환경이나 살아가는 곳에 따라 다양하게 나타날 수 있습니다. 우리나라의 여러 나라의 사람들이 살면서 그 나라의 고유한 문화의 모습이 나타나기도 합니다.	12분	• 포스트잇 색연필, 학습지 • 포스트잇을 이용하여 한 문장으로 의견을 완성하여 수업 후 입장을 바꿔 쓴 글들을 학급 친구들과 돌아가며 읽어보도록 게시한다.
정리	정리 차시예고	**【정리】 다문화사회의 이로운 점 살펴보기** T : 이렇게 다양한 사람들이 어울려 사는 우리나라에는 어떤 점이 장점으로 나타날 수 있을지 함께 고민해 보고 발표해 봅시다. S : 각 나라 고유한 음식문화를 맛볼 수 있습니다. 다양한 나라의 사람들과 이야기 나눌 수 있습니다. 각 나라의 예절과 풍습을 알 수 있습니다. T : 이처럼 다양한 문화를 함께 나누고 있는 다문화사회에서 문화를 받아들이는 바른 태도란 어떤 것을 말하는 것일까요? S : 우리 것과 다르다고 무조건 나쁜 것으로 생각하지 않아요. 내가 자란 곳에서 자연스럽게 생겨나는 것이 문화임을 알고 존중하는 마음으로 인정해 줍니다. 한국의 문화가 중요한 것처럼 다른 나라의 문화도 중요하다는 것을 알아야 합니다. T : 그렇습니다. 다양한 문화 속에서 살아가는 우리 학생들 모두 다문화사회에서의 긍정적인 효과를 잘 이해하고 올바른 가치관을 갖고 살아갈 수 있도록 합시다. 존중하는 마음과 태도를 기본으로 하여 수업 처음에 함께 불렀던 '아름다운 세상'을 함께 만들어가는 우리들 모두가 되도록 합시다. 다음 시간에는 낯선 문화를 받아들이는 올바른 태도에 대하여 자세히 살펴보도록 하겠습니다.	8분	• 다문화사회의 뜻을 정리하면서 그 속에 나타난 긍정적인 부분을 살펴보며 우리나라 또한 다문화사회임을 인식하며 정리활동을 이끌어 나가도록 한다.

참고문헌

경기도 다문화교육센터(2009). **다문화교육의 이론과 실제**. 경기 : 양서원.

교육과학기술부(2008). 2008년도 다문화가정 학생 교육 지원 계획. 서울 : 교육과학기술부.

교육인적자원부(2007). 다문화가정 자녀 교육지원 대책. 서울 : 교육인적자원부.

권순희 · 박상준 · 이경한 · 정윤경 · 천호성(2010). **다문화사회와 다문화교육**. 경기 : 교육과학사.

김대현(2011). **교육과정 및 교육평가**. 서울 : 학지사.

김미윤(2004). 비판적 다문화교육의 관점에서 본 청소년참여의 과제. **청소년문화포럼**, 10(1), 124-137.

김범수 · 김현희 · 정명희(2010). **알기 쉬운 다문화교육**. 서울 : 양서원.

김병희 · 김형구 · 배재학 · 이기용 · 이영애 · 정길영 · 최병옥(2008). **교육학개론**. 경기 : 공동체.

김선미(2000). 다문화 교육의 개념과 사회과 적용에 따른 문제. **사회과교육학연구**, 4, 63-81.

김영옥(2002). **유아를 위한 다문화교육**. 서울 : 정민사.

김영옥 · 서 현 · 박형신 · 정상녀 · 윤경선 · 박미자 · 이나영(2008). **유아 다문화교육의 통합적 적용**. 서울 : 학지사.

김용신(2009). **다문화교육론 서설**. 서울 : 한국학술정보(주).

김운삼 · 유도경 · 윤경원 · 이기용 · 이치균(2017). **교육학개론**. 경기 : 수양재.

김유경 · 조애정 · 최현미 · 이주연(2008). 다문화시대를 대비한 복지정책방안 연구 : 다문화가족을 중심으로. 2008-14 연구보고서, 서울 : 한국보건사회연구원.

김정효(2011). 교사의 다문화 역량의 강화 방안 연구 : 미술교과를 중심으로. **문화예술교육연구**, 6(1), 71-97.

김종서(1975). 잠재적 교육과정. 교육과정 연구.

김종우 · 이용환(2009). 전문대학 교수의 교수능력과 수행기준 개발. **농업교육과 인적자원개발**, 14(1), 111-138.

김충기 · 신현숙 · 정선철(2001). **교육학개론**. 서울 : 동문사.

김혜순(2008). 결혼이주영성과 한국의 다문화사회 실험. **한국사회학**, 42(2), 36-71.

네이버지식백과사전(2024). dic.naver.com.

노혜란 · 최미나(2004). 인적자원개발을 위한 교수역량 모델 개발. **직업능력개발연구**, 7(2), 1-28.

모경환(2009). 다문화교육 교사연수 프로그램 효과분석. **한국교원교육연구**, 26(2), 75-99.

문미숙 · 박창언(2009). 다문화 연구학교 교육과정 재구성 실태 분석. **초등교육연구**, 22(2), 369-386.

민용성 · 최화숙(2009). 다문화사회에 대응하는 학교 교육고정 개발 방향 탐색. **학습자중심교과교육연구**, 9(3), 231-258.

박경태(2008). **소수자와 한국사회**. 서울 : 후마티나스.

박명희 · 김경식(2012). 다문화교육 강좌를 통한 예비교사들의 다문화 역량 변화. **다문화교육연구**, 5(1), 155-175.

박상철(2008). 다문화사회에서의 학교 교육과정 정책. **초등교육연구**, 21(2), 1－19.

박성인(2012). 글로벌 사회의 시민성 교육 접근 방법. **글로벌교육연구**, 4(1), 17－34.

박윤경(2008). 다문화교육의 원리와 쟁점들 : 교육적 함의. **교수논문집**, 13, 청주교육대학교.

박재윤(2008). 교육분야 세계화의 쟁점과 과제. 제5권 18호, 한국교육개발원.

박재의(2009). 초등학교 다문화 교육과정 발전 방향 연구. 경북대학교 대학원 박사학위논문.

박정희(2014). 초등교사의 다문화교육역량 척도 개발 및 타당화. 이화여자대학교 대학원 박사학위논문.

서범석(2010). 다문화교육정책의 현황과 발전방향 탐색. 한양대학교 대학원 박사학위논문.

서종남(2008). 다문화교육 교과교육론 : 다문화교육의 이해. 2008 다문화교육 담당교사직무연수(1기). 경기도다문화교육센터. 경기대학교 교육연수원.

______(2012). **다문화교육-이론과 실제-**. 서울 : 학지사.

설규주・이두희・김명정(2010). 학교 NIE 교육과정 개발을 위한 기초 조사 연구. 한국언론진흥재단.

송병순・임종익・안병환・이영호・우은복・김철훈(2007). **교육사회학**. 서울 : 문음사.

신영민(2005). 문화인류학적 접근을 중심으로 한 다문화 미술교육 방안 연구. 한국교원대학교 대학원 석사학위논문.

신재한・김재광・김현진・윤영식(2014). **다양성과 차이를 존중하는 다문화 수업 설계의 이론과 실제**. 경기 : 교육과학사.

양영자(2008). 한국 다문화교육의 개념 정립과 교육과정 개발방향 탐색. 이화여자대학교 대학원 박사학위논문.

오유미(2014). 유치원교사의 다문화역량 강화를 위한 교육프로그램 개발 및 효과분석. 인천대학교 대학원 박사학위논문.

오은순(2008). 다문화교육을 위한 교수・학습 지원 방안. 교육연구정보 제52호, 강원도 교육과학연구원.

오은순・강창동・진의남(2007). 다문화교육을 위한 교수・학습 지원 방안 연구(Ⅰ). 한국교육과정평가원 보고서, RRI 2007－2.

원진숙(2012). 다문화적 한국어 교수 역량 강화를 위한 초등 교사 양성 및 커리큘럼 개발 방향. 한국어교육학회 학술발표논문집, 189－210.

윤갑정・김미정(2010). 다문화시대 유아교사에게 요구되는 문화적 역량의 구성요소에 관한 연구. **유아교육연구**, 30(3), 169－194.

이경선(2012). 델파이 조사를 통한 유아교사의 다문화역량의 중요도. **문화예술교육연구**, 7(4), 155－170.

이경윤(2012). **다문화시대 문화를 넘어서 그리고 한국**. 서울 : 이담출판.

이기용(2013). 중등학교 교사의 다문화 교수 역량에 대한 인식 분석. **중등교육연구**, 61(3), 469－791.

______(2014). 중등학교 교사용 다문화 교수 역량 척도 개발 및 타당화. **한국교원교육연구**, 31(4), 423－444.

______(2015). 중등학교 교사의 다문화 역량 척도 개발에 관한 연구. **다문화와 평화**, 9(2), 82－111.

이기용・강정숙・권하정・신재한(2022). **다문화사회와 교육**. 경기 : 양성원.

이기용・안병환(2021). 글로벌・다문화 교과목 개발-글로벌사회 대비 다문화교육의 이론과 실제-. 경북대학교 GTU사업단.

이기용・이건남(2013). 초등학교 교사의 다문화 교수 역량 척도 개발. 실과교육연구, 19(3), 125-142.

이병준・김성숙・김성재・김소희・김정희・이강순・이은적・이에스더・이모영・팽영일・윤갑정(2009). 문화적 역량의 개념 및 구성요소에 관한 연구. 한국연구재단.

이상희(2013). 초등교사의 다문화교육역량지표 개발 및 타당화. 강원대학교 대학원 박사학위논문.

이원희(2008). 다문화 시대의 초등 교육과정. 대구광역시교육청.

이형하・박상희・송선화・김정오・김훈희・권충현・최철희(2015). 다문화사회와 다문화교육의 이해. 경기 : 공동체.

이홍민(2012). 역량평가 : 인적자본 역량모델 개발과 역량평가. 서울 : 리드리드출판.

장영희(1997). 유아를 위한 다문화교육의 개념 및 교수방법에 대한 이론적 고찰. 성신연구논집, 35, 295-314.

장인실(2006). 미국 다문화교육과 교육과정. 교육과정연구, 24(4), 27-53.

______(2008). 다문화교육을 위한 교사교육 교육과정 모형 탐구. 초등교육연구, 21(2), 281-305.

장인실・김경근・모경환・민병곤・박성혁・박철희・성상환・오은순・이윤정・정문성・차경희・차윤경・최일선・함승환・허창수・황매향(2013). 다문화교육의 이해와 실천. 서울 : 학지사.

전숙자・박은아・최윤정(2009). 다문화 사회의 새로운 이해. 서울 : 그린.

정성진(2012). 유아교사의 다문화교육 역량강화 집단상담 프로그램 개발 및 효과 검증. 전북대학교 대학원 박사학위논문.

조원탁・박순희・서선희・안효자・송기범・이형하(2014). 다문화사회의 이해와 실천. 경기 : 양서원.

차윤경(2008). 세계화 시대의 대안적 교육모델로서의 다문화교육. 다문화교육연구, 1(1), 1-23.

최충옥・모경환・김연권・박성혁・오은순・한용택・임은미・우희숙・이수미・임정수(2012). 다문화교육의 이해. 경기 : 양서원.

최현정(2011). 유아교사를 위한 다문화교육 연수프로그램 구성 및 적용 효과. 중앙대학교 대학원 박사학위논문.

한경구(2008). 다문화사회의 이해 : 다문화교육의 현실과 전망. 유네스코아시아・태평양 국제이해교육원 편. 경기 : 동녘.

한석실(2008). 다문화시대 유아교육자의 역할. 제32회 유아교육학술대회 및 연수, 97-116.

한승준(2008). 프랑스 동화주의 다문화정책의위기와 재편에 관한 연구. 한국행정학보, 42(3), 463-486.

한현우・이병준(2011). 다문화역량 측정도구 개발 연구 - 평생교육과 인적자원개발을 중심으로 -. 문화예술교육연구, 6(2), 63-82.

황규호・양영자(2008). 한국 다문화교육 내용선정의 쟁점과 과제. 교육과정연구, 26(2), 57-85.

행정안전부(2017). 2016년 지방자치단체 외국인주민 현황 조사결과 발표(2016. 11. 1. 인구주택 총조사 기준). 행정안전부 사회통합지원과, 2017. 11. 16.

행정안전부(2023). 2022년 지방자치단체 외국인주민 현황 조사결과 발표(2023. 11. 1. 인구주택 총조사 기준). 행정안전부 사회통합지원과, 2023. 11. 8.

Aceves, T. C., & Orosco, M. J.(2014). *Culturally responsive teaching.* University of Florida.

Apte, M.(1994). Language in sociocultural context. In H. Spencer-Oatey, H., & d. Z. Kádár, The bases of (im) politeness evaluations: Culture, the moral order and the East-West debate. *East Asian Pragmatics, 1*(1), 73-106.

Araboglou, A.(1996). T*he challenge of multicultural education : Prospects for our schools.* In B. G. Massialas & R. F. Allen(Eds.), G*ritical Issues in Teaching Social Studies k-12.* Belmont : Wadsworth.

Aydin, H.(2013). A literature-based approaches on multicultural education. *The Anthropologist, 16*(1-2), 31-44.

Azimpour, E., & Khalilzade, A.(2015). Hidden curriculum. *World Essays Journal, 3*(1), 18-21.

Bacote, J.(1998). *The Process of Cultural Competence in the Delivery of Healthcare Services.* In Transcultural C.A.R.E. Associates.

Baker, G.(1983). *Planning and Organizing for Multicultural Instruction.* Reading, MA : Addison-Wesley Publishing Company.

__________(1994). *Planning and Organizing for Multicultural Instruction.* CA : Addoson-Wesley.

Banks, J. A.(1988). *Multiethnic Education : Theory and Practice.* Boston : Allyn and Bacon.

__________(1993). Approaches to multicultural curriculum reform. In J. A. Banks, & C. A. M. Banks(Eds.), *Multicultural Education : Issues and Perspective.* Boston : Allyn and Bacon.

__________(2008). *An Introduction to Multicultural Education*(4th ed.). Boston : Allyn and Bacon.

Banks, J. A., & Banks, C. A. M.(2004). *Handbook of Research on Multicultural Education*(2nd ed.). San Francisco : Jossey-Bass.

Banks, J. A. & Banks, C. A. M.(Eds.)(2016). *Multicultural education: Issues and perspectives.* John Wiley & Sons, Inc.

Banks, J. A., & Coonson, P., Gay, G., Hawley, W. D., Irvine, J. J., Nieto, S., Schofeild, J. W., & Stephan, W. G.(2001). *Diversity within Unity : Essential Principles for Teaching and Learning in a Multicultural Society.* Seattle : University of Washington, Center for Multicultura Education.

Bennett, C. I.(1990). *Comprehensive Multicultural Education : Theory and Practice.* Boston : Allyn and Bacon.

__________(2007). *Comprehensive Multicultural Education : Theory and Practice* (6th Ed.). MA : Allyn and Bacon.

__________(2011). *Comprehensive Multicultural Education : Theory and Practice.* Boston : Pearson.

Berray, M.(2019). A critical literary review of the melting pot and salad bowl assimilation and integration theories. *Journal of Ethnic and Cultural Studies, 6*(1), 142-151.

Brach, C., & Fraser, I.(2000). Can cultural competency reduce racial and health disparities? A review and conceptual model. *Medical Care Research and Review, 57,* 181-217.

Brodt, S., Adair, W. L., Chuapetcharasopon, P., Lituchy, T. R., & Lowe, M.(2010, June). As Canadian as hockey: Examining the cultural mosaic approach to multicultural work groups. In IACM 23rd Annual Conference Paper. 1-16.

Brown, E.(2004). What precipitates chang in cultural diversity awareness during a multicultural course : The message or the method?. *Journal of Teacher Education, 55*(4), 325-340.

Campbell, D. E.(2004). *Choosing Democracy : A Practical Guide to Multicultural Education.* New Jersey : Pearson Education. Inc.

Chao, G. T. & Moon, H.(2005). The cultural mosaic: A metatheory for understanding the complexity of culture. *Journal of applied psychology, 90*(6), 1-28.

Chu, Y.(2022). *Multicultural Curriculum.* Routledge.

Cross, T., Bazron, B., Dennis, K., & Issacs, M.(1989). *Towards a Culturally Competent System of Care.* Washington D.C. : Child Development Center, Georgetown University.

Dickerson, L. W.(2007). *Postmodern view of the hidden curriculum.* Georgia Southern University.

Ephraim, G.(2001). *Multicultural Teaching Competence as Perceived by Elementary School.* Blacksburg, Virginia.

Ford, D. Y.(2007). Recruiting and retaining gifted students from diverse ethnic, cultural, and language groups. In J. A. Banks & C. A. M. Banks(Eds), *Multicultural Education : Issues and Perspectives.* Hoboken, NJ : Wiley.

Ford, D. Y. & Harris, J. J.(2000). A framework for infusing multicultural curriculum into gifted education. *Roeper Review, 23*(1), 4-10.

Ford, D. Y., & Kea, C. D.(2009). Creating culturally responsive instruction: For students' and teachers' sakes. *Focus on Exceptional Children, 41*(9), 1-16.

Frazee, B. N., & Rudnitski, R. A.(1995). *Intergrated Teaching Methods.* NY : International Thomson Publishing Inc.

Frierson, H. T., Hood, S., & Hughes, G.(2002). Strategies that address culturally responsive evaluation. In K. Anderson, K. C., Stern, M. J., Powell, R. B., Dayer, A. A., & T. G. Archibald, A culturally responsive evaluation framework and its application in environmental education. *Evaluation and Program Planning,* 92, 1-10.

Gardner, H.(1993). *Multiple Intelligence : The Theory in Practice.* New York : Basic Books.

Gay, G.(1979). On behalf of children : A curriculum design for multicultural education in the elementary school. *Journal of Negro Education, 48,* 324-340.

______(2001). Curriculum theory and multicultural education. In Banks, A. J., & Banks, M. C.(Eds.), *Handbook of Research on Multicultural Education.* CA : Jossey−Bass, Inc. Publishers.

______(2010). *Culturally Responsive Teaching: Theory, Research, and Practice.* New York : Teachers College Press.

Gibson, G.(1996). Approaches to multi−cultural education in the United States : some concept sand assumptions. *Anthropology and Education Quarterly, 7,* 7−18.

Giddens, A., Duneier, M., Appelbaum, R., & Carr, D.(2015). *Essentials of sociology.* New York : Norton & Company, Inc.

Grant, C. A.(1993). *Race and schooling of toung girls.* In J. Wrigley(Ed.), *Education and Gender Equality.* London : Falmer Press.

Gollnick, D. M., & Chinn, P. C.(2006). *Multicultural Education in a Pluralistic Society*(7th ed.). N.J : Pearson/ Merrill Prentice Hall.

Gordon, L.(2001). Multicultural competence : Beyond the basics original research article. *Journal of the American Dietetic Association, 101*(5), May, 520.

Grant, C. A.(1993). Race and schooling of toung girls. In J. Wrigley(Ed.), *Education and Gender Equality.* London : Falmer Press.

Greertz, C.(1973). *Interpretation of Culture.* New York : Basic Books.

Habermas, M.(1991). *Sociology themes and perspectives, In L. W. Dickerson, Postmodern view of the hidden curriculum.* Georgia Southern University.

Hood, S., Hopson, R. K., & Kirkhart, K. E.(2015). *Culturally responsive evaluation.* Handbook of practical program evaluation, 281−317.

Jin, ChangLu(2009). *Dilemma and Development of Chinses−Korean Multicultural Education in Family, Globalization, Multicultural Society, and Education.* The Korean Association for Multicultural Education.

Joshee, R.(2009). *The Canadian Multicultural Education Policy Web : Lessons to Learn, Pitfalls to Avoid, Globalization, Multicultural Society, and Education.* The Korean Association for Multicultural Education.

Kea, C., Campbell−Whatley, G.D., & Richards, H. V.(2004). Becoming culturally responsive educators: Rethinking teacher education pedagogy. In D. Y. Ford & C. D. Kea, Creating culturally re−sponsive instruction: For students' and teachers' sakes. *Focus on Exceptional Children, 41*(9), 1−16.

LeVline, R. A.(1986). *Properties of Culture : An Ethnographic View, in Culture Theory: Essays on Mind; Self and Emotion.* Cambridge, England : Cambridge University Press.

Lynch, M.(2000). Globalization and international democracy. *International Studies Review,* 2(3), 91−101.

Maddern, S. W.(2013). *Melting pot theory*. The encyclopedia of global human migration, 31. 2–4.

McClelland, D. C.(1973). Testing for competence rather than for intelligence. *American Psychology, 28*(1), 1–14.

McClelland, D.(1973). Testing for competence rather than for intelligence. *American Psychologist, January*, 1–14.

McPhatter, A. R.(1997). Cultural competence in child welfare : What is it? How do we achieve it? what happens without it?. *Child Welfare, Jan/ Feb*, 255–278.

Milner, H. R.(2006). Preservice teachers' learning about cultural and racial diversity : Implications for urban education. *Urban Education, 41*(4), 343–375.

Muhammad, G., Ruswandi, U., Nurmila, N., & Zakiyah, Q. Y. (2023). Implementation of Multicultural Values through the Hidden Curriculum of PAI Subjects in Forming a Peace–loving Character in Junior High Schools. *European Journal of Education and Pedagogy, 4*(6), 113–120.

Muñiz, J. (2020). *Culturally responsive teaching: a reflection guide*. New America.

Mushi, S.(2004). Multicultural competencies in teaching. *A Typology of Classroom Activities, 15*(2), 179–194.

Myers, J.(2006). *Rethinking the Social Studies Curriculum in the Context of Globalization: Education for Global Citizenship in the US*. School of Teacher Education. Florida State University Libraries.

NCATE(2006). *National Council for Accreditation of Teacher Education. Professional standards for the accreditation of schools, colleges, and departments of education*. Retrieved September 8, 2010, from http://ncate.org/documents/ standards/ unit_ stnds_2006.pdf.

Nieto, S.(1992). *Affirming Diversity : The Sociopolitical Context of Multicultural Education*. New York : Longman.

OECD(2003). Definition and selection of key competencies–excutive summary.

Ornstein, A. C. & Hunkins, F. P.(2018). *Curriculum: Foundations, principles and issues*. London: Pearson.

Pope, R., Reynolds, A., & Mueller, J.(2004). *Multicultural Competence in Student Affairs*. Jossey Bass Higher and Adult Education Series.

Prichard, K. W., & Buxton, T. H.(1973). *Concepts and Theories in Sociology of Education*. Nebraska : Professional Educators Publcations, Inc.

Ramsey, P. G., Vold, B. E., & Williams, R. L.(1989). *Multicultural Education : A Source Books*. New York : Garland publishing.

Saldana, D.(2001). *Cultural Competency : A Practical Guide for Mental Health Service Providers*. Hogg Foundation for Mental Health : The University of Texas at Austin.

Schaefer, T. J.(2010). *Sociology.* New York: McGraw－Hill.

Seddon, T.(1983). *The hidden curriculum.* In L. W. Dickerson, Postmodern view of the hidden curriculum. Georgia Southern University.

Slavin, S., et al.(1988). *Accelerating the Education of Language Minority At－risk Students.* Stanford University, November.

Sleeter, C. E.(2008). Multiculturalism, globalization, and the politics of knowledge. 한국교육과정학회·한국초등교육학회 국제 컨퍼런스 발표 자료.

Sleeter, C.(2004). Critical multicultural curriculum and the standards movement. *English Teaching, 3*(2), 122－138.

Sleeter, C. E., & Grant, C. A.(2007). *Making Choices for Multicultural : Five Approaches to Race, Class, and Gender*(5th ed.). Hoboken : Wiley.

＿＿＿＿＿＿＿＿＿＿＿＿＿(2009). *Making Choices for Multicultural : Five Approaches to Race, Class, and Gender*(6th ed.). New York : John Wiley & Sons.

Smith, K. S., & Simpson, R. D.(1995). Validating teacher competencies for faculty members in higher education : A national study using the delphi method. *Innovative Higher Education, 19,* 223－234.

Spanierman, L. B., Euna Oh, P. Paul Heppner, Heville, H. A., Michael Mobley, Caroline, V. W., Dillon, F. R., & Rachel Navarro.(2011). The Multicultural teaching competency scale : Development and initial validation. *Urban Education, 46*(3), 440－464.

Spencer, L. M., & Spencer, S. M.(1993). *Competence at Work : Models for Superior Performance*(1st ed.). John Wiley & Sons.

Spencer－Oatey, H., & Kádár, D. Z.(2016). The bases of (im) politeness evaluations: Culture, the moral order and the East-West debate. *East Asian Pragmatics, 1*(1), 73－106.

Sue, D. W. (2001). Multidimensional facets of cultural competence. *The Counseling Psychologist, 29*(6), 790－821.

Taylor, E. B.(1871). *Primitive Culture.* New York : Harper Torchbooks.

Thio, A.(2007). *Sociology.* Boston: Pearson Education, Inc.

UNESCO(2006). *Guidelines on Intercultural Education.*

Vassallo, B.(2012). Am I culturally competent? A study on multicultural teaching competencies among school teachers in Malta. *The Journal Multiculturalism in Education, 8*(October).

Wagener, A.(2009). In the melting pot: Integration, assimilation, and uniform societies. Institute of Social Policy Working Paper. 1－21.

White, R. W.(1959). Motivation reconsidered: The concept of competence. *Psychological Review, 66*(5), 297－333.

찾아보기

저/자/약/력

■ **이기용**

경북대학교 대학원 교육학과 교육행정 및 교육사회전공 교육학박사
전) 한국대학교육협의회 대학평가원 연구원 역임
경북대학교 사범대학 부속 중등교육연구소 전임연구원 역임
경기도교육청 지방공무원 승진임용 역량평가 평가위원 역임
세종특별자치시 지방공무원 승진임용 역량평가 평가위원 역임
중원대학교 교양학부, 대학원 교육학과 교수, 교육개발평가센터장 역임
직업능력심사평가원 심사평가위원 역임
충청북도평생교육협의회 및 충청북도평생교육진흥원 자문위원 역임
충청북도교육청 지방교육재정투자심사위원회 심사위원 역임
경상북도교육청 통폐합학교지원기금운용심의위원회 위원 역임
경상북도교육청 공무국외출장심사위원회 위원 역임
안동대학교 5주기 교원양성기관역량진단 부위원장, 연구위원 역임
안동대학교 기본역량진단 연구위원회 위원 역임
안동대학교 다문화교육센터 및 장애학생지원센터장 역임
현) 안동대학교 사범대학 교육공학과 교수
안동대학교 사범대학 교직부장
경상북도교육청 청렴옴부즈맨 및 공유재산심의회 위원
경상북도교육청 두리누리협의체 컨설팅단 전문가위원
한국교원교육학회 및 한국교육행정학과 선임직 이사
한국지방교육경영학회 및 한국국제바칼로레아교육학회 선임직 이사
사단법인 한국학교컨설팅협회 컨설턴트

[저서]

교육행정 및 교육경영(2012), 인성의 이해와 실제(2016), 교육학개론(2017), 알아두면 쓸모있는 교직실무(2018), 중등예비교사를 위한 교직실무(2020), 다문화사회와 교육(2022) 외 다수

[논문 및 연구]

- 교원 보수의 지급 준거별에 따른 보수 변화의 실증 분석(2013)
- 예비 중등교사의 다문화 인식이 다문화 효능감에 미치는 영향(2014)
- 중등학교 교사의 다문화 역량 척도 개발에 관한 연구(2015)
- 대학 행정직 상급자의 서번트 리더십, 하급자의 팔로워십 및 직무만족 간의 구조 관계 분석(2016)
- 대학생용 인성 측정도구 개발 및 타당화(2017)
- 인성교육 관점에서 대학생의 리더십 진단 척도 개발 및 타당화(2018)
- 초등학교 교사의 다문화 인식, 다문화 역량, 다문화 태도, 다문화 교수 효능감 간의 구조 관계 분석(2019)
- 2030 경북교육 중장기 발전 계획 연구(2020)
- 학교업무 적정화를 위한 경남형 단위학교 교무행정 지원인력 운영 방안 연구(2020)
- 한국 평생교육사 관련 연구동향 분석(2021)
- 2022년 대학정보공시 수요자 만족도 조사 연구(2022)
- AI・빅데이터 적용 중등학교 인지적 평가 활용 방안 연구(2023)
- 국내 학술지에 게재된 교육정책 관련 연구 동향 분석: 교육행정학연구를 중심으로(2023)
- 예비중등교사의 다문화 경험이 다문화 효능감에 미친 영향 관계에서 다문화 인식의 매개효과(2024)
- 경북미래교육지구 정책 분석(2024)

저/자/약/력

■ **안병환**

영남대학교 대학원 교육학과 교육학박사

전) 대진대학교 교육대학원 교수/부총장, 중원대학교 총장

초 · 중등학교 컨설팅 및 평가위원

교원양성기관 및 대학기관인증 평가위원

대한민국 국회 입법지원 위원

중국 칭화대학 연구교수

현) 중원대학교 대학원 교육학과 명예교수

[저서]

교육사회학, 청소년교육론, 행동수정(역), 성인학습 및 상담, 교육행정 및 교육경영, 평생교육방법론 외 다수

[논문 및 연구]

• 다문화교육의 현황과 다문화교육 접근방향 탐색
• 초등학생의 다문화경험이 다문화효능감에 미치는 영향
• 다문화 교수-학습에 대한 초등학교 예비교사들의 태도와 인식 연구
• 다문화사회에서의 예비교사교육 방향탐색
• 교사의 자기대화에 관한 연구
• 청소년발달에 관한 연구방향 탐색-G. S. Hall의 Storm and Stress를 중심으로-
• 제4차 산업혁명시대의 교육방향 탐색 외

제2판

다문화사회 교수방법론

|공저자| 이기용 · 안병환

|1판 1쇄| 발행 2018년 6월 20일
|1판 2쇄| 발행 2022년 8월 30일
|2판 1쇄| 발행 2024년 8월 30일

|발행인| 김 동 훈
|발행처| 공 동 체

|주소| 경기도 고양시 일산동구 호수로 358-39, 동문타워 I 905호(백석동)
|전화| 031) 814-3000(대표)
|팩스| 031) 814-3100
|홈페이지| http://www.compub.co.kr
|전자우편| compub@naver.com
|출판등록| 2005년 10월 6일
|등록번호| 제396-2005-36호

|ISBN| 979－11－6725－792－5
정가 21,000원